KB160423

직원
경험

MZ세대가 선택하는 회사의 비밀

직원경험

초판인쇄 2020년 9월 10일
초판발행 2020년 9월 10일

지은이 제이콥 모건
옮긴이 도상오
펴낸이 채종준
기획·편집 이강임 이아연
디자인 김예리
마케팅 문선영 전예리

펴낸곳 한국학술정보(주)
주소 경기도 파주시 회동길 230 (문발동)
전화 031 908 3181(대표)
팩스 031 908 3189
홈페이지 http://ebook.kstudy.com
E-mail 출판사업부 publish@kstudy.com
등록 제일산-115호(2000. 6. 19)

ISBN 979-11-6603-070-3 13320

역담 Books PSi
한국학술정보주와 PSI컨설팅이 공동으로 출판한 실전형 경제경영서입니다.

PSi
좋은책 16

MZ세대가 선택하는
회사의 비밀

직원 / 경험

THE EMPLOYEE
EXPERIENCE ADVANTAGE

제이콥 모건 지음
도상오 옮김

이담 Books   PSi

For general information about our other products and services, please contact our Customer Care Department within the United States at (800) 762-2974, outside the United States at (317) 572-3993 or fax (317) 572-4002.

Wiley publishes in a variety of print and electronic formats and by print-on-demand. Some material included with standard print versions of this book may not be included in e-books or in print-on-demand. If this book refers to media such as a CD or DVD that is not included in the version you purchased, you may download this material at http://booksupport.wiley.com. For more information about Wiley products, visit www.wiley.com.

Library of Congress Cataloging-in-Publication Data is Available:

9781119321620 (Hardcover)

9781119321651 (ePDF)

9781119321637 (epub)

Cover Design: Wiley

Cover Image: © Gerard Allen Mendoza

Printed in the United States of America

나오미, 세상에 나온 걸 정말 환영한다.
네가 많은 경험을 할 수 있도록 내가 할 수 있는 최선을 다할 거야.
사랑하는 아내 블레이크,
당신은 나의 전부입니다. 사랑합니다!

나는 임원 코치로서, 탁월한 성과를 이루며 믿을 수 없을 만큼 엄청난 부를 축적한 뛰어난 리더를 많이 만나왔다. 아마도 내막을 잘 모르는 사람들은 그들이 행복하다고 생각할 것이다.

사실 그렇지 않다. 그들처럼 운 좋은 사람들도 보통은 행복을 찾기 위해 애쓰고 있다. 그들 역시 다른 사람들과 마찬가지로 '나는 **언젠가는** 행복해질 거야.'라는 거대한 서양병(the great Western disease)의 노예로 살아간다. 승진을 하게 되면 자신이 행복해질 것으로, 직업적으로 다음 단계의 커리어에 도달하면 행복해질 것으로, 얼마만큼의 돈을 벌면 행복해질 것으로 생각한다. 물론 고급 차를 사거나 나만의 사무실이 생기는 건 기분 좋은 일이다. 하지만 그런 기쁨은 금방 사라지고 만다. 그렇기에 나는 의뢰인들에게 물질에 집착하지 말라고, 바로 지금 행복해야 한다고 말한다.

제이콥 모건은 이러한 근본적인 진실을 이해하고 있다. 그렇기에 나는 이 책을 정말 매력적이라고 생각한다. 그는 **현시점의** 행복감과 만족감, 웰빙을 만들어내는 일의 가치를 강력히 주장한다.

외적인 보상(보수와 보너스)이 근로자들에게 더 이상 실질적인 동기가 되지 않는다는 그의 생각이 옳다. 급여가 일정 수준에 도달하면, 돈은 더 이상 주요 원동력이 될 수 없다. 그 이상의 무언가가 필요해진다. 많은 책이 밀레니얼 세대가 갈망하는 일의 의미와 가치에 관해 이야기한다. 나는 어떤 면에선 (뒤이어 등장한 Z세대를 포함하여) 밀레니얼 세대가 다른 세대와 그다지 다르지 않다고 생각한다. 단지 그들은 이전 세대가 그동안 소리 높여 말하지 못했던 것들을 요구하고 있을 뿐이다.

누구도 급여나 퇴직금을 받으려고 굳이 불편한 직무를 감수하지 않는다. 특히 근무시간이 모호해진 오늘날에는 더 그렇다. 유연 근무와 재택근무를 가능하게 하는 기술 덕분에, 공식적인 근무시간 후에도 우리의 개인 생활과 직장 생활은 더 이상 정확하게 분리되지 않는다. 정말 만족스럽고 의미 있는 경험을 쌓기 위해 일이 끝날 때까지 기다려야만 한다면, 우리는 정말 엄청나게 오랫동안 기다려야 할지도 모른다.

나는 세미나에서 직원들에게 직장 생활을 더 좋게 만들기 위해 상사나 조직에 의존할 필요가 없다고 주장한다. 직원들은 스스로 긍정적인 변화를 만들 수 있다. 나는 '일일 질문(Daily Questions)'이라는 것을 추천한다. 자신이 주요 우선 사항에 얼마나 노력을 기울이는지 살펴보도록 스스로 일련의 질문을 하는 것이다. (나는 이걸 위해서 동료에게 돈을 주며 매일 전화해달라고 요청하고 있다!) 이렇게 하면 각자가 자기 내면으로부터 의미, 행복 그리고 몰입을 창조하면서 변화의 주역이 될 수 있다.

구성원들은 HR 프로그램에 따를 때보다 스스로 참여할 때 훨씬 더 잘 몰입한다. 그럼에도 조직은 직원의 몰입수준을 높이는 데 관심을 두며, 이를 시도한다. 최고의 인재를 차지하려는 치열한 경쟁을 고려하면 그 이유를 쉽게 알 수 있다. 하지만 모건이 정확히 지적한 것처럼, 그동안 조직이 투자한 수십억 달러는 별 효과가 없었다. 그는

HR이 원인(특정 수준의 몰입을 끌어내는 경험)을 빼고 그저 결과(몰입)만 찾고 있었다고 설명한다. 모건은 근본적인 원인으로서 직원을 둘러싼 기술적, 물리적, 문화적 환경에 집중할 것을 권고한다.

모건은 환경이 직원들에게 어떤 영향을 미치는지 면밀히 살핌으로써 우리에게 적절하고 참신한 관점을 제공한다. 우리 대부분은 환경이 우리 행동을 얼마나 강력하게 형성하는지 잘 모르고 살아간다. 우리가 자신과 주변 환경을 통제한다는 또 다른 서구적 편견으로 인해, 보통 우리는 환경이 우리를 지배한다는 것(그 반대가 아니라는 것)을 깨닫지 못한다.

나는《트리거: 행동의 방아쇠를 당기는 힘》에서 우리가 우리 자신과 다르게 행동하도록 유인하는 사람들이나 상황들, 즉 우리 주변의 트리거들을 탐구하였다. 이러한 트리거들은 어디에서나 반복적으로, 또 가차 없이 나타난다. 베이컨 냄새가 부엌에 가득하면 우리는 콜레스테롤을 낮추라는 의사의 충고를 까마득히 잊어버린다. 핸드폰이 울리면, 함께 있는 사람의 눈을 들여다보는 대신 반짝이는 스크린을 무의식적으로 힐끔거린다. 정해진 계획이나 구조화된 접근 방식이 없다면, 이러한 산만함은 우리의 커리어와 삶을 손쉽게 날려버릴 수 있다.

환경적인 트리거는 직장 생활에 지대한 영향을 준다. 이에 관하여 모건이 실행한 연구의 깊이는 감탄스럽다. 그의 연구는 구성원들을 힘들고 지치게 하는 대신 그들을 돕고 고무하는 환경을 만들기 위해 최첨단 기업들이 무엇을 하고 있는지 잘 보여준다. 모건은 과업을 훌륭히 감당해냈으며, 새롭고 매혹적인 아이디어와 전략을 보여주었다. 여러분이 그 전부를 받아들이건 일부만 받아들이건, 이 책은 미래를 헤아리는 통찰을 얻기 위해 충분히 읽을 만한 가치가 있다.

급속한 기술 발전과 전례 없는 변동성의 시대에는 오직 변화만이 유일하고 확실하다. **직원경험**은 조직 및 리더들에게 훌륭한 사람을 얻고 그들을 고무시키며 동기부여된 상태로 유지하는 방법에 관하여 미래 지향적인 혜안을 제공할 것이다.

마샬 골드스미스
Marshall Goldsmith

《협력적 조직》을 집필했을 때 저는 약혼한 상태였습니다. 두 번째 책인 《직장의 미래》를 쓰면서 결혼을 했고, 이제 《직원경험》과 함께 저는 아빠가 되었습니다.

지금까지 쓴 책들은 제 인생의 중요한 사건, 새롭고 놀라운 경험과 함께했습니다. 그 모든 것에 감사하며, 제가 다음 책을 쓸 때는 또 어떤 일이 일어날지 벌써 기대됩니다!

아내 블레이크는 저에게 있어 영감과 격려, 지원의 가장 큰 원천이었습니다. 저희 부부는 대부분 시간을 함께 일하며 즐겁게 지냅니다. 가장 친한 친구와 결혼하게 되어 너무나도 운이 좋다고 생각합니다. 그녀는 저를 더 나은 사람으로 만들어줍니다. 저의 모든 제 가족들, 너무나도 사랑합니다. 제가 하는 일에 보내주는 지속적인 지원과 관심에 감사함을 전합니다!

책을 쓰는 것은 하나의 여정임이 틀림없고, 이 책도 예외가 아니었습니다. 그동안 수행한 광범위한 연구 프로젝트를 고려하면 특히 그렇습니다. 이 책이 나올 수 있게 도와준 존 와일리&선즈(John Wiley & Sons) 팀에게 감사하는 바입니다. 리아, 피터, 섀넌, 엘리자베스, 여러분과 (다시) 함께 일할 수 있어서 너무 즐거웠습니다! 이 프로젝트를 진행하는 동안 지원과 지도를 아끼지 않으신 아메리칸 대학의 세르게 교수님에게 감사드립니다. 뛰어난 통찰력을 보여준 이머

전트 리서치의 스티브 킹, 정말 고마웠습니다. 당신의 조언과 이메일, 전화 통화는 이 프로젝트를 만드는 데 엄청난 도움이 되었습니다. 직장의 미래 커뮤니티의 비즈니스 파트너인 코니 챈의 지속적인 지원에도 감사를 전합니다. 탐구하고 생각할 만한 흥미로운 주제와 통찰, 아이디어를 끊임없이 친절하게 공유해주는 직장의 미래 커뮤니티의 모든 구성원에게 진심을 담아 감사를 전합니다. 전 세계 여러 조직에서 인터뷰한 수백 명의 고위 경영진분들, 기꺼이 저를 맞아주시고 솔직하게 대해주신 여러분 모두에게 감사드립니다.

저를 지원하고 훌륭하게 일해준 우리 팀에게 큰 감사의 뜻을 전합니다. 저와 함께 일한 알렌 멘도자, 당신은 최고의 크리에이티브 디자이너입니다. 이 책의 표지와 본문의 모든 이미지를 만들어준 것 너무나도 고맙습니다! 메간과 젠, 저를 제 자리에 있게 해주고 아이디어와 메시지를 계속 확장할 수 있도록 도와준 것에 대해 감사드립니다. 블라다, 수천 명의 사람이 내 팟캐스트와 비디오를 들을 수 있도록 도와주어 고맙습니다. 트리사와 테레사, 스테이시, 알렉시스, 레이카, 이 프로젝트를 위해 수백 개 회사를 연구하는 것을 도와줘서 감사합니다. 제프리, 당신은 훌륭한 데이터 과학자이자 분석가예요. 수집된 모든 데이터가 정확하고 믿을 만한지, 실제로 제가 이해할 수 있는 것인지를 확인하는 데 써준 수백 시간에 대해 너무나도 감사합니다!

두 조직이 책 전체에 걸쳐서 공유된 연구를 후원하는 데 동의해주셨습니다. 이들은 레버(Lever)와 시스코(Cisco)로, 다음 장에서 더 자세하게 확인할 수 있습니다. 프란신 카츠오다스와 지안파올로 바로치, 릴라 스리니바산, 지속적인 지지와 함께 나와 이 프로젝트를 믿어주셔서 감사합니다!

인생은 짧다. 짧아도 너무 짧다. 살아있는 동안 매 순간을 최고로 만들어야 할 것이다. 그렇기에 그토록 많은 사람이 세계를 탐험하고 새로운 것을 시도하며, 인간으로서 지닌 천성적인 호기심으로 익숙한 길에서 벗어나고자 한다. 사람들이 단순히 물질적인 것을 소유하는 일보다 경험을 창조하는 데 주력하는 것도 이 때문이다. 우리는 특별한 날 화려한 레스토랑에서 식사를 하거나 스카이 다이빙을 하기 위해서, 지금 살고 있는 곳에서 수천 마일이나 떨어진 이국적인 도시를 방문하고 산에 오르는 색다른 체험을 하기 위해서 저축을 한다. 누가 그러라고 시켜서가 아니라 우리가 그러길 원하기에, 오랫동안, 어쩌면 평생 간직할 경험을 얻기 위해 그렇게 한다. 대부분 사람은 이런 생각을 멈추지 않는다. 실제로 경험은 우리를 인간으로 만들어주는 중요한 요소 중 하나다.

코넬 대학 심리학과 교수인 토머스 길로비치(Thomas Gilovich)와 시카고 대학 박사 후 연구팀의 아미트 쿠마르(Amit Kumar), 샌프란시스코 캘리포니아 대학에서 인간 행복을 연구하는 매튜 킬링스워스(Matthew Killingsworth) 박사가 수행한 연구에서 발견된 바에 따르면, 사람들이 경험에 돈을 쓸 때는 시간이 지날수록 만족도가 높아지는 반면 물질적인 것에 돈을 쓸 때는 시간이 지날수록 만족도가 낮아진다. 이 연구에서는 경험을 기다리는 것이 물질적인 것을 기다리는 것보다 더 많은 행복감을 가져온다는 것도 발견했다. 마지막으로 경험에 돈을 쓰는 것은 우리의 정체성과 소속감, 사회적 행동과 관련이 있다는 것도 밝혀냈다. 즉 전반적으로 물건 대신 경험에 돈을 쓰는 사람들이 더 행복하다는 것이다.

여러분은 지난 1년 동안 자신이나 다른 사람을 위해 경험을 창조하는 데 몇 번 정도 시간이나 돈을 썼는가? 100번? 50번? 지난 6개월, 지난 일주일 동안은 어떤가? 지난 24시간 동안은? 나는 여러분이 경험을 위해 정기적으로 많은 시간과 돈을 투자하고 있다고 확신한다. 경험은 우리와 일생을 함께한다. 그것은 인간으로서 우리가 누구인지를 구체화할 뿐만 아니라, 다른 사람들과 연결되어 관계를 형성하도록 도와준다.

우리가 애써 확보한 시간과 돈을 경험을 만들기 위해 기꺼이 쓴다는 점을 봤을 때, 사람들은 분명 경험에 관심이 많다. 이는 단순히 경험 자체를 위한 것이 아니며, 특별한 순간에 우리가 느끼는 감정 때문도 아니다. 그것은 경험이 기억을 창조해내기 때문이다. 경험 자체는 순간적일 수 있지만, 경험이 만들어낸 기억은 훨씬 오래 지속된다. 이토록 경험이 인간으로서의 우리 존재에게 필수적이라면, 우리의 조직 내부에서 경험은 어떻게 형성되고 있을까? 우리가 일생의 30%를 일하면서 보낸다고 간주하면(대부분은 이보다 높겠지만, 주당 40시간만 일한다고 가정하면), 이는 무시무시한 통계 자료가 된다. 심지어 한 걸음 더 나아가 "우리 조직 내부에서 인간성은 어떻게 드러나고 있을까?"를 물을 수도 있다. 이 경험들과 그에 뒤따르는 기억은 우리가 동료나 관리자 또는 조직 전체와 맺고 있는 (또는 맺고 싶어 하는) 관계가 무엇인지 파악하는 데 도움을 준다.

세계가 로봇과 자동화에 관한 논의에 매료될수록, 이러한 경험적 측면은 이전보다 더 중요해진다! 많은 미래학자와 비즈니스 리더는 로봇과 자동화가 사람들의 일자리를 빼앗고 있다고 믿겠지만, 나는 인간이야말로 로봇으로부터 일자리를 빼앗고 있다고 생각한다.

인터넷이 나타나기 수십 년 전, 현대 경영이 막 시작되었을 때 우리에겐 어떤 종류의 연결성(connectivity)도 없었다. 로봇이나 자동화에 대한 논의는 말할 것도 없다. 직원들은 매일 같은 시간에 나타나서 같은 일을 반복했다. 같은 복장과 유니폼을 입고, 같은 사람에게 보고하며, 동시에 휴식을 취했다. 아무것도 질문하지 않았고, 어떠한 문제도 일으키지 않았다. 그들의 역할은 지금보다 훨씬 단순하게, 마치 로봇처럼 일하는 것이었다. 하지만 당시에는 로봇이나 자동화가 없었는데 어떻게 그게 가능했을까? 우리는 인간을 이용했다. 우리는 근본적으로 로봇과 자동화 시스템을 위한 완벽한 조직을 설계했지만, 그런 기술이 없자 차선책을 택한 것이다. 오늘날 마침내 등장한 로봇과 자동화 시스템은 우리가 그들을 위해 설계했던 직무와 책임을 돌려달라고 요구한다. 예전 조직에게 있어 인간은 단지 책갈피와 같은 표시자 역할을 했을 뿐이다. 오늘날 전 세계의 조직은 인간에게, 사람에게 더 초점을 맞추려면 스스로를 어떻게 재설계해야 하는지 알고 싶어 한다. 로봇은 직장에서의 경험에 관심이 없지만, 사람은 그렇지 않기 때문이다.

조직이 설계한 경험은 궁극적으로 직원들의 행동을 형성하며, 직원들이 조직과 맺고자 하는 관계 또는 유대감을 형성한다. 오늘날 우리가 극복해야 하는 과제는, 어떻게 하면 우리가 일과의 관계를 시간이 지날수록 만족도가 떨어지는 물질적 구매로 느끼는 것이 아니

라 시간이 지날수록 만족도가 높아지는 경험에 대한 투자로 느낄 수
있느냐이다.

커리어 웹사이트인 글래스도어(세계 최대 규모의 직장 평가 사
이트-옮긴이)가 수행한 연구는 이를 뒷받침한다. 마리오 누네즈(Ma-
rio Nunez)는 블로그에 게재한 〈돈으로 행복을 살수 있을까? 급여와
직원 만족의 관련성〉이란 기사에서 상당히 놀라운 사실을 밝혀냈다.
그 기사에 따르면,

> 한 가지 예상치 못한 발견은 다년간의 직장 경험과 행복 사이에 분
> 명한 상관관계가 있다는 사실이다. 요컨대 고령의 근로자일수록 만
> 족도가 떨어지는 경향이 있다. 예를 들어, 다른 모든 변인이 통제되
> 었을 때 경력이 1년 증가하면 전체 직원의 만족도는 0.6포인트 감소
> 한다. 이는 시간 경과에 따른 업무 환경의 질에 대한 학습효과를 반
> 영하는 것일 수 있다. 또는 노동자들이 직장 생활을 계속하면서 자
> 기 고용주에게 더욱 싫증을 느끼게 된 것일지도 모른다.*

이는 22만 1천 명의 글래스도어 사용자 표본에 근거한 내용이다.
《직장의 미래(The Future of Work)》(Wiley, 2014)에서 나는 **직
원**의 동의어로 **톱니바퀴**(cog), **하인**(servant) 및 **노예**(slave)가 있다고
했다. **관리자**의 동의어로는 **보스**(boss), **노예 감시자**(slave driver), **사
육사**(zookeeper)가 있었다. **일**의 동의어는 **힘들고 단조로운 것**(drudg-

---

* Nuñez, Mario. "Does Money Buy Happiness? The Link Between Salary and Employee Satisfaction."
Glassdoor Economic Research Blog, June 18, 2015. https://www.glassdoor.com/research/does-
money-buy-happiness-the-link-betweensalary-and-employee-satisfaction/.

ery), **투쟁**(struggle) 그리고 **매일 고된 것**(daily grind)을 포함한다. 이 것이 말 그대로 우리가 지난 수십 년간 많은 조직을 구조화한 방식이다. 실제로 우리는 우리의 조직과 인간성을 분리해서 설계해왔다. 그러나 오늘날 우리는 일에 관한 이런 사고방식이 더 이상 의미가 없다는 것을 깨닫기 시작했다.

우리가 조직에서 항상 가지고 있었던 커다란 가정 하나가 오늘날 전적으로 틀렸다는 것이 밝혀졌다. 항상 조직은 사람들이 그곳에서 일할 필요가 있다고 생각해왔다. 어쨌든 우리에겐 돈이 필요하고, 지불할 청구서가 있으며, 돌봐야 하는 가족과 사고 싶은 물건이 있다. 조직은 우리가 돈을 벌 수 있게 일거리를 제공할 수 있다. 이 둘은 딱 들어맞는다. 이것이 고용주와 직원의 전통적인 관계였고, 조직은 항상 모든 통제권과 힘을 가지고 있었다. 그것은 물질적 상품을 구매하는 것과 같았다. 조직 대부분은 브랜드 파워에 의지해서 간단히 인재를 영입하고 보유할 수 있었다.

오늘날은 더 이상 그렇지 않다. 인재 전쟁이 지금보다 더 치열한 적은 없었다. 가장 유능한 최고의 인재를 채용하고 보유하려는 노력의 일환으로, 조직들은 직원들에게 필요한(need) 조직을 만드는 데서 벗어나 직원들이 진정으로 바라는(want) 조직을 만들어가야 한다. 필요에서 바람으로의 이 전환은 유용성(utility)에서 직원경험(employee experience)으로의 전환 또한 유발하고 있다.

목차

3

왜
직원경험에
투자해야
하는가?

1

직원경험의 진화

— The Evolution of Employee Experience —

비즈니스 세계의 다른 것들과 마찬가지로, 비즈니스 상황도 변하고 진화한다. 오늘날 조직의 우선순위는 점점 더 사람들에게 초점을 맞추고 있으며, 인간성과 경험이 조직 내부의 주요 이슈가 되고 있다. 이 얼마나 고무적인 일인가! 수년 전만 해도 대부분 사람은 현대 비즈니스의 중점을 유용성(utility), 즉 직무의 기본 요소에 두는 것을 당연하게 여겼다. 그것이 당시의 일반적인 관행이었고, 거의 모든 조직에서 동일한 접근 방식을 취하곤 했다. 이러한 접근 방식은 이후 사람들로부터 최대한의 생산성(productivity)을 이끌어내는 데 중점을 두는 방향으로 바뀌었다. 그다음에는 직원을 행복하게 하고 일에 끌리게 만드는 것, 몰입(engagement)이 등장했다. 이제 우리는 조직 설계에 있어서 그다음 단계이자 내가 생각하기에 가장 중요한 영역인 직원경험(employee experience)으로의 전환 과정에 있다. 이들의 진화 과정과 더불어 우리가 여기까지 어떻게 오게 되었는지를 살펴보자.

CHAPTER 1

직원경험
정의하기

Defining Employee Experience

유용성

수십 년 전 우리가 고용주와 맺었던 관계는 정말 간단했다. 고용주는 직원들로 채워야 할 일자리를 가지고 있었다. 직원들은 지불해야 할 청구서와 사고 싶은 물건이 있었고, 특정한 기술을 제공할 수 있었다. 그래서 우리는 공석인 일자리를 얻기 위해 노력했다. 이러한 기본적인 관계는 업무가 언제나 유용성(utility), 즉 직원들이 업무를 수행하도록 고용주가 제공하는 필수적인 도구나 자원에 관한 것이었음을 의미한다(그림 1.1 참조). 오늘날 그것은 일반적으로 컴퓨터와 책상, 칸막이, 전화기 같은 것들이다. 과거에는 책상이나 필기구, 메모장, 전화기였을 수 있고, 아마도 그냥 망치나 못이었을 수도 있다. 그게 전부였다. 여러분은 과거에 누군가가 웰빙 프로그램, 식사 제공, 사무실에 애완견 데려오기, 유연 근무에 관한 이야기를 꺼내는 걸 상상할 수 있는가? 농담하지 마라! 그런 직원은 모두가 비웃었을 것이며, 아마 즉시 해고되었을 것이다! 이들은 이제서야 세상의 관심과 투자를 얻기 시작한 비교적 새로운 현상이다. 물론, 여전히 유용성의 세계에 갇혀 있는 조직들도 많다.

생산성

유용성의 시대가 지나가고 생산성의 시대가 왔다. 프레드릭 윈즐로우 테일러(Frederick Winslow Taylor), 헨리 페이욜(Henri Fayol) 같은 경영학자가 직원들이 일하는 방식을 최적화하기 위한 수단과 접근 방법을 개척한 시기이다. 관리자들은 말 그대로 스톱워치를 이용해서 직원들이 작업을 완수하는 데 얼마나 걸리는지를 측정하고, 여기저기에서 시간을 단축하려고 했다. 마치 달리기 선수나 수영 선수가 구간 기록을 줄이기 위해 노력하는 것과 비슷했다. 이 모든 것은 생산성과 생산량을 향상시키고, 훌륭한 공장 조립 라인처럼 반복 가능한 공정의 중요성을 강조하기 위해 고안된 것이었다. 불행히도 당시에는 그렇게 일할 수 있는(아마도 훨씬 더 완벽했을) 로봇이나 자동화 장비가 없었기 때문에, 우리는 인간을 사용했다. 오늘날 마침내 우리는 그러한 일을 할 수 있도록 설계된 로봇과 자동화 장비를 갖게 되었고, 이에 따라 그 자리를 차지하고 일했던 인간은 곤경에 처하게 되었다. 로봇은 인간들로부터 일자리를 빼앗지 않았다. 그동안 로봇의 일자리를 인간이 빼앗고 있었던 것이다. 이 시대에도 유용성의 시대와 마찬가지로 직원들이 진정으로 원하는 조직을 만들어내는 데는 그다지 신경 쓰지 않았다. 생산성은 그저 스테로이드를 맞

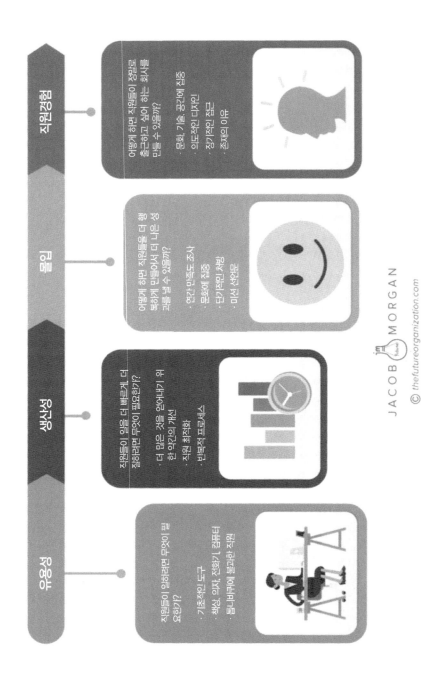

직원경험

어떻게 하면 직원들이 정말로 출근하고 싶어 하는 회사를 만들 수 있을까?

· 문화, 기술, 공간에 집중
· 의도적인 디자인
· 장기적인 접근
· 존재의 이유

몰입

어떻게 하면 직원들을 더 행복하게 만들어서 더 나은 성과를 낼 수 있을까?

· 연간 만족도 조사
· 문화에 집중
· 단기적인 처방
· 미션 선언문

생산성

직원들이 일을 더 빠르게 더 잘하려면 무엇이 필요한가?

· 더 많은 것을 얻어내기 위한 인간의 개선
· 직원 최적화
· 반복적 프로세스

유용성

직원들이 일하려면 무엇이 필요한가?

· 기초적인 도구
· 책상, 의자, 전화기, 컴퓨터
· 톱니바퀴에 물려한 직원

JACOB MORGAN
© thefutureorganization.com

그림 1.1 직원경험의 진화

은 유용성일 뿐이었다!

몰입

그다음은 근본적으로 새로운 개념인 몰입의 시대가 왔다. "이봐, 직원들로부터 더 많은 걸 끌어내려고만 애쓰기보다는, 직원들과 그들이 아끼고 소중하게 여기는 게 뭔지에 더 관심을 가져야 하지 않을까?"라고 모든 비즈니스 세계가 말하게 된 것이다. 이는 실제로 매우 혁명적인 접근법으로서, 이윤을 얻고 직원에게서 더 많은 가치를 끌어내려면 조직이 어떻게 해야 하는지에 초점을 맞추는 대신, 직원들에게 혜택을 주고, 그들이 일하는 방식과 이유를 이해하려면 조직이 무엇을 할 수 있는지에 초점을 맞추는 것이었다. 직원은 몰입하면 할수록, 더 좋아진다! 우리가 지난 20~30년 동안 머무르고 있는 지점이 바로 여기다. 그동안 몰입된 직원이 더 생산적이고 재직기간도 더 길며, 보통 더 건강하고 행복하다는 것을 보여주는 온갖 종류의 연구가 있었다.

이 책을 처음 쓰기 시작했을 때, 나는 직원경험과 직원몰입이 서로 상충하는 것으로 확신했었다. 직원경험이 몰입을 대체해야 한다고 잘못 믿었던 것이다. 사실 나는 이 책에서 그 이론적 해석에 관한 상당히 많은 분량을 삭제해야만 했다. 책을 쓰면서 내 입장이 바뀌었다. 직원경험은 몰입을 대체할 필요가 없다. 실제로 이 두 가지는 함께할 수 있으며, 함께해야만 한다. 나는 직원경험을 몰입된 직원을 만드는 무언가로 여기는 대신, 직원경험을 위한 조직의 문화와 기술, 물리적 환경 설계에 초점을 맞췄다. 직원몰입에 대한 우리의 정의와 이해는 진화할 필요가 있다. 몰입을 탐구하는 데 사용하는 많은 질문과 프레임워크는 처음 비즈니스 세계에 도입된 이래로 지금까지 바뀌지 않았으며, 이는 몇 가지 과제를 남겼다.

직원경험

여러분이 폐차장에서 낡은 차를 구매한 뒤 새로운 페인트, 좌석 시트, 타이어 휠, 내장재를 업그레이드하는 데 수천 달러를 썼다고 해 보자. 비록 차가 보기에 멋있어졌을지라도, 주행 성능은 여러분이 폐차장에서 가지고 온 상태 그대로이다. 자동차의 성능을 향상시키려면 당연히 엔진을 교체해야 한다. 전 세계 조직은 기업 문화 프로그램, 사무실 재설계, 직원몰입 계획, 웰빙 전략과 같은 것에 상당한 자원을 투자하고 있다. 안타깝게도 이들은 그 조직을 더 좋아 보이게 만들 수는 있지만, 실제로 성과를 내는 데는 거의 영향을 주지 않는다.

오늘날 많은 조직은 **직원몰입**과 **직원경험**을 구별하지 않고 혼용해서 잘못 사용한다. 직원몰입은 모두, 조직이 그들의 일하는 방식을 개선하려고 시도해온 단기적인 외형 변화에 관한 것이었다. 이런 접근법이 자동차에 효과가 없다면, 당연히 조직에도 효과가 없을 것이다.

직원몰입이 단기간의 아드레날린 투여라면, 직원경험은 장기적인 조직의 재설계이다. 페인트나 좌석 시트 대신 엔진에 중점을 두는 것이다. 통상 '고객과 브랜드가 맺는 관계'로 정의되는 **고객경험**이라는 용어를 아마 들어봤을 것이다. 이 정의를 본 대부분 사람은 아마도 이렇게 말할 것이다. "음, 물론 그렇겠죠. 당연한 것 아닌가요?" 맞는 말이며, 그렇기에 나는 이 정의가 실제 맥락이나 방향을 제공하지 않는 의미 없는 정의라고 생각한다. 이것이 바로 **직원경험**을 단순하게 '직원과 조직 간의 관계'로 정의하는 것을 피하려는 이유다. 이는 분명 고객경험에 관한 정의와 마찬가지로 누구에게도 도움이 되지 못하며, 어떠한 가치도 제공하지 못한다. 그렇다면 직원경험이란 무엇인가?

우리가 직원경험을 바라봐야 하는 몇 가지 방식이 있다. 첫 번째는 직원의 눈을 통해서고, 두 번째는 조직의 눈을 통해서이다. 세 번째는 이 두 가지가 겹치는 부분을 보는 것이다. 사람에 따라 직원이나 조직 중 어느 한쪽으로 더 기울 수 있지만, 여기엔 양자가 모두 연관되어 있으므로, 조직과 직원 모두가 직원경험을 만들고 영향을 준다고 보는 게 좋다. 그것이 직원과 조직 모두에게 최선이다.

여러분의 조직에 속한 직원들에게 있어서 직원경험이란 쉽게 말해 여러분 조직에서 일하는 현실이 어떠한지이다. 조직의 관점에서 직원경험은 직원들을 위해 조직이 설계하고 만들어낸 것, 다르게 말하면 직원의 현실이 실제로 그러하다고 믿는 것이다. 물론 이것은 우리가 일상적으로 마주하는 어려움이다. 사랑하는 사람이나 친구에게 선의를 담아 어떤 말이나 행동을 했는데, 정작 당사자는 그것을 무례하다고 여기거나 실례로 받아들인 적이 있지 않았는가? 똑같은 시나리오를 우리는 조직과 직원 사이에서 흔하게 볼 수 있다. 조직이 어떤 조치를 취했을 때, 직원들은 그것을 조직의 의도대로 인지하지 않을 수 있다. 개인 생활에서와 마찬가지로 이는 당연히 직장에서도 문제를 일으킨다.

조직이 만들어낸 가상 세계에서 살아가는 한 사람에 대한 영화,

〈트루먼쇼〉를 봤을 것이다. 그가 인지하는 세계는 거대한 무대 위에 만들어졌고, 비록 깨닫진 못하지만 그의 모든 행위와 사건은 계획된 것이었다. 그를 위해 만들어진 세계를 떠나지 못하게 하려는 조직의 노력에도 불구하고, 트루먼은 결국 자유를 얻는다. 어떤 면에서, 우리의 조직이 운영되는 방식도 이와 같다. 조직은 우리가 언제 일하고 어떤 장비를 사용해야 하는지, 복장 규정은 어떤지, 언제 승진할 수 있으며 언제 새로운 것을 배울 수 있는지, 누구와 대화할 수 있고, 언제 식사를 하고 휴식을 취할 수 있는지를 지시한다. 그뿐만 아니라 우리가 일하는 환경과 그 밖에 조직의 울타리 안에서 일어나는 거의 모든 것을 통제한다. 직원으로서 우리는 하루 중 8~10시간 동안 일어나는 일에 대해서 사실상 아무 말도 하지 못한다. 비록 조직이 우리의 삶을 빈틈없이 트루먼화하지는 않더라도, 여기엔 상당한 유사점이 있다. 그럼 우린 어떻게 해야 하는 걸까?

이상적인 시나리오는 직원의 현실과 조직의 직원 현실에 대한 설계가 겹치는 것이다. 다시 말하면, 조직이 무언가를 설계하거나 수행하고, 직원들은 그것을 조직이 의도한 대로 받아들이는 것이다. 이어지는 장들에서 볼 수 있듯이, 이는 직원들이 조직에 의해 설계된 경험을 그대로 받아들이는(말하자면 트루먼식 접근법) 대신에, 경험을 형성하는 과정에 실질적인 도움을 주기 때문에 가능하다.

이러한 관점에서, 직원경험은 '직원의 기대, 필요, 요구와 그들의 기대, 필요, 요구에 관한 조직의 설계 사이의 교집합'으로 정의할 수 있다. 그림 1.2에서 이를 볼 수 있다.

그러나 사람들이 더 쉽게 공감할 수 있는 직원경험 정의는 '문화, 기술, 물리적 환경에 초점을 맞춰 사람들이 출근하고 싶은 조직을 설계하는 것'이다. 이러한 표현은 직원이 조직과 상호작용하면서 경험하는 여정과 관계 전체를 본질적으로 요약하며, "직원경험은 모든 것이다."라는 말보다 쉽게 이해할 수 있도록 그것을 세 가지 뚜렷한 환경으로 세분화한다.

한 가지 중요하게 명심해야 하는 것은, 조직이 직원들에 대해 알지 못하는 한 직원경험은 만들어질 수 없다는 점이다. **조직**이란 단어는 경영진, 관리자, 직원 집단을 대표하는 것으로서 광범위하게 사용된다. 여행사를 통해서 예약을 했던 경험이 있다면, 여행사 직원이 여러분을 파악하기 위해 많은 시간을 투자한다는 걸 알 것이다. 그렇게 해야만 여행사 직원은 여러분의 기억에 남을 만한 여행 계획을 짤 수 있다. 여행사 직원이 진정으로 자신의 고객을 알아야 하는 것과 마찬가지로, 조직도 진정으로 자신의 직원들을 알아야만 한다. 책 뒷부

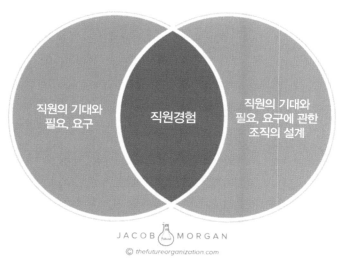

그림 1.2 직원경험 설계

분에서 볼 수 있듯이, 이는 피플 애널리틱스(people analytics)를 활용하는 것만이 아니라 개인적이고 인간적인 차원에서 직원들과 진정한 관계를 형성할 수 있는 능력과 열망을 지닌 팀 리더들을 보유해야 한다는 것을 의미한다.

인간은 감정을 가지고 있고, 서로 다른 인식과 태도를 지니며, 서로 다르게 행동한다. 따라서 경험은 주관적이다. 만약 우리가 모두 같은 방식으로 행동하고 같은 방식으로 생각한다면, 모두를 위한 완벽한 직원경험을 설계하는 건 엄청나게 쉬웠을 것이다. 하지만 현실은 그렇지 않다. 그러면 조직은 그냥 포기해야 하는가? 물론 아니다. 이 책을 통해서 살펴볼 것처럼, 직원경험은 일련의 환경들과 요인들로 구성되며, 선진 조직들은 이들을 제대로 구현하기 위해 굉장히 많은 시간과 자원을 투자해왔다. 세계의 모든 조직에는 그들 자신만의 경험을 지닌 직원들이 있다. 여러분이 그들의 경험을 만드는 것을 돕든 말든, 직원들은 여전히 존재한다. 직원경험은 그저 운에 맡긴 채 내버려 두기엔 너무나도 중요한, 비즈니스 차별화의 핵심 요소이다.

앞에서 언급한 바와 같이, 직원경험 설계 과정은 조직이 직원을 위해 하는 것이 아니라 조직과 직원들이 함께 하는 것이다. 이를 명심해야 하는 이유는 많은 조직이 자신들의 노력을 무의미하게 만드는 **일방적인 설계**(design for)에만 빠져 있기 때문이다.

이 책 대부분은 내가 '통합적 직원경험 조직(ExpO; Experiental Orgaization)'이라고 말하는 것을 구축하기 위해서 직원경험을 설계하고 만드는 방법을 탐구한다. 이 조직을 정의하면 다음과 같다.

통합적 직원경험 조직(ExpO)은 조직의 사람들을 진정으로 알기 위해 (재)설계된 조직이며, 사람들이 필요에 의해서가 아니라 그곳에서 일하길 원해서 출근하고 싶은 조직을 만드는 기예와 과학에 통달한 조직이다. 통합적 직원경험 조직은 '존재의 이유(Reason of Being)'를 기반으로 물리적, 기술적, 문화적 환경에 집중하여 직원경험을 창조한다.

　지금부터 우리는 이러한 환경이 무엇이며, 그들을 형성하는 요인은 어떤 것이 있는지, 그리고 경쟁사보다 월등히 나은 성과를 내는 통합적 직원경험 조직을 어떻게 만들 수 있는지에 대해서 깊이 파고들 것이다.

CHAPTER 2

직원경험
연구

Research on Employee Experience

직원경험이라는 단어를 내가 새로 만든 것은 아니지만, 이 책에서 제시할 프레임워크와 접근법은 분명 내가 만든 것이 맞다. 내가 아는 한, 수백 개 조직에 관한 실제 데이터와 분석을 기반으로 직원경험의 구조화된 프레임워크를 만든 사람은 없었다. 그렇기에 이것이 어떻게 만들어졌는지를 모두 공유하는 것이 바람직하다고 본다. 직원경험과 관련한 새로운 직함과 역할, 업무 영역이 계속 생겨나고 있지만, 그것이 실제로 무엇이며 어떤 모습으로 나타나는지는 아직 상당히 혼란스럽고 불확실하다. 이는 매우 명확하게 정의된 전통적인 HR과 달리, 직원경험은 조직에 따라 크게 달라지기 때문이기도 하다. 사실 그래도 괜찮다. 직원경험은 매우 인간 중심적이기에, 다양한 조직이 이에 접근하는 방법에서 차이가 있는 게 당연하다. 나는 직업경험을 담당하는 최고 직원경험 책임자, 임원, 관리자, 심지어 인사 담당 리더들까지도 다수 접촉하면서 이 새로운 전환에 관한 그들의 관점을 파악하려고 했다.

나와 이야기를 나눈 많은 기업의 임원들과 리더들은 매우 솔직했다. 그들은 이 역할이 너무나 생소하기에 무엇에 중점을 두는지, 어떤 경험이 될지, 심지어 어떤 것을 포함할지도 확신할 수는 없다고 말했다. 당연히 이는 그 주제에 관한 책을 쓰는 나에겐 작은 골칫거리였다. 지난 2년 동안 나는 각계각층의 고위 경영진 및 직원들과 수백 번의 대화를 나눴다. "무엇이 직원경험을 만드는가?" 또는 "어떻게 직원경험을 설계하는가?"라는 나의 질문에 대한 답변은 다양했지만, 곧 일정한 패턴이 나타나기 시작했다. 나는 업종이나 규모, 장소와 관계없이 전 세계 모든 조직이 집중하고 투자하는 세 가지 영역이 있다는 걸 발견했다. 이 세 가지 영역은 직원경험에 영향을 주는 환경으로서 각각 기술적 환경, 물리적 환경, 문화적 환경이었다.

이 세 가지 환경을 결정한 뒤, 다음 단계는 이러한 환경의 주된 요인이 무엇인지를 알아내는 것이었다. 다시 말해서, 훌륭한 기술적, 물리적, 문화적 환경을 만드는 요인 가운데 직원들이 가장 관심이 있는 것은 무엇인가?

쉬운 일은 아니었다. 우리는 모두 각자 관심사가 다르고, 가치관이 다르기 때문이다. 나는 세 개의 경험 환경을 결정할 때 사용한 것과 같은 접근법을 택했다. 많은 논문과 기사, 연구 보고서를 읽으며 패턴을 찾았고, 전 세계 조직의 경영진 및 직원들과 나눴던 수백 번의 대화로부터 얻은 정보를 추가했다. 이를 바탕으로 나는 세 가지 직원경험 환경 각각에서 대한 조직의 유효성을 측정하는 일련의 질문을 만들었다.

훌륭한 직원경험을 설계하고 직원들이 진정으로 출근하고 싶은

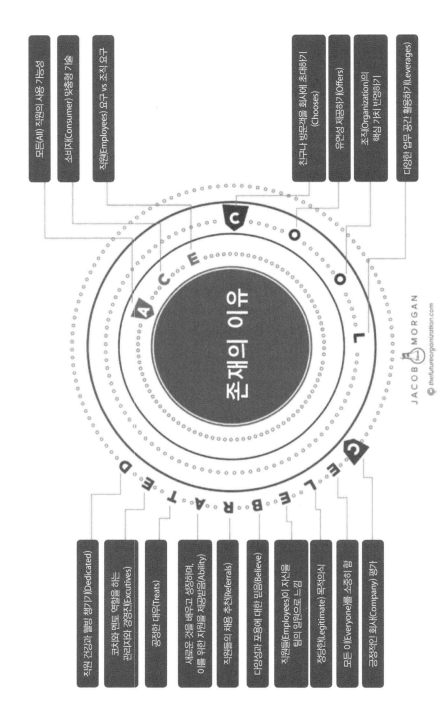

모든(All) 직원의 사용 가능성

소비자(Consumer) 맞춤형 기술

직원(Employees) 요구 vs 조직 요구

친구나 방문객을 회사에 초대하기 (Chooses)

유연성 제공하기(Offers)

조직(Organization)의 핵심 가치 반영하기

다양한 업무 공간 활용하기(Leverages)

직원 건강과 웰빙 챙기기(Dedicated)

코치와 멘토 역할을 하는 관리자와 경영진(Excutives)

공정한 대우(Treats)

새로운 것을 배우고 성장하며, 이를 위한 자원을 제공받음(Ability)

직원들의 채용 추천(Referrals)

다양성과 포용에 대한 믿음(Believe)

직원들(Employees)이 자신을 팀의 일원으로 느낌

정당한(Legitimate) 목적의식

모든 이(Everyone)를 소중히 함

긍정적인 회사(Company) 평가

존재의 이유

ACE · COOL · CELEBRATED

JACOB MORGAN

thefutureorganization.com

그림 2.1 17가지 직원경험 요인

직장을 만들려면, 조직은 존재의 이유에 집중해야 하고, 여기에 ACE 기술, COOL 물리적 공간 및 CELEBRATED 문화로 축약되는 17가지 요인이 뒤따라야 한다(그림 2.1 참조).

내가 특히나 흥미롭게 느꼈던 것은 이 17가지 요인 하나하나가 모두 직원과 조직 전체에 긍정적인 영향을 준다는 사실이다. 일방적이지 않다. 회사의 전반적인 성공에 투자하더라도, 직원경험 또한 긍정적인 영향을 받는다. 조직과 직원 모두가 승자다.

이 17가지 요인은 내가 직원경험 점수(EXS; Employee Experience Score)라 부르는 것을 구성한다. 부록에 제시된 질문에 답함으로써 여러분 조직의 직원경험 점수를 측정할 수 있다. 내가 평가한 조직들의 전체 순위는 직원경험 지수(EEI; Employee Experience Index)로 구성되어 있다. https://TheFutureOrganization.com을 방문하면 전체 목록과 함께 여러분 조직의 EXS도 확인해볼 수 있다.

이러한 요인들과 직원경험 모델을 찾아내기 위해 나는 다음과 같은 작업을 했다.

- 전 세계 150여 개 조직의 C-레벨 경영진 및 비즈니스 리더들과의 인터뷰

  - 링크드인(Linkedin)의 최고 인사 담당 책임자(CHRO)

  - 액센츄어(Accenture)의 최고 인사 담당 책임자

  - 메리어트 인터내셔널(Marriot International)의 최고 인사 담당 책임자

  - 경영학 교수 마샬 골드스미스(Marshal Goldsmith)

  - 제록스(Xerox)의 기술 담당 최고 책임자

- 겐슬러(Gensler)의 공동 최고 경영자
- SAP의 다양성 및 통합 최고 책임자
- 제너럴일렉트릭(General Electric)의 수석 경제학자
- 시스코(Cisco)의 최고 피플 담당자(Chief People Officer)
- 아이비엠(IBM)의 최고 정보 책임자
- 야후!(Yahoo!)의 이사회 의장
- 인포시스(Infosys)의 회장, 그 외 다수

· 겐서(Genser), 딜로이트(Diloitte), 에이온(Aon), 스틸케이스(Steelcase), 정부 기관,《하버드 비즈니스 리뷰(Harvard Businnes Review)》및《MIT 슬로언 매니지먼트 리뷰(MIT Sloan Management Review)》등 다수 조직의 문화, 기술 및 물리적 업무 환경에 관한 150개 이상의 연구 논문 검토

· 수십 권의 미디어 출판물 판독

· 포춘 100 및《포춘》선정 최고의 직장 100, 글래스도어 선정 최고의 직장 리스트 등에 포함된 250개 이상의 조직 분석

· 설문조사의 구조와 데이터 수집에 대한 조언을 얻기 위해 학술 기관(아메리칸 대학 경영학과 세르게(Serge P. da Motta Veiga) 조교수)과 협업

· 전반적인 프로젝트 지침을 제공하기 위해 연구조사 고문 초빙(이머전트 리서치(Emergent Research)의 스티브 킹(Steven King))

· 17가지 요인을 검토하고 설문조사에 대한 피드백 제공과 제안을 위한 경영진 팀 구성

이 책에서 수행된 연구에 따르면, 문화적 환경은 직원경험의

40%, 기술적 환경과 물리적 환경은 각각 30%를 기여한다. 조직이 직원경험에서 획득 가능한 최대 총점은 115.5점으로, 기술 19.5점, 물리적 공간 26점, 문화 70점이다. 각 점수의 할당량이 각 환경이 직원경험에 기여하는 비율을 반영하지는 않는다는 점에 유의하라.

나는 이 책의 방법론을 받아들여 조직 내부적으로 적용하길 권장한다. 내가 모든 답을 가지고 있다고 주장하는 것은 아니지만, 나의 연구가 직원경험이 무엇이며 그것이 왜 중요한지, 사람들이 정말로 근무하고 싶은 조직을 설계하려면 어떻게 해야 하는지에 관하여 귀중한 통찰을 제공한다고 믿는다.

연구 후원자에 대한 감사

이 책에 필요한 연구를 수행하는 데 두 기업이 많은 도움을 주었다. 여러분이 상상할 수 있듯이, 252개 조직을 검토하기 위해 연구자와 데이터 과학자를 고용하는 일은 무척이나 많은 자원을 필요로 한다. 레버(Lever)와 시스코(Cisco)는 내 연구의 공동 후원자였다. 레버는 고용과 지원자 추적 프로세스를 획기적으로 간소화한, 가장 현대적인 채용 기술을 보유한 회사이다. 내가 이 책을 쓰기 시작했을 때쯤 샌프란시스코 사무실에서 레버의 최고 마케팅 책임자인 릴라 스리니바산(Leela Srinivasan)을 만났다. 그녀는 나의 연구에 큰 흥미를 느끼며 이를 지원하기로 해주었다. 시스코(Cisco)는 모든 이와 모든 것을 연결하도록 돕는다는 미션을 가진 세계 최고의 IT 기업이다. 운 좋게도 나는 몇 년 동안이나 시스코와 인연을 맺어 왔다. 내가 하고 싶은 것에 관하여 듣고 난 후, 시스코의 최고 피플 담당자(Chief

People Officer)인 프란신 카츠오다스(Francine Katsoudas)와 HR 수석 임원인 지안파올로 바로치(Gianpaolo Barozzi)는 이 연구를 후원하는 데 동의해주었다. 나는 직원경험의 개념을 믿고 이를 더 조명하고자 한 레버와 시스코 두 회사에 감사를 표한다. 이 연구가 100% 객관성을 유지할 수 있도록 두 조직 모두 연구의 모든 측면에서 어떠한 발언권이나 영향력, 조언, 의사결정 능력이 없었음을 밝힌다.

CHAPTER 3

왜
직원경험인가?

Employee Experience Drivers

여러분은 지금에서야 직원경험이 주목을 받는 이유가 무엇인지 궁금할 수 있을 것이다. 조직은 지난 수십 년 동안 고객경험을 이야기 해왔는데, 자기 내부를 들여다보기까지는 왜 이렇게 오래 걸렸을까? 게다가 우리는 수십 년간 직원몰입에 관해서도 이야기해왔었다. 분명히 이러한 전환을 일으키는, 새로운 직함과 역할을 만들어낼 뿐만 아니라 조직의 구조나 운영 방식을 재설계하도록 강요하는 어떤 변화가 일어나고 있다. 나는 과거 저술한《직장의 미래》에서 직장의 미래를 형성하는 다섯 가지 경향을 탐구했다. 이를 간략하게 설명하면 다음과 같다.

1 **이동성**: 언제나, 어디서나, 어느 기기에서나 사용자와 정보에 접근 가능하다.
2 **밀레니얼 세대와 변화하는 인구통계**: 조직은 5세대 인력에 더

하여 밀레니얼 세대라는 완전히 다른 세대에 적응하기 위해
고군분투 중이다.

3 **기술**: 빅데이터, 웨어러블 장치, 사물 인터넷, AI, 자동화는 조
직이 파악하려고 애쓰는 새로운 기술들 가운데 일부에 불과
하다.

4 **새로운 행동**: 소셜 기술 덕분에, 우리는 개인 생활에서 훨씬
더 편하게 모두가 볼 수 있도록 아이디어와 정보를 공유하며
살아간다.

5 **세계화**: 세계는 모든 유형의 사업을 수행함에 있어 경계와 장
벽이 사라진 하나의 큰 도시처럼 변하고 있다.

이러한 다섯 가지 경향은 전반적인 관점에서 보면 지금도 여전
히 타당하다고 본다. 하지만 직원경험을 보다 구체적으로 살펴보면,
주목해야 할 몇 가지 다른 사안이 있다.

직원몰입의 미흡한 성과

조직이 직원몰입을 측정하고 관찰하기 위해 활용할 수 있는 온
갖 종류의 협회, 기관 설문조사가 많다. 하지만 그 많은 논의와 교육
훈련, 집중적인 투자에도 불구하고, 불행히도 직원몰입은 상대적으
로 그다지 바뀌지 않았다. 이 주제에 대해 세계적인 권위를 가진 갤럽
(Gallup)에 따르면, 전 세계 직원몰입도는 13% 수준이라고 한다.[1] 정
말 믿기 어려울 만큼 낮은 수치다. 더 충격적인 건 이 수치가 몇 년 동
안 거의 변하지 않았다는 사실이다! 에이온(Aon)의 전 세계 직원몰

입도는 2016년 63%였는데, 이는 2014년 이후 1% 개선된 수치였다.[2]

아주 흥미로운 역설이다. 몰입은 전 세계 조직의 핵심 중점 분야 중 하나가 되었고, 해당 산업의 성장도 가히 폭발적이었다. 하지만 어째선지 직업몰입 수치는 미동도 없다. 어떻게 이런 일이 있을 수 있을까?

직원몰입을 중점에 두는 것은 몇 가지 문제점이 있다고 생각한다. 여러분들도 아는 다른 문제들도 있을 수 있겠다.

직원몰입은 하향 측정된다

오늘날 세계에서 가장 인기 있는 직원몰입 모델 중 하나를 살펴보자. 이 모델에서는 직원을 다음의 세 가지 유형으로 분류한다.

1 **방해형(Actively disengaged):** 동료들까지 방해하는 불행한 직원들

2 **대충형(Not engaged):** 출퇴근만 하며 영혼 없이 일하는 직원들

3 **몰입형(Engaged):** 열정적으로 일하며, 회사에 소속감을 느끼고, 조직이 성장하도록 돕는 직원들

그림 3.1에서 볼 수 있는 것처럼, 이 모델에서 몰입된 직원이란 조직이 기대하는 최소한의 수준에 있는 직원이다. 솔직히 말하면, 몰입된 직원이 평균적인 직원이어야 한다고 말하는 것이 더 공정할 것이다. 등급을 매긴다면 이들이 C등급이 될 것이다. 비즈니스 리더라면 누구나 열정을 갖고 조직을 발전시킬 수 있는 능력을 찾고 요구한다. 직원이 회사를 발전시키는 데 도움이 되지 못하고 소속감도 느끼지 못

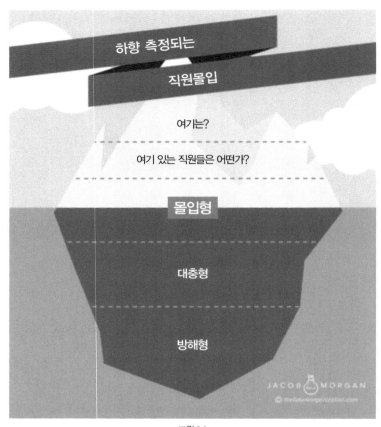

그림 3.1
직원몰입은 수면 바로 위에 있거나 그 아래 있는 직원들의 평균을 측정한다. 나머지 직원들은 어떤가?

한다면, 그들이 그곳에서 할 수 있는 일은 없을 것이다. 아마도 애초에 그들이 어쩌다가 여기에 오게 되었는지를 물어야 할 것이다. 그런 유형의 직원을 채용하는 조직이라면 반드시 채용 관행을 검토해야 한다. 가혹하다는 것은 물론 알지만 절대로 틀린 말은 아니다.

　　대충형 직원은 D등급과 동등한 수준이고 방해형 직원은 몰입

치한 F등급이 된다. 따라서 이 모델을 보면, 조직이 할 수 있는 최선은 예상대로 일할 수 있을 만한 평균적인 직원을 고용하는 것이다. 나머지 사람들은 평균보다 못하거나 그 이하이다. 이것이 어떤 조직을 만들어낼지 상상해보라. 아니, 우리는 이들이 어떤 종류의 조직을 만들어내는지 이미 알고 있다. 전 세계의 직원몰입 점수가 이를 명백히 보여준다.

열정을 느끼고 다른 사람을 도울 것으로 예상되는 수준을 넘어서는 직원들은 어떤가? 일하지 않을 때조차 계속해서 기대 수준을 뛰어넘고, 브랜드 치어리더로서 활동하는 최고의 직원들은 어떤가? 이러한 유형의 직원은 전통적인 몰입 모델에는 들어맞지 않는다. 이것이 바로 내가 직원몰입이 상향 측정 대신 하향 측정으로 고착되어 있다고 말하는 이유다. 이런 유형의 모델에서 여러분은 단지 C등급이거나 그보다 낮은 등급의 직원일 뿐이다.

직원몰입은 새로운 연간 평가가 되었다

조직은 연간 직원 평가(annual employee review)의 가치에는 의문을 제기하면서도, 무슨 이유에서인지 해마다 직원몰입을 측정하는 건 괜찮다고 생각한다. 이해할 수 없는 일이다. 많은 경우 직원몰입 조사가 연례 직원 평가를 대체하면서, 조직이 없애려는 바로 그 일이 되고 있다! 직원몰입을 얼마나 자주 측정해야 하는지는 정답이 없다. 나는 직원들이 원하는 시간과 장소에서, 원하는 만큼 할 수 있어야 한다고 믿는다. 조직은 몰입이 끊임없이 변하며, 역동적이고 유동적이란 사실을 이해할 필요가 있다. 우리는 켜고 끌 수 있는 조명 스위치가 아니다.

사람들과 관련된 사안들은 지속적으로 측정되어야 한다. 주간 단위의 단일 문장 펄스 서베이(pulse survey), 월간 문화 스냅샷(culture snapshots), 반년 주기의 몰입도 측정, 더 광범위한 조직 진단 설문을 진행할 수 있을 것이다. 물론 이것은 일 년에 한 번 행하는 설문조사가 회사 내부의 상황을 정확하게 반영하지 못한다는 걸 보여주기 위한 예시일 뿐이다. 내가 이야기해본 몇몇 회사는 심지어 직원들과 관련된 지표를 연마다 살펴보지도 않았다. 그들은 몇 년에 한 번 검사할지도 모른다! 만약 연간 평가가 직원 성과를 측정하는 데 도움이 안 된다면, 해마다 진행하는 직원몰입 조사도 조직의 맥을 짚는 데 별 도움이 안 되는 것이다.

제너럴일렉트릭(GE; General Electics) 등 일부 조직은 다른 접근 방식을 취한다. 무작위 직원에게 지속적으로 설문조사를 실시하는 것이다. 이렇게 하면 한 달에 1천 명, 그다음 달에 또 1천 명을 설문조사 할 수 있다. 이는 조직의 대표 표본으로부터 직원 데이터와 피드백을 지속적으로 얻는다는 아이디어다. 전 세계에 걸쳐 30만 명이 넘는 직원을 보유한 GE와 같은 조직에서는, 이러한 접근 방식이 한 번의 연간 조사를 수행하는 것보다 더 의미 있다. 이 점은 책의 뒷부분에서 다시 언급하도록 하겠다.

직원몰입은 대체로 원인이 아니라 결과를 살핀다

대부분 모델에서 조직에게 이상적인 시나리오는 가능한 한 몰입된 직원을 많이 고용하는 것이다. 이 일에 조직은 마치 포켓몬을 수집하는 것처럼 열광적이다. 원하는 몰입된 직원을 모두 손에 넣으면, 레벨 업을 하여 마침내 거대한 몬스터도 잡을 수 있을 것 같기 때문이다! 불행하게도 많은 조직은 몰입에 너무 집착한 나머지, 몰입된 직원들이 조직에 미치는 영향을 이해하는 것은 고사하고 몰입이 일어나는 원인을 이해하기 위해 한 걸음 뒤로 물러서는 것조차 잊어버린다. 몰입은 점수로만 요약될 뿐이고, 전후 맥락이 빠져버려 전혀 쓸모가 없게 된다. 유명한 소설이자 영화인《은하수를 여행하는 히치하이커를 위한 안내서(The Hitchhiker's Guide to the Galaxy)》에서, "삶의 의미는 무엇인가?"란 질문의 답은 42였다.* 그것은 조직이 받는 대다수의 직원몰입 점수처럼 숫자에 불과하다. 몰입도 68점을 받았는가? 굉장하다! 92점이라고? 더 좋다! 그다음은? 100점을 받으면 끝나는 건가? 무슨 말인지 알겠는가? 원인은 직원경험이며, 그 결과가 몰입된 직원들이다.

직원몰입 조사는 지칠 정도로 오래 걸린다

직원몰입 조사는 거의 모든 것을 물어보며, 보통 100문항이 훌쩍 넘는다. OMR 카드에 답을 마킹하며 객관식 시험을 보던 대학 시절이 생각난다. 그 당시 시험들도 대략 30~40문항 정도였고, 가끔 15분의 휴식을 갖기도 했다! 누가 맨정신으로 앉아서 자신의 조직에 대한 시험을 치고 싶어 할까? 더 중요한 것은, 누가 모든 질문에 정말로 솔직하게 대답하겠는가?! 솔직히 말해서 직원몰입 조사 또한 조작될 수 있다는 점을 잊으면 안 된다. 나는 언젠가 한 글로벌 기업의 최고 HR 담당 책임자와 이야기를 나눈 적이 있는데, 그녀는 직원몰입 점

---

* 인생의 진리를 알기 위해 사람들이 슈퍼컴퓨터에게 질문을 했더니, 컴퓨터는 엉뚱하게 '42'를 답으로 내놓았다는 이야기

수를 빨리 올리고 싶으면 흐리고 비가 오는 날에 한 번 조사하고, 맑은 날 다시 한번 조사하면 된다고 말해주었다. 그러면 와우! 10점 향상! 또한 몇몇 조직은 높은 점수를 받는 사람에게 인센티브를 제공하거나 점수가 충분히 높지 않는 사람들을 질책함으로써 직원몰입 점수를 조작하는 안 좋은 습관을 지니고 있다.

직원몰입은 아드레날린 투여와 같다

내가 몰입에 대해 흥미롭게 생각하는 것 중 하나는, 사람들은 조직에서 일하기 시작할 때 이미 몰입한 상태라는 사실이다. 조직에서 막 일하기 시작한 직원이 "이봐요, 이 일은 너무 끔찍하잖아요!"라고 말하는 건 거의 본 적 없다. 실제로도 그렇다. 조직에서 일하기 시작할 때의 직원들은 보통 그곳에 소속되었다는 사실에 흥분하고, 팀의 일원이 되어 무언가 기여할 수 있기를 기대한다. 과거를 떠올려 보자. 새로운 일을 시작하며 약간 긴장하거나 겁먹었던 적은 있지만, 불행하거나 몰입하지 않은 상태였던 적은 거의 없을 것이다. 하지만 이렇게 몰입한 행복한 직원들을 불행하고 몰입하지 못하는 상태로 바꾸는 어떤 일이 일어난다. 그리고 바로 그때쯤, 조직은 직원몰입 조사를 실시한다. 부정적인 결과를 보면서 관리자는 말한다. "뭐라고? 우리의 몰입 점수가 이렇게 낮은 것이 말이 된다고 생각해? 자 빨리, 지금 당장 어떤 조치가 필요해!" 이렇게 해서 새로운 특전이 제공될 수도 있다. 유연 근무를 도입하거나 사무실 배치가 바뀔지도 모른다. 공짜 음식은 항상 우리를 행복하게 하므로 주당 몇 차례 식사가 제공될 수도 있을 것이다. 그러면 몰입 점수는 약간 나아지지만, 이는 다시 떨어지기 전까지의 일시적인 현상일 뿐이고, 그림 3.2에서 볼 수 있는 사이클이 반복된다. 기본적으로 많은 조직에서 몰입은 직원의 행복감과 만족감을 일시적으로 향상시키는 아드레날린 투여와 같은 작용을 한다. 반면 직원경험은 조직을 지속적으로 설계하는 것이다. 불행하게도, 몰입에 대한 노력은 단순히 조작처럼 느껴지기에 신뢰나 충성심을 자아내지 못한다. 잠재력을 발휘하는 데도 아무런 도움이 되지 않으며, 조직의 비즈니스에도 영향을 주지 못한다.

직원몰입은 우리가 조직에 관하여 다르게 생각하도록 만든 홀

직원몰입 사이클

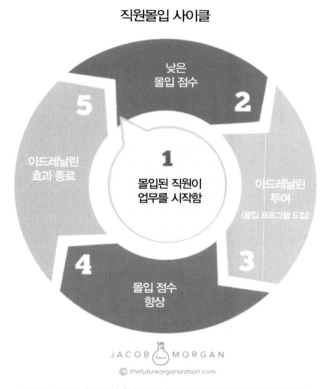

그림 3.2 조직의 장기적인 (재)설계가 아닌 단기 아드레날린 투여와 같은 직원몰입

류한 도구였고, HR의 존재와 중요성을 정당화하기 위한 일종의 버팀목이기도 했다. 우리는 무언가를 측정한다고 해서 그것이 향상되는 게 아니라는 것도 기억해야 한다. 직원몰입을 계속 측정하는 것이 문제가 되는 건 아니지만, 급속도로 변하는 세상에서 이제는 새로운 접근법을 모색할 때가 되었다. 이는 직원몰입을 불러올 수 있는 직원경험을 장기적 관점에서 설계하는 것이다.

사실 나는 단 한 개의 질문만 직원들에게 던져도 직원몰입을 간단히 측정할 수 있다고, 또 그렇게 측정해야 한다고 믿는다. 그게 어떤 질문인지는 분명 조직마다 다를 것이다. 이 책을 위한 연구를 진행하면서, 나는 그것이 "매일 아침 당신은 출근하고 싶어서 일어납니까?"와 비슷한 거라고 말하고 싶었다. 하지만 이런 종류의 질문이 상당히 솔깃한 것이긴 해도 올바른 접근법은 아니라고 생각한다. 즉, 몰입에 대한 좋은 지표는 직원이 어떻게 느끼는가가 아니라 실제로 무엇을 하는가이다. 그래서 나는 "당신은 다른 사람들의 성공을 도와주기 위해 매일 출근합니까?"와 같은 질문이 몰입을 측정하기에 훨씬 더 적합하다고 생각한다. 여기서 '성공'이란 다른 사람을 기분 좋게 만드는 것에서부터 실제로 프로젝트를 수행하도록 돕는 것까지 여러 가지를 의미할 수 있는 아주 주관적인 척도지만, 이 경우 주관성은 좋은 것이다. 링크드인(Linkedin)의 HR 담당 최고 책임자인 패트 워더스(Pat Wadors)는 만약 그녀가 직원몰입을 측정할 수 있는 방법을 하나만 선택할 수 있다면 "직원들이 다른 이들을 위해 소속감을 만들어내고자 출근하는지"를 묻는 것이 될 거라 말했다. 패트는 이 기준과 직원몰입 사이의 중요하고 긍정적인 상관관계를 뒷받침할 데이터를 가지고 있다. 행동에 집중하면 실제적인 영향 정도를 볼 수 있기 때문에 감정에 집중하는 것보다 더 낫다.

베스 태스카(Beth Taska)는 세계에서 가장 큰 헬스클럽인 24시간 피트니스(24 Hour Fitness)의 HR 담당 최고 책임자다. 2016년 처음 만났을 때 그녀는 패트가 내게 말했던 내용을 다시 상기시켜 주었다. 직원몰입의 핵심은 직원 안에 내재한 자발적 노력을 이끌어내는 데 있다. 자발적 노력은 요청하지 않아도 직원들이 스스로 투입할 수 있는 노력의 양이다. 이게 무슨 의미일까? 우리가 매일 겪는 다양한 브랜드와의 상호작용을 생각해보면, 여러분은 그 경험 대부분이 상당히 일률적이고 정적임을 깨달을 것이다. 특별한 일은 거의 일어나지 않는다. 매점을 가든, 식료품을 사기 위해 슈퍼마켓에 가든, 비행기에 탑승하기 위해 탑승 게이트에 가든, 음식을 주문하기 위해 레스토랑에 가든, 어떤 일이 일어날지 무엇을 기대해야 하는지 우리는 거의 다 알고 있다. 언제나 똑같다. 그렇다면 조직은 고객경험을 제공하기 위해 그 이상으로 무엇을 해야 할까? 답은 자발적인 노력이다. 링크드인이나 24시간 피트니스와 같은 조직들은 직원경험에 초점을 맞추면 직원들이 서로뿐만 아니라 고객을 돕기 위해 그 이상을 한다는 사실을 알아냈다. 자발적 노력은 행동의 관점에서 측정되며, 그래서 나는 "직원들이 다른 사람이 더 성공하도록 돕는지" 여부를 살피는 것이 단순히 "당신은 조직에 소속감을 느낍니까?"라고 묻는 것보다 더 의미 있고 효과적이라고 믿는다.

무선 통신 회사 T-모바일(T-Mobile)에서 이러한 수준의 자발적 노력은 모두 직원이 고객에게 미치는 영향으로 나타난다. 나와의 통화에서 T-모바일의 직원 경력 담당 부사장인 마티 피시오티(Marty Pisciotii)는, 미국 전역의 모든 T-모바일 직원은 회사 핵심 가치의 첫 번째 줄이 무엇인지 알고 있다고 말했다. "고객이 최우선이므로, 최전선 직원이 최우선이다(Frontline first, because customers are first)." T-모바일은 고객을 응대하는 직원들이 좋은 대우를 받을수록 고객에게 더 잘할 것이므로, 그들이 항상 우선이라고 생각한다. T-모바일은 회사가 자신에게 관심을 기울인다고 느끼는 직원들이 기존의 직무 영역을 넘어서 진정한 권한을 가진 주인처럼 행동하기 시작한다는 걸 깨달은 것이다. 여기서 더 나아가 회사는 3년 이상 근무한 (소매점 및 고객관리 콜센터 직원을 포함한) 모든 직원에게 회사 주식을 제공하는 프로그램을 3년 전 도입했다. 모든 직원이 진정으로 비즈니스에 영향을 미치고, 조직의 성공과 관련되며, 최대한의 잠재력을 발휘할 수 있게끔 하기 위해서이다.

직원경험은 조직의 여러 측면을 살펴보아야 하고, 결정과 측정을 위해서는 여러 개의 질문이 필요하다. 반면 직원몰입은 딱 한 가지만 있으면 된다. 여러분의 직원들이 실제로 몰입했는지를 확인할 수 있는 한 가지 질문은 무엇인가? 가서 물어보라.

인재 전쟁

인재 전쟁이라는 말을 들으면 "우리가 언제 인재 전쟁을 벌이지 않은 적이 있었나?" 하는 의문이 들 것이다. 현대 비즈니스가 시작된 이후, 줄곧 조직은 가능한 한 최고의 인재를 채용하고 유지하기 위해서 끊임없이 노력했다. 이것은 새로운 것이 아니다. **인재 전쟁**이란 용어는 실제로 1997년 맥킨지앤컴퍼니의 스티븐 핸킨이 만들었다. 당시에도 점점 더 힘들어지던 인재 영입과 유지 상황을 나타낸 것이었는데, 그게 벌써 30년 전 일이다. 오늘날 이는 그냥 힘든 수준이 아니라 엄청나게 어렵고 복잡하다. KPMG는 〈인재 전쟁—방향 전환의 시기(War for Talent—Time to Change Direction)〉라는 보고서에서 전세계 HR 전문가를 대상으로 설문조사를 실시했다. 그중 59%는 "인재를 위한 새로운 전쟁이 발발하고 있으며, 그 양상도 과거와는 다르다."라고 보고했다.[3]

페이스북(Facebook)은 다른 조직보다 이 점을 훨씬 더 잘 이해하고 있다. 이는 "세계에서 가장 뛰어난 인재를 영입하고 유지하기 위해서 어떤 것이 필요한가?"라는 간단한 질문에서 시작한다. 페이스북과 같은 조직은 단순히 사람들을 찾지 않는다. 그들은 최고의 인재를 찾는다. 이는 아마도 우리가 마주하는 가장 큰 변화 중 하나일 것이다. 기술은 사람을 대체하고 있으며, 이는 조직들이 더 뛰어난 인재를 찾는다는 걸 의미한다. 또한 인재 전쟁은 잠재적인 직원을 채용하는 것뿐만 아니라 기존 직원을 유지하는 것도 포함한다는 사실을 기억해야 한다.

인재 전쟁을 좀 더 들여다보자. 인재 전쟁을 촉진하는 몇 가지 사항이 있다.

기술 격차와 인재 부족

리차드 돕스(Richard Dobbs), 수잔 룬드(Susan Lund) 및 아누 마드가브카(Anu Madgavkar)는 《맥킨지 분기 보고서》의 〈인재 전쟁의 최전선: 경영진 브리핑(Talent Tensions Ahead: A CEO Briefing)〉이란 기사에서 다음과 같이 언급한다. "맥킨지 글로벌 연구소(MGI)의 최근 연구에 따르면, 2020년까지 전 세계적으로 대학 교육을 받는 근로자는 겨우 4천만 명 수준이며, 개발도상국에서는 중등 교육 및 직업 훈련을 받은 근로자가 4천 5백만 명 정도 부족할 수 있다. 그리고 선진국에서는 9천 5백만 명에 이르는 근로자들이 고용에 필요한 역량이 부족할 수 있다."[4] 최근 맨파워그룹(ManpowerGroup)에서 실시한 인력 부족 설문조사(Talent Shortage Survey)에 따르면, 42개국 및 지역 채용 관리자 4만 1천 명은 고용주의 38%가 일자리를 채우는 데 어려움을 겪고 있다고 응답했다.[5] 무엇이 이러한 기술 격차를 초래하는지, 잠재적인 해결책은 무엇인지, 심지어 그런 격차가 실제로 존재하는지조차 합의된 바가 거의 없다! 내가 대화를 나눈 경영진 대부분은 기술 격차가 실제로 존재한다는 사실은 인정했다. 아마도 우리를 더욱더 어렵게 만드는 것은 미래의 직업이 무엇인지, 언제 나타날지를 확신할 수 없다는 것이다. 대부분 사람이 대학을 졸업할 때쯤이면 그동안 배운 지식과 기술 대부분이 쓸모없어진다고 생각해보자. 이는 조직이 아직 존재하지도 않는 일자리를 위해 직원을 채용해야 한다는 것을 의미한다. 기술 격차만이 아니라 기술 불확실성도 있는 셈이다. 예비 직원이나 현재 직원이 이런 환경에서 성공하려면 배우는 방법을 배우는 것이 가장 중요하다. 다시 말해 정기적으로 새로운 것을 배우고, 배운 것을 현재 상황과 새로운 상황에 적용할 수 있는 능력을 갖추어야 한다. 이는 내가 세계에서 가장 큰 회사의 HR 최고 책임자들과 공개적으로 논의한 수십 번의 대화에서도 입증되었다. https://thefutureorganization.com/future-work-podcast/를 방문하면 이 모든 토론을 듣고 읽어볼 수 있다.

흥미롭게도 직원경험을 만드는 것에 중점을 둔 조직들은 그렇지 않은 조직들에 비해서 기술 격차를 잘 느끼지 않는다. 앞으로 몇 년 동안 기업들은 우수한 인력을 채용하려 할 것이지만, 고도로 숙련된 인력 자체가 충분하지 않을 것이다.

인구통계 변화

로버트 레만(Rober I. Lerman)과 스테파니 슈미트(Stefanie R. Schmidt)의 〈미국 노동시장에 영향을 미치는 경제, 사회, 인구동향 개요(An Overview of Economic, Social, and Demographic Trends Affecting the US Labor Market)〉 보고서는 다음과 같이 말하고 있다.

> 미국 노동통계국[Bureau of Labor Statistics]은 향후 10년 동안 4천만 명이 직장에 들어갈 것이고, 약 2천 5백만 명이 직장을 떠날 것이며, 약 1억 9백만 명은 그대로 남을 것이라고 예측했다. 비록 전체적인 노동인구의 증가 속에서 약간의 감소(연간 1.3%에서 1.1%로)만 이뤄지지만, 젊은 층(25세 이하)과 시니어(45세 이상)의 비중이 증가하고, 중장년 노동자의 비중은 감소할 것이다.[6]

우리는 이미 이러한 추세를 목도하고 있다. 오늘날 밀레니얼 세대는 베이비붐 세대를 능가했고, 2016년 이미 가장 큰 인구 비중을 차지하고 있다. 2020년까지 그들은 노동인구의 50%를 차지할 것이며, 2025년까지 75%가 될 것으로 예상된다. 우리는 또한 Z세대(밀레니얼 세대 이후의 세대)가 노동시장에 들어오는 것도 볼 수 있으며, 이들은 현재 미국에서만 2,500만 명이 넘는다. 그뿐만 아니라 중장년 노동 참여율도 점차적으로 감소하는 것으로 관찰된다. 이러한 인구통계의 변화와 혼합은 새로운 가치와 태도, 기대, 작업 방식을 만들어낸다. 이 역시 새로운 일은 아니다. 기업은 항상 새로운 세대가 노동인 구로 진입하는 것에 적응해야 했다. 다만 전체적으로 이전의 적응이 매우 느리고 점진적이었다면, 지금은 더욱 급진적으로 변했다는 차이가 있다.

달라지는 인재 경쟁의 모습

과거 조직들은 일반적으로 기술과 연공서열, 위치, 직접적인 라이벌 등 몇몇 차원에서 서로 경쟁했다. 즉 여러분이 샌프란시스코에 살면 그 지역의 다른 사람들과 경쟁했을 것이고, 코카콜라(Coca-Cola)라면 펩시(Pepsi)와, 포드(Ford)라면 도요타(Toyota)와, 보잉(Boeing)이라면 에어버스(Airbus)와, 맥도날드(McDonald's)라면 버거킹(Burger King)과 경쟁했을 것이다. 오늘날 특정 전문 기술 및 역할을 제외하면 모든 사람은 모든 사람과 경쟁한다. 코카콜라는 도요타와 경쟁하고 맥도날드는 에어버스와 경쟁한다. 전통적인 고용과 비즈니스 모델이 변화하는 환경에서 많은 이가 기술 부족을 인식하고 있을 뿐만 아니라, 경쟁의 범위도 글로벌 수준에서 일어나고 있는 것이다. 이 경쟁은 또한 똑똑하고 재능 있는 개인이 조직을 위해 일하는 대신 우버(Uber)를 운전하거나 온라인 프리랜서 마켓에 참여하기로 결정하는 긱 이코노미(gig economy)로까지 확대되고 있다.

심리학 (그리고 사회학)

직원경험은 심리학자와 사회학자들이 수십 년 동안 연구해온 팀 빌딩(team building), 동기부여(motivation), 성과(performance), 성공(success)과 같은 많은 개념에 영향을 받았으며, 그렇기에 심리학적,

사회학적 접근을 추구한다. 오늘날 여러분이 선택한 비즈니스 도서에도 아마 이런 것들에 대한 언급이 있을 것이다. (이 책도 마찬가지다.) 조직은 사람들이 일하러 다니고 싶은 환경을 만들려 하며, 그렇기에 이러한 연구를 더욱 진지하게 받아들이고 있다. 이는 조직이 더 이상 특전이나 더 높은 급여, 아니면 어떤 술책을 통해서 극복할 수 있는 단순한 상황이 아니라는 것을 말해준다. 비즈니스 세계는 사람들이 왜, 어떻게 움직이는지를 이해하기 위해서 사회과학자들에게 의지하고 있다. 미국 노동 통계국이 산업 조직 심리학을 가장 빠르게 성장하는 직업 중 하나로 꼽는 건 당연한 일이다. 심리학자 및 사회학자들은 직원의 고용과 채용, 사무실 공간의 설계, 지휘 및 관리, 심지어 HR부서를 만들고 운영하는 것에도 영향을 주고 있다. 존슨앤드존슨(Johnson & Johnson)과 같은 조직은 이를 위해서 심리학자로 이뤄진 팀과 협업한다. 이것은 또한 단기적인 몰입 프로그램 대신 장기적인 조직 설계에 중점을 두는 경향이 나타나고 있음을 말해준다.

비즈니스 난기류

공공 정책 싱크 탱크인 미국 기업 연구소 마크 페리(Mark J. Perry)에 따르면, 1995년 포춘(Fortune)이 500대 기업을 처음 선정한 이후 그중 기업 90% 가까이가 사라졌다.[7] 과거에는 글로벌 기업을 붕괴시키려면 그보다 더 큰 글로벌 기업이 있어야 했다. 또한 이러한 조직은 대체로 그 위협이 어디서부터 오는지에 대한 감을 가지고 있었다. 오늘날 경쟁은 팩스 방문 판매 직원(스팽스(Spanx)), 대학 중퇴자(페이스북(Facebook)), 전 고객(넷플릭스(Netflix)) 또는 그저 돈을 엄청나게 모은 사람(우버(Uber)), 에어비앤비(Airbnb)으로부터도

올 수 있다. 변화는 점점 더 빨라지고 세상은 점점 더 작아지며, 경쟁은 어디서건 발생하며 코앞에 닥칠 때까지는 알아차리지도 못할 수 있다. 이런 상황에서 조직은 잠재된 위협을 발견하고 새로운 기회를 포착할 수 있는 최고의 인재를 고용하고자 노력한다. 직원경험에 집중함으로써 이러한 추세를 반전시킬 수 있기를 많은 기업이 바라고 있다.

기술

세계를 연결하는 모바일 장치의 확산으로 우리는 언제 어디서나 일할 수 있게 되었다. 화상회의와 내부 소셜 네트워크는 우리가 아무런 경계 없이 규모에 맞게 의사소통하고 협력할 수 있도록 해준다. 카탈란트(Catlent), 업워크(Upwork), 캐글(Kaggle)과 같은 주문형 플랫폼(On-demand platforms)을 통해서 조직은 전 세계 어디에서나 최고의 인재에게 접근할 수 있으며, 인력을 신속하게 확장하거나 축소할 수 있다. 빅데이터(및 빅데이터 분석 결과)는 우리가 어떻게 일하고 왜 일하는지, 성과와 경험, 몰입을 유도하기 위해 무엇을 할 수 있는지에 관한 새로운 통찰력을 제공한다. 로봇과 자동화는 전 세계의 많은 일자리를 대체할 것으로 예측되며, 미래의 고용시장에 대한 불확실성을 남겼다. 최근 대선 기간 동안* 자동화, 일자리 이동 등을 둘러싼 논의와 토론이 제대로 이뤄지지 않아 충격을 받았다. 우리는 다른 나라로 인해 일자리를 잃는 것을 걱정하지만, 사실 더 큰 위협은 우리 내부의 소프트웨어와 인공지능으로 인해 일자리를 잃는 것이다.

* 제45대 대통령 선거를 위한 기간인 2016년 7월부터 12월까지

이는 기본 소득에 대한 논의가 활발해지는 이유이기도 하다. AI와 자동화가 전 세계적으로 많은 사람을 대체한다면, 일자리가 없는 사람들에게 정기 수입을 보장하는 것이 경제적 부담을 해소할 수 있다는 생각이다. 기본소득제도(Universal Basic Income)는* 광범위하게 논의되고 있는 주제이지만 여전히 해결되어야 할 많은 문제를 가지고 있다.

사물 인터넷은 인공지능과 함께 더 많은 생산성과 효율성, 풍요로움을 창출할 수 있는 연결된 세상을 만들 것이다. 가상 현실과 증강 현실은 물리적 세계와 가상 세계를 결합하고 중첩시키며 우리의 상호작용 방식을 변화시킬 것이다. 이 외에도 기술 변화에 관한 사례는 끝없이 이어진다.

기술은 우리가 더욱 효과적으로 일할 수 있게 해줄 뿐만 아니라 완전히 새로운 업무 방식을 창조할 것이며, 새로운 일자리를 창출하고 많은 오래된 일자리를 없앨 것이다. 흥미로운 건 과거에도 일을 어떻게 할 수 있고 또 해야 하는지에 관한 진보적인 견해가 있긴 했지만, 그런 새로운 방식을 구현할 기술은 없었다는 점이다. 오늘날 조직은 거의 모든 것을 할 수 있고, 이를 더 강화할 기술들도 있다. 기술은 조직이 바라는 모든 것을 구현할 힘이 있고, 사실상 그걸 능가해 버렸다. 한계가 없는 것이다!

나는 매년 전 세계에서 약 40번의 기조 강연을 한다. 청중들은 기술을 자신의 조직에 영향을 미치리라 생각하는 최상위 (또는 최상위 중 하나의) 항목으로 꾸준히 평가한다. 이 책 뒷부분에서는 직원

---

* 재산이나 소득의 유무, 노동 여부나 노동 의사와 관계없이 사회 구성원 모두에게 최저생활비를 지급하는 제도

경험과 관련된 기술과 자동화의 역할을 살펴볼 것이지만, 기술이 미래의 직업에 미치는 영향에 관한 전반적인 설명은 이 책이 다루는 범위를 벗어난다. 더 자세한 내용을 알고 싶다면 옥스퍼드 대학과 시티(Citi)가 출판한 150쪽 분량의 〈직장의 기술(Technology at Work) v2.0〉 무료 보고서를 비롯하여 훌륭한 자료들이 많이 있다.

우리는 기술이 급변하는 세계의 한 측면에 불과하다는 것도 기억해야만 한다. 다양한 기술을 확장하고 채택하기 전에 고려해야만 하는 것이 많다. 미래학자는 사회(Social), 기술(Technology), 경제(Economy), 환경(Environment), 정치(Politics), 법률(Legal), 윤리(Ethics)의 약자인 'STEEPLE 프레임워크'를 사용하며, 기술은 우리가 살펴야 할 7가지 요소 가운데 하나일 뿐이다. 자율주행차를 예로 들어보자. 당연히, 오늘날 이 기술은 완전한 성능을 발휘하는 자율주행 자동차를 생산하기 위해 존재한다. 하지만 우리가 그 자동차를 일상적으로 보게 되기까지는 얼마나 걸릴까? 이 차량이 모든 운전자를 대체하기까지는 또 얼마의 시간이 필요할까? 자동차를 인수하기 전에 우리는 보험, 사회기반 시설, 규칙과 법규, 소유권, 보안, 생산 등을 고려해야 한다. 오늘날 우리가 보는 자율주행차의 운전자는 한 명이 아니라 두 명이다. 운전석에 백업 운전자가 타고, 조수석에 데이터를 수집하는 사람이 탄다. 우리는 자율주행 자동차에 타는 사람들이 느끼는 편안함이나 우리가 탐구해야 할 윤리적인 도전 과제에 대해서는 언급조차 하지 못하고 있다. 예를 들어 탑승자나 행인 가운데 한 명의 생명을 반드시 위험에 빠뜨리는 피할 수 없는 사고에서 자율주행차는 어떤 결정을 하는가?

기술은 실제로 굉장한 파급을 불러오지만, 그 기술이 구현되어 우리 생활에 영향을 미치려면 먼저 여러 가지 다른 요건을 검토하고 정리해야 한다.

대체 근로 체제와 긱 이코노미

프리랜서와 단기 직원이 향후 지배적일 것으로 예상되는 상황에서 직원경험에 초점을 맞추는 것이 과연 합리적일까? 이를 둘러싼 많은 논란과 혼란이 있었기 때문에, 여기에서 다루는 것이 타당하다고 생각한다. 전통적이지 않은 고용 모델들에 적용되는 포괄적 용어는 **대체 근로 체제**(alternative work arrangements)다. 여기에는 우버 운전자부터 독립계약을 맺는 건설 노동자, 임시 고용을 위해 스태프 에이전시와 함께 일하는 사람들까지 모두 포함된다. 그림 3.3은 이 모든 것의 모습을 명확히 보여준다. 대부분 사람이 긱(gig) 또는 프리랜서 경제를 이야기할 때, 구체적으로 그것은 우버, 업워크, 에어비앤비와 같은 온라인 중개 사이트를 통해 일하는 사람들을 가리킨다. 좀 더 쉽게 이 섹션의 나머지 부분에서 우리는 그것을 **온라인 긱 이코노미**(online gig economy)라 부를 것이다. 나중에 이 용어가 어디로부터 왔는지도 설명할 것이다. 이러한 맥락을 염두에 두고, 우리는 무슨 일이 일어나고 있는지 볼 수 있다. 그림 3.3은 대체 근로의 광범위한 범주와 온라인 플랫폼이 속한 위치를 보여준다.

빠르게 성장하지만, 지배적이진 않다

우리가 첫 번째로 알아야 하는 것은, 온라인 긱 이코노미가 성장 중이긴 하지만 결코 노동시장을 지배하진 않으리라는 점이다. 우

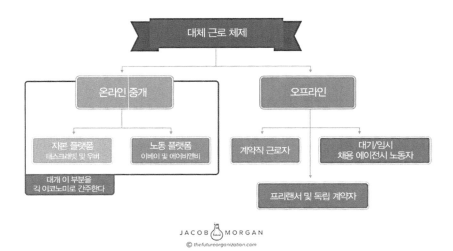

그림3.3 대체 근로 체제
출처: Lawrence F. Katz and Alan B. Krueger[8]

리 대다수는 현재와 같은 방식으로 여전히 정규직 직원이 될 것이다. 노동력이 더 역동적이고 유동적이게 변할 것은 명백하지만, 고용은 우리가 알고 있는 그대로 유지될 것이다.

샌프란시스코 관제사무소(the Office of the Controller)의 수석 경제학자인 테드 이건(TedEgan)은 최근 〈긱 이코노미: 예측과 성장, 시사점(The Gig Economy in San Francisco: Prevalence, Growth, and Implications)〉을 발표했다. 여기서 그는 JP모건 체이스 연구소(JPMorgan Chase Institute)를 인용하며 2015년 9월 기준 미국의 온라인 플랫폼(우버, 업워크, 에어비앤비 등)에서 수입을 올린 성인의 비율은 지난 1년 동안 3%를 조금 넘었다고 밝혔다. 이들 모두가 자유계약한 전업 프리랜서조차 아니었다(그런 사람은 훨씬 적었다). 혁신과 기술

의 본고장인 샌프란시스코에서도 시급 고용은 여전히 자영업자보다 빠르게 성장하고 있다.[9]

《SF게이트(SFGATE)》에 실린 에밀리 그린(Emily Green)의 2016년 기사 〈긱 워크는 일자리 양상을 변화시키지 않는다, SF 이코노미스트의 발견(Gig Work Isn't Changing Job Landscape, SF Economist Finds)〉에서 미국 로스앤젤레스 캘리포니아 대학 노동고용연구소(Los Angeles)의 로버트 하반스(Robert Habans) 연구원은 (특히 온라인 중개업자를 검토하며) 긱 이코노미를 훌륭하게 요약했다. 그는 "특히 샌프란시스코 같은 곳에서 모두가 긱 이코노미에 관해 격렬히 이야기하는 것은 [위의 이건 보고서의 연구 결과와] 일치하지 않는다. 이를 포함한 최신의 연구 대부분은 긱 이코노미로의 대규모 전환을 보여주지 못했다."라고 말했다. 같은 기사에서 (이 문제를 내가 상세하게 논의할 수 있는) 경제 정책 연구소의 로렌스 미셸(Lawrence Mishel)은 "디지털 플랫폼 업무는 전체 고용 관행의 일부일 뿐"이라고 말했다.[10]

전직 미국 노동부 장관이자 현재 코넬 대학 교수인 세스 해리스(Seth D. Harris)와 프린스턴 대학의 경제학자로서 미국 대통령 경제자문위원회 의장을 지낸 알란 크루거(Alan B. Krueger)는 〈21세기 노동법 현대화 제안: '인디펜던트 워커'(A Proposal for Modernizing Labor Laws for Twenty-First-Century Work: The "Independent Worker")〉에서 "미국 전체 고용의 0.4%에 해당하는 약 60만 명의 근로자가 온라인 중개업자인 우버나 태스크래빗(TaskRabbit) 같은 기업과 함께 일하고 있다."라고 밝혔다.[11]

하버드 대학 경제학과 교수 로렌스 카츠(Lawrence F. Katz)와 알란 크루거는 〈대체 근로의 부상 & 긱 이코노미(The Rise of Alternative Work Arrangements & the 'Gig' Economy)〉라는 환상적인 프레젠테이션을 발표했다. 이때 그들이 온라인 중개업자를 지칭한 용어가 바로 이 책에서 사용하는 **온라인 긱 이코노미**이다.

그들은 비록 온라인 긱 이코노미가 매우 적은 비중이기는 하지만 놀랄 만큼 빠르게 성장하고 있다는 것을 발견했다. 그러면서 다이애나 파렐(Diana Farrell)과 피오나 그레그(Fiona Greig)가 2016년 발견한 내용을 인용했는데, 매달 온라인 긱 이코노미에 참여하는 성인의 비율이 10배씩 증가했고 온라인 긱 이코노미에 참여한 성인의 누적 비율이 47배 증가했다는 사실이다. 이는 매우 놀라운 수치다. 또 하나의 흥미롭지만 그다지 놀랍지 않은 발견은 우버가 모든 온라인 긱 이코노미의 거의 절반에서 2/3 정도까지를 차지할 수 있다는 점이다. 우버를 제외한다면 온라인 긱 이코노미는 거의 사라지고 말 것이다.

그러나 전체 범주를 살펴보면, 대체 근로 체제가 훨씬 더 크게 성장하며 영향을 미치고 있다는 전혀 다른 내용을 볼 수 있다. 카츠와 크루거의 동일한 발표에 따르면, "2005년 이후 미국의 모든 순 고용 증가는 대체 근로에서 발생한 것으로 보인다." 카츠와 크루거의 2015년 노동 통계국 자료 분석에 따르면, 대체 근로 범주는 2005년 2월 전체 고용의 10.1%에서 2015년 말 추정치 15.8%, 약 2천 4백만 명으로 증가했다.[12]

또 다른 증거는 조쉬 줌브룬(Johsh Zumbrun)과 안나 루이 서스먼(Anna Louie Sussman)이 《월스트리트 저널(Wall Street Journal)》에 게재한 〈긱 이코노미 혁명의 증거는 찾기 어렵다(Proof of a 'Gig

Economy' Revolution Is Hard to Find》라는 이름의 훌륭한 기사다. 이 기사에 따르면, "공식 정부 자료를 보면, 미국 고용주들의 공식 급여 명부에 따라 일자리가 있다고 보고된 사람 중 약 95%는 10년 동안 거의 변화가 없었다." 또한, "여러 직업을 가진 사람도 감소세로 돌아섰는데, 2005년 5.5%, 1995년 6.3%에 비해 줄어든 4.8%에 불과하다."[13]

이들은 우리가 아는 온라인 긱 이코노미(온라인 중개자)가 매우 작다는 것을 (하지만 성장 중이라는 것을) 보여주는 수많은 연구 중 일부일 뿐이다. 여기서 언급한 연구들은 학문적으로 엄격하게 수행되었고, 긱 이코노미의 실제 규모를 정량화하기 위한 최선의 노력들이었다. 긱 이코노미의 규모가 기하급수적으로 더 커지는 다른 연구들이 많기 때문에 나는 학문적 엄격함을 특히 강조하고 싶다. 그런 연구는 수치를 부풀리는 데 관심이 많은 조직이 자주 수행하며, 그러기 위해 질문을 조작한다. 예를 들어, 지난 12개월 동안 돈을 위해서 전통적인 업무 형태에 속하지 않는 일을 한 적 있는지 질문할 수 있다. 이에 만약 "그렇다."라고 답하면, 여러분은 프리랜서로 분류될 수 있다. 나는 일 년에 한 번 정도는 생소한 음식을 먹거나 스카이다이빙이나 스쿠버다이빙 같은 걸 할 수 있다. 그런다고 사람들한테 내 직업이 스카이다이버나 스쿠버다이버라고 하지는 않는다!

직원 재직기간에 미치는 영향

널리 알려진 또 하나의 이론은 직원 재직기간이 급격하게 감소하고 있으며 머지않아 우리는 모두 한 명의 고용주가 아니라 여러 명의 고용주를 위해 일하는 포트폴리오 직원이 된다는 것이다. 포트폴리오 모델을 바탕으로 살아온 사람으로서(나는 1년에 40개 이상의 기업과 함께 일한다) 이것이 현실이 된다면 좋겠지만, 관련 자료는 이를 뒷받침하지 않는 것으로 보인다.

크레이그 코프랜드(Craig Copeland)가 인용한 미국 인구 조사국 자료를 보면, "자료에 따르면, 근로자의 전체 평균 재직기간—현재의 일자리에서 일용직 및 정규직 근로자의 고용 기간은 2014년 5.5년으로, 1983년 5.0년과 비교했을 때 다소 높다."[14] 이 보고서는 3년이 지났지만, 내가 이 책을 쓰던 당시는 가장 최신 자료였다. 이는 꽤 흥미로운 자료인데, 내가 대화를 나눠온 모든 경영진은 직원 평균 재직기간이 예전 같지 않고 사실상 줄어들고 있다는 데 공감했기 때문이다. 사실 국가 평균치를 특정한 기업에 적용하는 것은 무리가 있다. 쉽게 상상할 수 있는 것처럼, 샌프란시스코나 뉴욕처럼 인기 있는 노동시장의 재직기간은 와이오밍이나 미네소타와 같은 지역의 재직기간과 다를 수 있다. 또한 산업에 따라서도 극과 극의 양상을 보인다. 기술 산업에 종사하는 사람들은 건설 산업 종사자들과 재직기간이 다를 것이다. 비록 위의 자료가 재직기간의 증가 경향을 나타내더라도, 내가 논의한 많은 경영진은 그들의 각 조직에 대해서 이 수치에 반대하며 이의를 제기할 것이다.

이것은 미국만의 문제가 아니다. 영국의 공인 인사 개발 단체에서 발간한 〈메가트렌드: 일과 직장 생활의 트렌드 형성(Megatrends: The Trends Shaping Work and Working Lives)〉 보고서에 따르면,

지난 30년 동안 자영업은 증가했지만, 영국에서 일하는 사람들의 4/5는 여전히 정규직이다. 게다가 전체 평균 내에서 약간의 변화가

있기는 하지만, 사람들이 고용주와 함께 보내는 평균 기간은 1970년대 중반과 2000년대 중반 사이에 크게 변한 것이 없다. 더 나아가 우리의 증거에 따르면, 영국의 직장 이동은 지난 10년 동안 감소해 왔다. 즉 매년 고용주를 바꾸는 사람이 줄어들었다.[15]

이 보고서들의 모든 것이 완벽하고 모든 수치가 100% 정확할까? 물론 그렇지 않다. 대체 근로가 얼마나 큰지, 특히 그 안에서 긱 이코노미의 비중이 어느 정도인지를 정확히 수치화하는 것은 누구에게나 어려운 일이다. 그 이유는 미국 정부가 수년 전 계약직에 대한 데이터 수집을 중단했기 때문이다. 하지만 2016년 초에 미국 노동부 장관 톰 페레즈(Tom Perez)는 2017년 인구 조사의 일환으로 관련 데이터를 다시 추적할 것이라고 발표했다. 마침내 이 영역이 얼마나 큰지 정확한 수치를 얻을 수 있다는 점에서 매우 신나는 일이다.

그렇다면 우리는 긱 이코노미나 대체 근로 체제에 주의를 기울일 필요가 없는가? 물론 아니다. 오늘날의 총 수치만 살피는 대신 상황이 어디로 흘러가게 될지를 살피는 것도 도움이 된다. 현존하는 모든 연구와 자료에 따르면, 때로 수치가 상충할 때도 있지만, 온라인 플랫폼에 관한 한 긱 이코노미는 노동인구의 극히 일부분이다. 전반적으로 (긱 이코노미를 포함한) 대체 근로는 증가 추세에 있으며, 채용율도 매우 높다. 오늘날 많은 이가 기존의 근로 수행 및 수입을 늘리기 위한 방법으로서 이 플랫폼을 사용하고 있다. 이는 우리에게 "왜 그렇게 많은 사람이 기존 수입을 늘려야 할 필요성을 느끼고 있는가? 만약 우리가 더 많은 돈을 지급해도 계속 그렇게 할까?"라는 보다 광범위한 경제적 질문을 던지게 한다.

자료는 또한 직원의 재직기간이 생각만큼 빠르게 줄어들지는 않고 있음을 보여준다. 실제로는 약간 증가하고 있을 수 있다. 물론 이는 단지 평균 수치임을 명심해야 한다. 다양한 글로벌 조직의 경영 진으로부터 직원 재직기간이 줄어들었다는 설명을 많이 들었지만, 그것이 전체 평균을 대변하는 것은 아니다. 바로 이 점 때문에 각 조직은 각자가 처한 실상을 이해할 수 있도록 피플 애널리틱스(people analytics)를 활용해야 한다. "나는 하키 퍽이 있는 곳이 아니라 하키 퍽이 갈 곳으로 스케이트를 탄다." 웨인 그레츠키(Wayne Gretzky)가 했던 유명한 말이다. 우리가 아직 비교적 초기 단계의 대체 근로와 긱 이코노미 상황에 있음에도, 조직들은 여기서 일어나고 있는 변화를 확실하게 인지해야 한다.

이상은 소위 고용의 종말에 대한 이야기를 들었을 때 이를 다시 생각해보기에 충분한 정보일 것이다. 정규직이 금방 사라지진 않을 것이기에, 직원경험이 왜 그렇게 중요한지 이해하는 데도 도움이 될 것이다. 따라서 "프리랜서와 단기 직원이 향후 지배적일 것으로 예상되는 상황에서 직원경험에 초점을 맞추는 것이 과연 합리적일까?"라는 질문의 대답은 당연히 "그렇다."이다.

피플 애널리틱스

피플 애널리틱스는 직원경험을 창출할 수 있는 핵심 기반이다. 란잔 두타(Ranjan Dutta)는 프라이스워터하우스쿠퍼스(Pricewater-house-Coopers; PwC)의 피플 애널리틱스 담당 임원이다. 그는 수백 명의 리더로 구성된, 전 세계 조직과 협력하여 피플 애널리틱스 전략을 수립하는 팀을 이끌고 있다. 이 주제를 논의하면서, 그는 나에게 조직에는 사업을 구성하는 기본적인 세 가지 필수 요소, 즉 돈과 자원, 사람이 있어야 한다고 말했다. 오늘날 어떤 회사라도 여러분의 비즈니스 모델이나 회사의 생산품, 제공하는 서비스를 금방 복제할 수 있다. 다른 조직이 모방할 수 없는 단 한 가지는 직원이며, 이는 조직이 가진 가장 큰 경쟁력이다. 그렇다면 조직은 어떻게 직원을 최대로 활용할 수 있을까? 이 지점에서 피플 애널리틱스가 조직에 도움을 줄 수 있다. 그것은 조직이 사람과 관련된 결정을 내리는 데 필요한 데이터와 통찰을 제공한다. 피플 애널리틱스는 또한 조직이 아이디어를 시험하고, 실험을 수행할 수 있도록 해준다.

란잔에 따르면, 마케팅은 다음과 같은 진화 과정을 거쳐왔다. 기억하겠지만, 수십 년 전의 마케팅은 그다지 데이터 중심적이지 않았다. 생각과 직관에 바탕을 두었으며, 좀 섬세하지 못했다. 오늘날의 마케팅은 모든 종류의 데이터에 기반한다. 조직은 고객 세분화와 고객 여정 지도, 경쟁사 분석, 사람들이 브랜드 및 제품과 어떠한 방식으로 상호작용하는지 등을 다양한 측면에서 시험하고 측정한다. 아마존(Amazon)은 하루에도 여러 번 자신들의 홈페이지를 분석한다. 실제로 나와 여러분이 보는 아마존 홈페이지는 서로 다를 것이다. 아마존은 방문자들이 보아야 하는 콘텐츠를 결정하기 위해 데이터를 사용한다. 만약 이와 유사한 개념을 조직 내부에 적용할 수 있다면 어떨까?

과학적 경영 개념은 측정과 측정지표(metric and measurement)를 사용하여 직원의 근무 방식을 개선한다는 생각에 기초한다. 직원들은 몇 초의 업무 시간을 단축하기 위해 말 그대로 스톱워치를 사용했었다. 그 후로 우리는 많은 발전을 이루었고, 오늘날 전 세계 HR 담당 조직(및 그 외 조직)은 데이터 과학자 및 분석가와 협업한다. 직원들에 관한 모든 데이터(빅데이터)를 이해하고, 수집할 수 있는 다른 데이터가 무엇이 있는지 파악하기 위해서이다. 이는 아주 새롭게 떠오르고 있는 업무 영역이다. 내가 이야기를 나눴던 거대 조직 대다수는 아직 첨단 시스템을 구축하진 못했지만 모두 이를 계획하고 있었다. 오늘날 조직은 자기 직원들에 대한 급여, 재직기간, 만족도, 등급, 평가, 성과 외에도 많은 데이터를 보유하고 있다. 문제는 이 모든 정보를 한데 모아 직원들을 이해할 수 있는 조직은 거의 없다는 것이다.

직원 관련 데이터는 실제로 상당히 다양하며, (조직 차트나 수입 검토와 같은) 조직 데이터에서 (보상 및 재직기간과 같은) 개별 데이터, (몰입, 직무 만족도와 같은) 감정 혹은 심리 데이터까지 모두 결합되어 있다. 하지만 직원이 제공하는 다른 외부 데이터는 어떨까? 이력서는 직원이 어느 학교에 다녔는지, 전공은 무엇이었는지, 평점이 어땠는지, 어떤 특별활동에 참여했는지, 어떤 상을 받았고 누구와 연결되어 있는지 등을 보여준다. 이력서는 이제 덜 쓰이는 추세로 가고 있으며, 미래의 예비 직원이나 현재 직원에 관한 모든 종류의 데이터를 쉽게 얻을 수 있는 링크드인(Linkedin)과 같은 사이트가 이를 대체하고 있다. 알다시피, 이 데이터 소스들은 매우 다양하고 양도 어마어마한 수준이다.

2016년 나는 대형 금융기관과 만나기 위해 스위스 취리히로 갔다. 경영진과 토론하는 동안 그들은 매우 재미난 두 가지 사실을 알려주었다. 첫째는 사람들이 그 회사에 오래 다니려 한다는 것, 둘째는 회사를 떠나게 되는 사람들은 보통 2년 언저리에서 그런다는 것이었다. 나는 두 가지를 물었다. "왜 사람들이 회사에 오래 다니려 할까요?", 그리고 "2년 정도가 되었을 때 사람들이 떠나는 이유가 뭘까요?" 물론 회사도 답을 몰랐다. 바로 이런 질문에 답하기 위해서 피플 애널리틱스 팀을 구성하는 과정에 있었던 것이다. 오랫동안 우리는 일류 대학에서 높은 평점을 받은 사람이 조직에서 더 나은 성과를 낼 것이라고 가정했다. 그런데 피플 애널리틱스는 어느 학교에 다녔는지, 얼마나 좋은 학점을 받았는지가 직장에서 얼마나 잘할지를 예측해주지 않는다는 걸 알려주었다.

만약 여러분이 다음을 알 수 있다면 어떻겠는가?

· 어떤 자질이 훌륭한 관리자를 만드는지
· 언제 직원들이 번아웃(burn out)되는지
· 무엇이 직원들을 가장 생산적으로 만들어주는지
· 왜 직원들이 떠나거나 머무는지
· 어떻게 하면 팀이 다른 팀이나 지역과 협업할 수 있는지
· 어떻게 하면 직원들이 더 건강해질 수 있는지
· 업무 외 활동이 직장에서 직원들에게 어떤 영향을 주는지

이 목록은 피플 애널리틱스가 도움을 줄 수 있는 극히 일부분이다. 알다시피 이들은 HR 담당자만의 과제가 아니다. 영업과 마케팅에서부터 제조, 연구 개발, HR, 고객 서비스까지 회사의 모든 팀에 영향을 미치는 비즈니스 과제다. 본질적으로 모든 조직은 떠오르는 어떤 질문이든 묻고 대답할 수 있는 자체 연구조사 기관이 될 것이다. 피플 애널리틱스 및 보상(compensation)을 맡고 있는 구글(Google)

의 부사장 프래새드 세티(Prasad Setty)는 다음과 같이 말한다. "구글의 모든 사람은 데이터와 분석에 기초해서 의사결정을 합니다."

피플 애널리틱스 사례

안슐 셰오푸리(Anshul Sheopuri)는 2010년 시작되어 현재 70명이 넘는 직원들로 구성된 아이비엠(IBM)의 피플 애널리틱스 팀 임원이다. 팀 구성원들은 이미 7년째 이 일을 해오고 있으며, 피플 애널리틱스 게임 분야에서 베테랑으로 여겨진다. 이들을 통해 IBM은 직원 이탈률을 2% 줄일 수 있었다. 데이터 분석 결과를 사용하여 관리자가 직원에게 개인 코칭 및 길잡이 역할을 제공하도록 하였고, 회사 밖에서 다른 기회를 찾는 대신 회사 내부에서 다른 직무를 찾도록 고안된 '블루 매칭(Blue Matching)'을 도입하였다. 이를 통해 직원들은 자신의 기술, 성과, 지역, 전문 분야에 기초한 개인화된 직무 정보 일람을 받게 된다. 현재까지 4만 명이 넘는 직원이 참여했으며, 거의 500번의 직업 소개가 이뤄졌다. 이들은 IBM을 떠나 다른 곳으로 갔을지도 모를 500명의 잠재적 직원들이었다.

마이크로소프트(Microsft)에서도 내부 이동성에 관한 이슈가 있었다. 역시 피플 애널리틱스를 통해 직원들이 다른 회사로 가는 대신 내부에서 더 쉽게 이동할 수 있도록 정책을 변경할 수 있었다. 링크드인(Linkedin)은 보상과 재직기간, 직무 성과와 같은 다양한 데이터를 활용하여 직원의 잠재적 이직 위험, 즉 다른 기회를 찾아 조직을 떠나려고 준비하는 시점을 관리자가 더 잘 파악할 수 있게 도와주는 일종의 열화상 지도를 만들었다. 덕분에 링크드인이 그런 일이 일어나기 전에 개입할 수 있게 되었다.

프라이스워터하우스쿠퍼스(PwC)는 내부적으로 피플 애널리틱스의 가치를 시험해보길 원했다. 그래서 란잔과 (PwC 내부에 집중하는 25명의 분석 전문가로 구성된) 그의 팀에게 일종의 테스트 프로젝트를 요청했다. 링크드인과 마찬가지로, PwC는 어떤 직원이 회사를 떠날지 12개월 전후로 예측할 수 있는지 알고 싶었다. 아니나 다를까, 해당 기간이 되자 란잔과 그의 팀이 예측한 사람들이 실제로 회사를 떠나기 시작했다. 한편, PwC는 아이비리그 채용에 있어서 하나의 큰 가정을 가지고 있었다. 아이비리그와 같은 일류 대학에서 채용한 직원이 다른 직원보다 더 좋은 성과를 낼 것이란 믿음이었다. 피플 애널리틱스에 의해 이 믿음은 거짓으로 판명되었다. 실제로 아이비리그가 아닌 곳에서 채용한 직원들의 성과가 더 우수했다. 이로써 PwC는 채용 예산을 재분배하고 다른 대학에도 집중할 수 있었다.

애슐리 구달(Ashley Goodal)은 시스코(Cisco)의 리더십 및 팀 인텔리전스 수석 부사장이다. 그는 나와 이야기하며, 너무 많은 조직이 피플 애널리틱스를 사용하여 정작 중요한 것과는 거리가 먼, 평균을 계산하는 데 머물러 있다는 점을 훌륭하게 지적했다. 다시 말해 리더와 팀들이 평균적으로 일하는 방식을 아는 것보다 최고의 리더가 일하는 방식과 최고의 팀들이 어떻게 일하는지를 아는 것이 훨씬 더 유용하다. 그러한 평균 개념은 전 세계의 많은 조직이 사람들에게 연간 성과 순위를 부여하기 위해 사용하는 것인데, 이후 시스코는 그것을 없애버렸다. 실제로 시스코는 연간 직원몰입 조사 역시 없애버렸다. 설문조사를 시작하고, 결과를 분석하고, 기능별로 분류하여 배열하고, 공유하고, 계획을 세우고, 실제로 실행기까지 기간은 적어도 5개월은 걸릴 것이다. 관리자들은 그 정보에 응답하며 말할 것이다.

"좋아요, 그 계획에 정말 감사드립니다. 안타깝게도 이 네 명은 더 이상 우리 팀 소속이 아니지만요. 우린 새 프로젝트를 진행 중이고 팀의 절반은 이제 집에서 일합니다." 피플 애널리틱스를 시도할 때 문제의 대다수는 어떠한 조치도 취할 수 없는 시점에서 너무 광범위한 데이터를 아무것도 할 수 없는 사람들에게 제공한다는 것이다. 이 문제를 해결하기 위해, 시스코는 팀 수준의 경험과 몰입에 초점을 맞추는 접근 방식을 취했다. 또한 시스코에서는 많은 직원이 기능과 지역을 넘나들며 여러 팀의 일원으로서 일하고 있다는 점도 고려해야만 한다. 사실, 애슐리와 그의 팀은 연구를 수행하며 시스코의 팀 가운데 25% 이상의 정체를 알 수 없었다. 조직도에도 나타나지 않았기에 심지어는 그런 팀이 존재한다는 것조차 모르고 있었다!

오늘날 시스코의 모든 팀 리더는 팀 내 상황을 알고 싶을 때 언제든 8개 질문으로 이뤄진 펄스 서베이(pulse survey)를 진행할 수 있다. 그 응답은 6개월이 아닌 2~6일 안에 분석되어 보고된다. 이 분석은 리더의 강점이 무엇인지에 따라 개별적으로 조정되며, 개선할 수 있는 전략을 제공한다. 이 8개의 질문으로부터 시스코는 (각 팀의 기반 정보를 집계함으로써) 팀 정보와 조직 정보를 살펴볼 수 있다. 애슐리는 시스코가 모든 답을 가진 것은 아니라고 인정했지만, 팀이 더 나아지도록 힘을 실어주는 것을 목표로 하면서 배우고 적응하고 있다고 밝혔다.

조직은 자신들의 현실을 알기 위해 스스로 내부 조사를 해야만 한다. 다른 분석가나 컨설팅 회사의 연구 보고서나 검토 사항을 읽고 그것이 여러분 조직에 적용된다고 여기기 쉽다. 만약 어떤 연구에서 밀레니얼 세대가 여러 직장을 전전한다고 하면, 여러분 조직 내 밀레니얼 세대도 직장을 자주 바꾸는 직원들이다. 만약 한 연구가 다양성이 주요 사안이라고 말한다면, 다양성은 여러분 조직에서도 주요 사안이 되어야만 한다. 직원몰입이 사상 최저 수준이라는 보고가 있다면, 여러분 조직의 직원몰입 역시 사상 최저일 것이다. 이런 결론 중 어느 것도 합리적이지 않다. 외부 연구를 살펴보면서 특정 사안에 관한 보다 넓은 맥락을 제공받을 수 있지만, 이들을 액면 그대로 받아들이면 안 된다. 만약 여러분이 진짜 답을 원한다면, 연구 결과를 정말로 알고 싶다면, 여러분의 조직 내부에서 직접 조사를 수행해야 한다. 그것이 비즈니스, 특히 여러분의 직원들과 관련된 의사결정을 하는 유일한 방법이다.

피플 애널리틱스의 미래

휴머나이즈(Humanyze)의 창립자이자 CEO인 벤 와버(Ben Waber)에 따르면 앞선 내용은 빙산의 일각일 뿐이다. 나는 마드리드에서 벤을 처음 만났는데, 우리는 둘 다 그곳 회의에서 연설을 했다. 벤은 매사추세츠 공과대학에서 휴먼 다이나믹스 분야 박사학위를 받았으며, 오랜 세월 행동 분석을 연구해왔다. 그의 회사에서는 직원들이 직장에서 착용하는 배지(직원들의 아이디 카드와 같은 것)를 만든다. 그런데 이 배지가 좀 특이하다. 실제 ID 배지처럼 작동하기 위한 전자태그(RFID; Radio-frequency ID), 사무실에서 위치를 측정해주는 블루투스, 누구와 마주하고 있는지를 알 수 있는 적외선, 말의 내용은 제외하고 말하는 방법과 시간을 측정하는 마이크가 부착되어 있다. 이들은 실제로 인간 행동을 측정하는 것으로서, 벤에 따르면 대부분 다른 조직에서는 측정하지 않는 것들이다.

이러한 데이터는 마케팅 부서가 기술 부서와 대화하는지, 팀 관리자가 실제로 자신의 직원과 시간을 보내는지, 최고의 성과를 내는 직원이 어떤 역할을 할 때 다른 점이 무엇이며, 가장 성공적인 영업 직원이 고객과 대화하는 방법은 어떠한지 등을 조직이 파악할 수 있게 해준다. 조직들은 고객 대면 계획을 위한 A/B 테스트*를 자주 수행하지만, 휴머나이즈와 같은 접근법은 조직 내부적으로는 거의 시행되지 않았다. 행동 데이터가 존재하지 않았기 때문인데, 앞으로는 달라질 것이다. 이를 통해 조직은 팀의 조직부터 보상 패키지를 어떻게 만들 것인지까지 모든 것을 최적화하고 개선할 수 있다. 업무 수행 방식을 정기적인 A/B 테스트로 시험할 수 있다고 상상해보자. 벤은 설문 조사 데이터가 유용하고 중요하다는 점은 인정하지만, 그것은 그저 빙산의 일각일 뿐이다. 향후 십 년 동안 오직 소수의 기업만이 이런 수준의 행동 분석에 도달할 것이다.

내가 관찰한 대부분 조직에서 피플 애널리틱스 기능은 HR에 속하거나 그것과 분리된 기능이었다. HR은 통상적으로 사람들을 다루므로 충분히 이해할 만하다. 하지만 피플 애널리틱스는 새로운 기술이며, 따라서 오늘날 문제는 많은 HR 팀이 이러한 능력을 갖추지 못하고 있다는 점이다. HR은 데이터 과학의 관점에서 사람들을 분석하는 것보다는 사람들과 그들의 상호작용, 법률, 고용 및 해고를 주로 진행해왔다. 피플 애널리틱스 영역은 더 발전하며 CEO에게 직접 보고하는 자체 부서로 성장할 가능성이 상당히 높다.

---

* 두 가지 이상의 시안 중 최적안을 선정하기 위한 방법으로 버전 A와 버전 B 중 선호도가 높게 나온 쪽으로 결정한다

물론 피플 애널리틱스에는 어두운 면도 있다. 데이터는 사람들에게 긍정적인 영향을 주는 의사결정과 부정적인 영향을 미치는 의사결정 모두에 활용될 수 있기 때문이다. 예를 들어, 피플 애널리틱스는 대량 해고를 판단하거나 사람들을 조종하는 방법을 결정하는 데 사용될 수 있다. 조직이 조심스럽게 신경 써야 하는 부분이다. 자신들의 모든 움직임과 행동에 관한 데이터를 수집한다는 점에 직원들이 소름 끼쳐할 수 있다는 건 말할 것도 없고 말이다! 게다가 피플 애널리틱스 모델이 사람에 의해 고안되었다는 사실은 그것에 선천적인 결함이 있다는 것을 의미한다. 캐시 오닐(Cathy O'Neil)은 그녀의 훌륭한 저서 《대량살상 수학무기(Weapons of Math Destruction)》에서 중학교 선생님 사라 위소키(Sarah Wysocki)의 이야기를 들려준다. 사라는 워싱턴 DC 학군에서 해고당했는데, 그 이유는 바로 알고리즘이 그녀를 형편없이 일하는 사람으로 분류했기 때문이다. 이 학군은 질 나쁜 교사들을 해고함으로써 저조한 성과를 보이는 학교를 개선하고자 했다. 사라 위소키는 교장 선생님과 학부모들로부터 극찬을 받았지만, 어떤 영문에서인지 그녀는 하위 2% 교사로 분류되었다. 밝혀진 바에 따르면, 수잔의 중학교 학생들이 다녔던 초등학교는 교사들이 오답을 정답으로 고쳐주는 등 평준화 시험에서 부정행위를 했을 가능성이 높아 조사를 받은 학교 중 하나였다. 그들은 자신의 일자리를 지키기 위해 이런 행위를 한 것이었다. 결국 수잔의 학생들이 부정행위 없이 평준화 시험을 치자 이전보다 점수가 상당히 떨어졌고, 이는 학생들이 제대로 된 교육을 받지 못한 것처럼 비쳤다. 자연히 교사가 제 역할을 못 한 것으로 보였다. 이런 상황을 알고리즘은 포착할 방법이 없었고, 그 결과 수잔과 200명 이상의 선생님들이 해고되었다. 이 이야기는 피플 애널리틱스라는 바구니 안에 의사결정이란 달걀을 모두 담지 않는 것이 얼마나 중요한지를 보여준다.

현재 우리는 여전히 피플 애널리틱스의 아주 초기 단계에 있다. 아마도 오늘날 기업이 직면한 가장 큰 과제는 데이터를 조직하고, 정제하고, 집계하고, 표준화하는 일일 것이다. 조직의 규모에 따라서 수년이 걸릴 수도 있는 프로젝트이다.

기술의 발전과 AI의 통합으로 인해, 언젠가는 음성 명령으로 스마트 비서에게 다음과 같은 것을 요청할 수 있을 것이다. (시리(Siri)나 코타나(Cortana), 왓슨(Watson), 비브(Viv), 에코(Echo) 등을 떠올려보라.)

- "직원의 이직률이 어떻게 되죠?"
- "우리 팀에서 조직을 떠날 가능성이 가장 높은 세 명은 누구죠?"
- "파견 근로자를 얼마나 고용하고 있고, 매년 얼마씩 지급하고 있나요?"
- "우리 팀의 최고의 기술 역량과 약점은 무엇인가요?"
- "우리 조직 내부에서 어느 팀이 가장 높은 성과를 내고 있나요??"
- "캘리포니아에 5인의 새로운 마케팅 팀을 조직해야 하는데, 어떤 직원이 좋을까요?"

피플 애널리틱스는 틀림없이 모든 조직이 막대한 투자를 해야 하는 비즈니스 핵심 역량으로 성장하고 있다. 이는 직원경험의 토대가 되는 것이기도 하다.

투명성

여러분이 시계를 되감아 10~15년 전으로 돌아간다고, 사람들을 잘 대우하지 않던 시대의 조직에서 일한다고 가정해보자. 무엇을 할 수 있을까? 직장에 투명성은 거의 없었고, 직원들도 목소리를 내지 못했다. 대부분 조직은 자기들이 원하는 대로 직원을 대할 수 있었다. 이 조직들은 현금을 보유했고, 브랜드 파워도 가지고 있었다. 바꿔 말하면 최고의 인재를 끌어모을 수 있는 능력이 있었다. 오늘날의 브랜드 파워는 예전의 브랜드 파워와는 다르다. 여러분은 단지 이름 때문에 스타벅스(Starbucks)나 디즈니(Disney), 포드 같은 기업에서 일하고 싶지는 않을 것이다. 이 조직들은 자신들이 원하는, 필요로 하는 사람을 얻기 위해 더욱 노력하고 있다.

오늘날, 세상은 매우 달라졌다. 우리는 거대한 비즈니스의 격변과 경쟁을, 그 변화의 속도를 볼 수 있으며, 직원들에게는 이전에는 없던 목소리가 있다. 사람들은 정말로 목소리를 내고 있다! 전 세계 수백 곳의 사이트에서는 근무하기에 가장 좋은 곳부터 다양성을 갖춘 조직, 스트레스가 적은 환경, 뛰어난 유연성을 제공하는 것 등에 이르기까지 모든 점에 대해 조직의 순위를 매긴다. 이들과 소셜 미디어 사이트, 글래스도어(Glassdoor) 같은 투명한 경력 사이트를 함께 고려한다면, 우리는 전혀 다른 비즈니스 세계에 살고 있는 것이다. 이 한 가지 이유만으로도 조직은 직원경험에 투자하지 않을 수 없다. 사람들은 여러분의 조직에서 일하고 있는 누군가와 이야기할 필요도 없이 그 조직의 모든 것을 알 수 있으며, 알게 될 것이다. 여기에는 급여 정보, 혜택들, 기업 문화의 실상, 면접에서의 질문과 그 밖의 모든 것이 포함된다. 대부분 사람은 대형 할인점에서 쇼핑하기 전에 자신이 무엇을 원하며 얼마를 지불해야 하는지 알고 있다. 이미 관련 사항의 조사를 마치고 원하는 것이 무엇인지 정확히 알고 있기 때문이다. 동일한 논리가 사람과 조직의 세계에도 적용된다. 만약 여러분이 직원경험에 투자한다면, 여러분 조직은 머지않아 일하기 좋은 곳으로 알려질 것이고, 자연스레 엄청난 성과를 올릴 것이다. 이것이 구글과 페이스북, 라이엇 게임(Riot Games), 월드 와이드 테크놀로지(World Wide Technology)와 같은 조직들이 재빨리 알아차린 것이다.

이러한 강력한 추진 요인들은 조직으로 하여금 직원들이 진정 다니고 싶은 직장, 직원들이 아이디어와 꿈, 열망, 희망, 심지어 두려움까지도 가져올 수 있는 직장을 만들 수밖에 없게끔 만든다. 우리는 모두 이런 조직에서 일할 자격이 있지만, 실제로는 전 세계 직원 대부분이 그렇지 못하다. 이제는 바뀔 때가 되었다.

참고

1 Mann, Annamarie, and Jim Harter. "The Worldwide Employee Engagement Crisis." Gallup. January 7, 2016. http://www.gallup.com/businessjournal/188033/worldwide-employee-engagement-crisis.aspx.

2 Aon. *2016 Trends in Global Employee Engagement*. 2016. www.aon.com/ecuador/attachments/Engagement2016.pdf.

3 KPMG International. *War for Talent—Time to Change Direction*. June 2014. https://home.kpmg.com/content/dam/kpmg/pdf/2014/07/war-for-talent.pdf.

4 Dobbs, Richard, Susan Lund, and Anu Madgavkar. "Talent Tensions Ahead: ACEO Briefing." *McKinsey Quarterly*, November 2012. http://www.mckinsey.com/globalthemes/employment-and-growth/talent-tensions-ahead-a-ceo-briefing.

5 ManPower Group. "2015 Talent Shortage Results." 2015. http://www.manpower group.

com/talent shortage—2015.

6 Lerman, Robert I., and Stefanie R. Schmidt. *An Overview of Economic, Social, and Demographic Trends Affecting the US Labor Market*. The Urban Institute. February 1999. https://www.dol.gov/dol/aboutdol/history/herman/reports/futurework/ conference/ trends/trends_toc.htm.

7 Perry, Mark J. "Fortune 500 Firms 1955 v. 2016: Only 12% Remain, Thanks to the Creative Destruction That Fuels Economic Prosperity." *AEIdeas* (blog), December 13, 2016. https://www.aei.org/publication/fortune—500—firms—1955—v— 2016—only—12— remain—thanks—to—the—creative—destruction—that—fuels—economicprosperity/.

8 Katz, Lawrence F., and Alan B. Krueger. "The Rise and Nature of AlternativeWork Arrangements in the United States, 1995 – 2015." *National Bureau of Economic Research*. September 2016. http://www.nber.org/papers/w22667.

9 Egan, Ted. *The Gig Economy in San Francisco: Prevalence, Growth, and Implications*. Office of the ControllerOffice of Economic Analysis. July 5, 2016. Sfcontroller .org/ sites/default/files/Gig%20Economy.final_.pdf.

10 Green, Emily. "Gig Work Isn't Changing Job Landscape, SF Economist Finds." *SFGate*, July 5, 2016. http://www.sfgate.com/bayarea/article/Gig—work—isn—tchanging— job—landscape—SF—8340347.php.

11 Harris, Seth D., and Alan B. Krueger. *A Proposal for Modernizing Labor Laws for Twenty-First-Century Work: The "Independent Worker."* The Hamilton Project. December 2015. http://www.hamiltonproject.org/assets/files/modernizing_labor_ laws_for_twenty_first_century_work_krueger_harris.pdf.

12 Katz, Lawrence F., and Alan B. Krueger. "The Rise of Alternative Work Arrangements & the 'Gig' Economy." *Katz and Krueger AltWork Deck* (Scribd slide deck). March 14, 2016. https://www.scribd.com/doc/306279776/Katz—and—Krueger—Alt—Work—Deck.

13 Zumbrun, Josh, and Anna Louie Sussman. "Proof of a 'Gig Economy' Revolution Is Hard to Find." *Wall Street Journal*, July 26, 2015. http://www.wsj.com/articles/ proof— of—a—gig—economy—revolution—is—hard—to—find—1437932539.

14 Copeland, Craig. "Employee Tenure Trends, 1983 – 2014." *ERBI.org Notes* 36, no. 2 (February 2015): 2 – 3.

15 Chartered Institute of Personnel and Development. *Megatrends: The Trends Shaping Work and Working Lives*. July 2013. https://www.cipd.co.uk/Images/ megatrends_2013—job—turnover—slowed—down_tcm18—11402.pdf.

2

존재의 이유와 세 가지 직원경험 환경

— The Reason for Being and the Three Employee Experience Environments —

조직이 훌륭한 직원경험을 만들려면 '존재의 이유(Reason for Being)'에서부터 시작해야 한다. 이는 세 가지 직원경험 환경—기술, 물리적 공간, 문화의 기반이 되기 때문이다. 제2부에서는 이들 구성 요소가 무엇인지 살펴보고, 각 영역에서 조직들이 무엇을 수행하고 있는지에 관한 예시와 함께 여러분 조직에서 할 수 있을 몇 가지 것들도 살펴볼 것이다.

CHAPTER 4

존재의
이유

Reason for Being

조직이 존재하는 목적을 설명하기 위해 보통 표방하는 미션 선
언문(mission statement)을 들어보았을 것이다. 미션 선언문에서 흔히
언급되는 내용은 마켓 리더가 되는 것, 주주 가치를 제공하는 것, 우
수한 고객경험을 제공하는 것 등이다. 이런 미션 선언문은 조직이 무
엇을 하려고 하는지를 말해주긴 하지만, 비즈니스 영역에만 머물 뿐
사람을 포함하고 있진 않다. 이러한 선언문이나 신념은 직원에게 (또
는 관련된 다른 누군가에게) 영감을 주거나 행동을 장려하는 데는 거
의 도움이 되지 않는다. 훌륭한 직원경험을 제공하는 조직들은 자신
들이 하는 일과 그로 인해 영향받는 사람들을 연결함으로써 이러한
미션 선언문의 기본 개념을 뛰어넘는다. 말하자면 그것은 "조직이 세
상과 주변의 지역사회에 어떤 영향을 미치는가?"라는 질문에 대한 답
이며, 주주 가치, 고객 서비스, 이익을 넘어서는 것이다. 훌륭한 존재
의 이유는 또한 달성하기 어려운 것, 그래서 조직이 계속 생각하고,

꿈을 크게 꿀 수 있도록 하는 것이다. 마지막으로 그것은 직원들을 결집시키고 흥분하도록 만드는 무언가여야 한다. 왜 직원들이 신경을 써야 하는지, 왜 직원들이 여러분을 지지해야 하는지 보여주어야 한다. 아래 그림 4.1에서 존재의 이유가 지닌 네 가지 속성을 살펴볼 수 있다.

〈당신이 사랑하는 직업을 찾는 것의 헤아릴 수 없는 귀중한 가치(The Incalculable Value of Finding a Job You Love)〉라는《뉴욕 타임스(New York Times)》기사에서, 코넬 대학의 교수 로버트 프랭크(Robrt H. Frank)는 "직업 만족도에서 가장 중요한 측면 중 하나는 고용주의 미션 선언을 직원들이 어떻게 느끼는가이다."라고 말한다.[1] 이는 그가 쓴《모랄의 우월적인 가치(What Price the Moral High Ground?)》에 근거한다.

그림 4.1 존재의 이유

물론 이것이 그렇게 놀랄 만한 사실은 아니겠지만, 이와 같은 구성 요건은 평범한 미션 선언문을 넘어설 수 있게 해준다.

다음의 미션 선언문들을 보고, 각각 어느 조직의 미션인지, 이들이 우리에게 어떤 느낌을 들게 하는지 생각해보자. 이들이 일반적인 미션 선언문처럼 보이는가, 아니면 존재의 이유처럼 보이는가? 차이는 매우 극명하다. 여러분은 어느 회사를 위해서 일하고 싶은가?

선도적인 기업들의 미션 선언문

- 모든 임직원은 전 세계 자동차 산업의 선두에 서서 사람들의 삶을 더욱 풍요롭게 하고자 함께 노력한다.
- 어디에서든 우리 집처럼.
- 우리는 고객과 직원에 헌신하며, 우리가 가진 솔루션의 구현과 지속적인 지원에서 최고 수준의 만족을 제공하기 위해 전념한다.
- 식품, 약품, 건강 및 개인 관리, 계절상품 그리고 관련 제품 및 서비스의 유통 및 판매에서 최고가 된다.
- 세상을 새롭게 하고, 낙관과 행복의 순간을 불러일으키며 가치를 창출하고 변화를 만들어낸다.
- 인간의 정신에 영감을 불어넣고 더욱 풍요롭게 한다—한 분의 고객, 한 잔의 음료, 한 명의 이웃에게 정성을 다한다.
- 효과적인 비용 구조와 가장 짧은 배송 시간으로 고객 만족을 보장하는 질 좋은 서비스를 제공한다.
- 시스템과 서비스 솔루션과 함께 고객 생산성의 혁신 및 증대를 통해 전 세계 반도체 제조 솔루션의 선도적인 공급업체가 된다.

- 전 세계의 정보를 체계화하여 모두가 편리하게 이용할 수 있도록 한다.
- 우리의 개척정신을 이용하여 세계에 책임감 있게 에너지를 전달한다.

우리는 이들을 통해 미션 선언문의 기본적인 지침을 따르는 조직과 존재의 이유를 만들어내는 조직 간의 차이를 분명하게 확인할 수 있다. 위의 목록에 있는 회사 목록을 아래 (순서대로) 나열하였다.

포드(Ford)

에어비앤비(Airbnb)

매케슨(McKesson)

크로거(Kroger)

코카콜라(Coca-Cola)

스타벅스(Starbucks)

언스트&영(EY)

어플라이드 머티어리얼스(Applied Materials)

구글(Google)

코노코필립스(ConocoPhillips)

우리는 존재의 이유를 세 가지의 직원경험 환경을 덮는 우산으로 생각할 수 있다. 직원경험은 존재의 이유로부터 시작되며, 조직의 물리적 공간, 기술 및 문화에 영향을 미친다.

세일즈포스닷컴(Salesforce.com)은 이를 훌륭하게 수행하고 있다. 그들의 존재의 이유는 아래와 같다.

> 세일즈포스닷컴은 간단한 신념에 기초한다: 세일즈포스닷컴의 기
> 술과 인력, 자원을 전 세계 지역사회가 개선되는 것을 돕기 위해 활
> 용한다. 우리는 이러한 통합적인 박애주의 접근법을 1-1-1 모델이
> 라고 부른다. 전 세계의 지역사회를 향상시키기 위해 세일즈포스닷
> 컴의 기술과 인력, 자원의 1%를 투입하겠다는 약속에서 시작되었기
> 때문이다. 1-1-1모델을 장려하고 기업들이 이를 채택하도록 함으
> 로써, 세일즈포스닷컴은 전 세계적인 기업 기부 혁명이 일어나도록
> 돕고 있다.

이 선언은 분명 세계에 미치는 영향에 초점을 맞추고 있고(전
세계 지역사회를 개선한다), 금전적인 이득에 중점을 두지 않으며(돈
에 관한 유일한 언급은 얼마를 버느냐가 아니라 얼마를 주느냐이다),
성취하기 어려운 것이고(세상에는 헤아릴 수 없을 만큼 많은 지역사
회가 있다), 변화를 만들어내길 원하는 직원들을 확실히 단결시킨다.

자신들의 박애주의적 노력을 회사의 목표와 존재 이유에 직접
포함시키는 조직은 전 세계적으로 극소수이다. 특히 그것이 핵심 비
즈니스 영역이 아니라면 말이다. 세일즈포스닷컴은 전 세계적인 기술
기업(technology company)으로 알려졌을 뿐만 아니라 세상을 발전시
키길 원하는 조직으로도 알려졌다. 이러한 믿음과 철학은 수십 년 전
설립된 이래 지금까지 회사와 함께 이어져 왔고, 세일즈포스가 이 책
에 실린 최고 점수를 획득한 회사 중 하나인 이유이기도 하다.

여기서 우리는 조직의 직원경험 점수(Employee Experience

Score; ExS)를 살펴볼 수 있다. 이는 조직 내부의 17가지 요인을 살펴봄으로써 결정된다. 직원들이 기술, 물리적 공간, 문화에 관하여 가장 중요하게 생각하는 17가지 사항은 다음과 같다:

- 소비자 맞춤형 기술(Consumer grade technology)
- 기술 활용 가능성(Technology availability)
- 직원의 요구에 맞춘 기술(Technology focusing on employee needs)
- 업무 공간 옵션(Workplace options)
- 핵심 가치를 반영하는 물리적 공간 (Values reflected in the physical space)
- 친구나 손님의 방문이 자랑스러움(Being proud to bring in friends or visitors)
- 직장 유연성과 자율성(Workplace flexibility and autonomy)
- 목적의식(A sense of purpose)
- 공정한 대우(Fair treatment)
- 소중히 여겨진다는 느낌(Feeling valued)
- 코치와 멘토 역할을 하는 관리자(Managers acting like coaches and mentors)
- 팀의 일원이라는 느낌(Feeling like you're part of a team)
- 새로운 것을 배우고 성장하며, 이를 위한 자원을 제공받음(Ability to learn something new, advance, and get the resources to do both)
- 조직을 다른 사람에게 추천함(Refferring others to work at your organization)
- 다양성과 포용(Diversity and inclusion)

· 건강과 웰빙(Health and wellness)

· 브랜드 평판(Brand perception)

부록에서 직원경험 점수(ExS)를 평가할 때 사용하는 실제 질문들을 볼 수 있고, 여러분 조직의 등급을 확인할 수 있다. 또한 https://TheFutureOrganization.com을 방문하여 온라인 평가를 진행하고 전체 순위도 살펴볼 수 있다. 전 세계에서 가장 선도적인, 미래 지향적인 조직들은 이 17가지 요인에 투자하고 있다. 각각의 변인을 자세히 들여다보면, 여러분은 표면상 드러난 것보다 더 많은 것을 발견할 수 있을 것이다. 예를 들어 친구나 손님의 방문을 자랑스러워하거나 조직에서 목적의식을 느끼는 것 등의 항목을 살펴보면, 설문조사에서 직접적으로 질문하지 않는 조직 소속감이나 브랜드 자긍심도 드러나게 된다. 17가지 요인에 관하여 더 자세히 읽을수록 이러한 것을 더 많이 찾아낼 수 있을 것이다.

내가 이 모든 변인을 평가하고 등급을 매긴 252개의 조직 중 단 15개 조직만이 통합적 직원경험 조직(Experiential Organizations), 즉 직원경험을 제공하는 데 있어서 최우수 집단에 속한다. 15개 조직의 순위는 아래와 같다.

1 페이스북

2 애플(Apple)

3 구글

4 링크드인

5 얼티밋 소프트웨어(Ultimate Software)

이들은 내가 분석한 조직의 단 6%에 불과하다. 이는 전 세계 조직이 직원경험에 초점을 맞출 수 있는 엄청난 양적 성장과 기회가 여전히 남아있다는 사실을 말해준다. 그렇다면 다른 조직들은 하지 않는데 이들 조직이 하는 것은 무엇일까? 그리고 아마 더 중요한 질문으로, 직원경험에 투자하는 데는 어떤 가치가 있을까? 이 책의 많은 사례는 선도적인 조직을 내가 직접 분석한 것이다. 하지만 내가 직접 분석하진 않은 것들도 있는데, 이들은 직원경험과 관련하여 독특한 일을 하고 있다고 생각하여 경영진과 논의할 기회를 가졌던 조직의 사례들이다.

이어지는 장들에서는 17가지 요인이 실제로 무엇을 의미하는지, 무엇을 측정하는지, 조직들이 이들과 관련하여 무엇을 하고 있는지 살펴볼 것이다. 17가지 요인 각각을 설명하기 위해 책 한 권을 통째로 할애할 수도 있을 것이다(어떤 사람들은 이미 그런 책을 가지고 있을 것이다). 17가지 요인 각각의 세부 내용을 설명하는 것은 내 의도가 아니라는 점을 분명히 하고 싶다. 다만 나는 이들이 왜, 어떻게 전반적인 직원경험의 일부분을 이루는지를 전달하고자 할 뿐이다.

세 가지 직원경험 환경

직원경험이 벅차고 다소 모호한 개념으로 보일 수도 있다. 하지만 조직이 현재 하고 있거나 미래에 하게 될 모든 일이 기술, 물리적 공간, 문화로 대표되는 세 가지 잠재적 환경에 속할 것이라는 사실을 알면 다소 마음이 편해질 것이다(그림 4.2 참조).

그림 4.2 세 가지 직원경험 환경

이들을 하나하나 좀 더 자세하게 살펴보면서, 각각을 구성하는 구체적인 변인들을 알아보자.

참고

1 Frank, Robert H. "The Incalculable Value of Finding a Job You Love." *New York Times*, July 22, 2016. http://www.nytimes.com/2016/07/24/upshot/first-rule-of-thejob-hunt-find-something-you-love-to-do.html?_r=0.

CHAPTER 5

물리적
환경

The Physical Environment

물리적 환경(physical environment)은 직원들이 실제로 일하는 공간이며, 직원경험의 30%를 차지한다. 우리를 둘러싼 물리적 환경은 벽에 걸려있는 예술작품부터 조직이 제공하는 식사, 직원들이 앉는 자리의 칸막이, 개방형 레이아웃(open floor plan) 등을 포함한다. 우리에게 물리적 공간이 중요하다는 점은 누구나 알고 있다. 우리는 모두 활력을 주고 영감을 줄 수 있는 환경에서 근무시간을 보내고 싶어 한다. 그러한 업무 장소는 우리를 더 창의적이게 하고 몰입하게 하며, 일하는 회사에 소속감을 느끼게 해준다. 그뿐만 아니라 우리가 일하는 곳의 물리적 환경은 조직과 그곳에서 일하기로 한 우리의 의사결정을 나타내는 일종의 상징으로 작용한다. 훌륭한 물리적 공간은 긍정적인 상징으로 작용하며, 형편없는 물리적 공간은 부정적인 상징으로 작용한다. 이는 매사추세츠 공과 대학(MIT)의 슬론 경영 대학원의 교수이자 《조직 문화와 리더십(Organizational Culture and

Leadership)》의 저자인 에드거 샤인(Edgar Schein)이 처음 발견했다. 이 책에서 그는 세 가지 차원의 조직 문화, 즉 인위적 가공물(artifect), 가치(value), 가정(assumption)을 논한다. 샤인에 따르면, 이 세 가지 차원의 조직 문화가 모두 일치해야(align) 한다. 이 세 가지 차원의 조직 문화와 이 책에서 탐구하는 세 가지 직원경험 환경 사이에는 많은 유사점이 있다.

흥미롭게도 많은 사람이 공동 업무 공간과 글로벌 연결성, 협업 기술의 발전으로 인해 앞으로 사무실은 쓸모없어질 것이라고 믿는다. 하지만 이는 어느 정도만 사실일 뿐이다. 회색으로 칠해진 벽, 갈색 카펫, 칸막이 농장(cubicle farms)으로 이루어진 전통적인 사무실은 실제로 사라질 것이다. 하지만 건축 자체가 사무실 디자인 르네상스 시대를 맞이하고 있으며, 사무실은 사라지는 대신 직원경험 센터로서 다시 떠오르고 있다. 상업용 부동산 전문 회사 CBRE에 따르면, 상업용 부동산은 (적어도 미국에서는) 7년 만에 최고치를 기록했다고 한다. 아마존, 시스코, 삼성, 월풀(Whirlpool), 제너럴일렉트릭(General Electric), 슈나이더 일렉트릭(Schneider Electric), 딜로이트(Deloitte), 마이크로소프트, 링크드인 등과 같은 조직들은 아주 타당한 이유에서 직원경험 센터를 설립하는 데 수백만 달러를 투자하고 있다. 비즈니스 세계가 계속해서 변하고 발전하는 것처럼, 실제 업무가 이루어지는 환경도 마찬가지로 진화하고 있다.

자동차를 재설계하면서 엔진만 업그레이드하고 내부 인테리어는 그대로 유지한다고 해보자—성능은 더 강력해질지 모르지만 운전은 별로 즐겁지 않을 것이고, 그 차를 더는 몰고 싶지 않을 것이다! 가구 제조 업체인 스틸케이스(Steelcase)의 최근 연구인 〈개인 정보의 위기(The Privacy Crisis)〉에 따르면, 전 세계 노동자의 약 90%는 자신의 업무 환경에 만족하지 못하고 있다. 이는 업무 환경을 개선할 여지가 많다는 것을 의미한다.[1]

엑서터 대학의 크레이그 나이트(Craig Knight)와 알렉산더 해슬(Alexander Haslam)은 2010년《영국 경영학 저널(British Journal of Management)》에 〈우리들의 사무 공간, 업무 공간의 관리적 통제와 직원의 만족 및 웰빙 사이의 상관관계 조정자로서 조직적 정체성과 편안함(Your Place or Mine? Organizational Identification and Comfort as Mediators of Relationships Between the Managerial Control of Workspace and Employees' Satisfaction and Well-Being)〉이란 논문을 실었다. 이 연구에서 그들은 직원들은 자신의 업무 공간에서 사회적 정체성(social identity)*을 가지며, 물리적 환경은 그곳에서 일하는 직원들의 심리적 안정에 영향을 미칠 수 있다는 것을 발견했다.

직원들을 위한 훌륭한 물리적 환경을 만들기 위해서 조직들은 'COOL'로 약칭되는 다음과 같은 주요 특성에 초점을 맞출 필요가 있다(그림 5.1 참조).

C 친구나 방문객을 회사에 초대하기(Chooses)

O 유연성 제공하기(Offers)

O 조직(Organization)의 핵심 가치 반영하기

L 다양한 업무 공간 활용하기(Leverages)

---

* 심리학 용어로서 사회적 집단에 소속되었다는 지각에 기반한 자기 개념의 일부

친구나 방문객을
회사에 초대하기
(Chooses)

유연성 제공하기
(Offer)

조직의 핵심 가치
반영하기
(Organization)

다양한 업무 공간
활용하기
(Leverages)

그림 5.1 COOL 사무실 공간

친구나 방문객을 회사에 초대하기

에어비앤비, 링크드인, 자포스(Zappos), 구글과 같은 조직은 왜 직원들의 친구나 가족을 직장에 데려오도록 할까? 실제로 페이스북에서는 모든 직원이 방문객 4명까지는 언제든 데려와서 캠퍼스를 보여주고, 먹고, 시간을 보낼 수 있다. 이는 회사의 권장 사항이기도 하다. 도대체 무엇을 위해서 이렇게 할까? 그곳에서 일하지 않는 사람들을 데려오고 안내하는 데는 분명 시간과 에너지, 자원이 필요하다. 왜 이런 투자를 하는 것일까?

다른 사람들에게 자신들의 공간을 기꺼이 개방하는 조직으로부터 배울 점은 많다. 내가 관찰한 바에 따르면, 이러한 조직들은 전반적인 직원 웰빙을 중시하고, 공동체 의식과 다양성을 창출하며, 혁신을 주도하고, 조직이 하는 일을 직원들과 더 잘 연계하는 경향이 있다. 은유하자면 이들은 누구든 들여다볼 수 있는 유리집에서 일하고 살아가기에, 그렇게 할 수밖에 없는 것이다. 이런 기업들은 훌륭한 직원경험을 만들기 위해 많은 투자를 하며, 그렇기에 직장을 공개하는 데 자신감을 갖고 있다. 스스로의 책임을 다하는 것이다.

앞서 언급한 바와 같이, 이제 사무실은 마치 박물관과 같은, 직원들이 경외감과 호기심, 영감, 기쁨, 자부심을 느낄 수 있는 장소, 즉 직원경험 센터로 진화하고 있다. 우리는 모두 자신이 일하는 공간에 대한 자부심을 느끼고 싶어 한다. 물리적 업무 공간은 조직과 그곳에서 일하는 직원들의 상호 연결과 소통에 도움을 준다. 궁극적으로 물리적 환경은 그 조직의 핵심 가치를 반영한다(이는 제5장 뒷부분에서 다룰 직원경험 설계의 또 다른 핵심 기준이다). 훌륭한 물리적 환경에서 일하는 직원은 일반적으로 자신의 사무실 공간에 대한 자부심과 기쁨을 느끼며, 기회가 생기면 자신들이 일하는 곳을 자랑하고 싶어한다.

나는 젊었을 때 식료품점 직원, 텔레마케터, 영화관 안내원, 마케팅 분석가, 전략 컨설턴트를 포함한 다양한 분야에서 일했다. 홀푸드마켓(Whole Food Market)에서 식료품점 직원으로 근무하면서, 나는 사람들이 내 사무실로 걸어 들어올 때마다 항상 자부심을 느꼈다. 그곳은 언제나 잘 정돈되어 있었고, 깨끗했으며, 현대적으로 보였다. 흥미롭게도 몇 년이 지나 40만 명 규모의 회사에서 컨설턴트로 일할 때는, 친구나 가족들이 나의 좁고 어두컴컴한 사무실로 찾아오는 것이 약간 창피했다. 홀푸드마켓에서 일했던 애틋한 추억을 돌이켜보건대, 그곳에서 일한 건 지금 이 날까지도 내가 가졌던 최고의 직업 중 하나였다.

직원들이 자신의 업무 공간과 조직에 자부심을 느끼는지를 알 수 있는 가장 쉽고 효과적인 방법의 하나는 회사가 허용할 때 친구나 가족을 데려오는지 확인하는 것이다. 재밌게도 매력적이지 않은 업무 환경을 보유한 조직이 이를 허용하는 경우는 거의 없다! 나는 조직을 가능한 한 직원의 친구와 가족, 방문객들에게 개방하라고 늘 권장한다. 사람들이 직장을 둘러보고 직원들과 대화하며, 거기서 일한다는 게 어떤 건지 알게 하라고 말이다.

만약 여러분의 조직을 개방하는 것이 불편하다면, (사람들이 사무실에 들어오는 것을 막을 만한 법적 사안이 없다고 가정할 때) 이는 직원들이 일하는 환경이 자랑스러워할 만한 것으로 보이지 않기 때문일 것이다.

게다가 직원들이 고무적인 환경에서 일한다면, 조직을 외부에 개방하는 것은 훌륭한 인재 영입 전략이 될 수 있다. 그렇기 때문에 전 세계의 많은 비즈니스 리더가 실리콘 밸리로 몰려가서 그곳 조직들이 무엇을 하고 있는지 둘러보는 것이다. 만약 여러분이 훌륭한 물리적 업무 공간을 보유하고 있다면, 다른 사람들에게 보여주고 싶지 않을 이유가 있을까? 회사를 방문하며 "와, 여긴 일하기에 좋은 곳이 분명해."라고 생각한 사람은 집에 가서 그 회사의 구인정보를 확인할 것이라고 단언할 수 있다. 물론, 그 반대의 경우 또한 있을 수 있다. 그만큼 물리적 공간은 중요하다.

이 변인이 직원경험과 함수 관계에 있다고 하는 이유는 아주 간단하다. 직원들이 아름답고 현대적인 환경에서 일한다고 느낀다면, 보통 친구와 방문객에게 직장을 보여줄 기회를 놓치지 않을 것이다. 여러분은 다른 사람들에게 회사의 문을 열어줄 자신이 있는가?

이 요인이 측정하는 것

· 업무 공간에 대한 직원들의 자부심(pride)

· 조직에 대한 기대감(excitement)

· 조직과 직원 사이의 연결성(connection)

여러분이 할 수 있는 것

· 직원의 친구나 가족, 심지어 잠깐 둘러보기를 원하는 일반 방문객
에게도 조직을 개방하라. (보여줄 가치가 있는 공간이라면 말이
다. 아니라면 그건 더 큰 문제다!)

· 물리적 환경을 사무실이 아닌 직원경험 센터로 생각하라.

표 5.1에서 어떤 회사들이 이 변인에 대해 최고 및 최저 점수를
받았는지 확인해보자.

표5.1 친구나 방문객을 회사에 초대하기

최고 점수를 획득한 조직	최저 점수를 획득한 조직
애플 페이스북 링크드인 라이엇 게임즈	길리어드 사이언시스(Gilead Sciences) 월드 퓨얼 서비스(World Fuel Service) 세이프웨이(Safeway) 시어스(Sears)

유연성 제공하기

나는 이전 책《직장의 미래》에서 유연성을 상당히 깊게 탐구했

다. 직장 유연성은 직원들의 바람과 조직의 집중 측면에서 모두 관심도가 큰 영역이다. 우리는 일과 삶의 균형(work-life balance)이 일과 삶의 통합(work-life integration)으로 대체되는 초연결 세상에 살고 있다. 이는 우리가 개인 생활을 일터로, 직장 생활을 집으로 가져간다는 걸 의미한다. 이런 환경에서 계속 일하려면, 우리는 9시 출근, 5시 퇴근이란 근무시간 개념을 버리고 직원들이 가능하다면 언제든지 원하는 장소에서 일할 수 있도록 허용해야 한다. 물론 이러한 업무 환경을 모든 업종, 예컨대 제조업에 적용할 수 있거나 적합한 것은 아니다. 그럼에도 직원들은 최대한의 유연성과 선택권을 가질 수 있어야 한다.

글로벌 직무현장 분석(Global Workplace Analytics)의 통계 자료를 참조해보자.

- 미국 노동자의 절반은 최소한 부분적으로 재택근무가 가능한 직업을 가지고 있으며, 노동자의 1/4에서 1/5은 때때로 원격으로 일한다.
- 미국 노동자의 80~90%는 최소한의 파트타임 재택근무를 희망한다. 주당 2일 또는 3일이 적당한 것으로 나타났는데, 이는 현장 협력 작업 및 외부의 집중 작업에 충분히 할애할 수 있는 적절한 시간이다.
- 직원들이 근무시간의 60% 정도를 자리를 비운다는 연구 결과로 인해, 포춘 1,000대 기업은 그들의 공간을 완전히 재설계하고 있다.[2]

그러나 직장 유연성은 단순히 직원들을 집에서 일하도록 허락하는 것이 아니다. 유연성은 직원들이 언제 어디서 근무할지를 진정 스스로 선택하게 하는 것을 말한다. 직원들이 일하기 위해 사무실로 들어올 수도, 집에서 일할 수도, 커피숍이나 협업 시설에 갈 수도, 다른 어느 장소에 갈 수도 있게 말이다. 최상의 유연 근무 및 재택근무를 검색할 수 있는 사이트인 플렉스잡스(FlexJobs)에 따르면, 유연 근무는 직원과 조직에게 다음과 같은 혜택을 제공한다.

- 생산성 향상
- 직원들의 스트레스 감소
- 결근 감소
- 더 건강하고 더 행복한 직원들
- 비용 절감
- 신뢰 증진

2016년 《미국 사회학 리뷰(American Sociological Review)》는 〈조직의 유연성 지원 전략이 하이테크 직원들의 웰빙을 향상시키고 있는가? 업무, 가족 및 건강 네트워크로부터 나온 증거(Does a Flexibility/Support Organizational Initiative Improve High-Tech Employees' Well-Being? Evidence from the Work, Family, and Health Network)〉라는 연구를 발표했다. 대표 저자는 미네소타 대학교의 사회학과 학장인 필리스 모엔(Phyllis Moen)과 MIT 슬로언 경영 대학원의 일과 조직 연구 교수인 에린 켈리(Erin L. Kelly)다. 이 연구에서 모엔 등은 포춘 500대 기업 가운데 한 곳과 12개월 동안 함께 일하며 직장 유연성이 눈에 띌 만한 영향을 미쳤는지 알아보았다. 이를 위해 그들은 IT 그룹을 둘로 나누어 그중 한 그룹에만 유연성 프로그램을 진행했다. 유연 근무 옵션을 제공받은 실험 그룹은 언제 어디서든 일할 수 있었고, 사무실에 모습을 드러내는 대신 업무 생산성에 기초해서 평가를 받았다. 연구 결과는 의심할 여지가 없었다. 유연 근무 방식을 도입한 IT 팀은 자신들의 업무를 더 좋게 느꼈고, 번아웃도 덜했으며, 스트레스 수준도 더 낮았다. 이는 대기업 조직 내부에 실험군과 대조군을 두고 실시한 첫 번째 연구였다. 저자들에 따르면, 이 연구는 직원들을 위해 더 나은 감독자의 지원과 통제력, 유연성을 창출할 수 있도록 조직 전반의 전략적 접근이 필요하다는 점을 보여준다.[3]

더 나아가, 언스트&영(EY; Ernst&Young)은 2015년 미국과 일본, 독일, 영국, 브라질, 중국, 인도, 멕시코를 포함한 세계 8개국 약 만 명의 정규 직원을 대상으로 설문조사를 실시했다. 직원들은 유연성을 직장에서 원하는 최고의 특성으로 꼽았으며, 경쟁력 있는 급여 다음으로 중요한 것으로 평가했다.[4]

앞으로의 직장이 어떻게 변화해나갈 것인지를 살펴봤을 때, 직장 유연성이 우리가 일하는 방식의 표준이 될 것임은 자명하다. 유연성을 가지지 못한 조직은 무척이나 힘들고, 많은 스트레스를 받으며, 덜 실용적인 곳이 되어가고 있다. 오늘날 우리가 이러한 방식의 근무를 쉽게 뒷받침할 수 있는 기술을 가지고 있음은 말할 필요도 없다.

나는 미국 국내 여행만이 아니라 국제 여행을 할 때도 우버를 자주 이용한다. 나는 운전자들이 왜 우버와 함께 일하고, 왜 우버를 선호하는지에 관해 대화하는 걸 즐긴다. 내가 여태껏 대화를 나눴던 운전자들은 항공기 정비사와 회사 변호사부터 간호사, MBA 졸업생에 이르기까지 매우 다양했다. 그들은 웰스파고(Wells Fargo), 딜로이트(Deloitte), 유나이티드 항공(United Airlines)과 같은 회사에서 쉽게 일할 수 있었지만, 그러지 않았다. 왜 그랬을까? 우버가 그들에게 유연성을 제공하기 때문이다. 이는 모든 우버 운전자가 항상 내게 말한 가장 중요한 점이다. 벌어들이는 돈의 액수에는 큰 차이가 없지만, 언제 어디서 일할지를 통제할 수 있다는 점을 그들은 높이 평가했다. 업워크와 같은 사이트의 프리랜서들도 유연성이 정말로 큰 차이를 만든다고 항상 말한다. 유연성은 그동안 성과금이나 특전처럼 여겨졌지만, 이제는 많은 직원이 유연성을 일하는 방식, 일해야 하는 방식의 표준으로 간주한다.

이 요인이 측정하는 것
- 업무를 수행하는 방식에 적응하려는 조직의 의지
- 직원의 생활을 쉽게 만들고자 하는 노력
- 직장에 관한 혁신적인 인식

여러분이 할 수 있는 것
- 직장 유연성 프로그램을 도입하라.
- 직장 유연성 프로그램이 왜 필요하며, 어떻게 작동하는지를 직원들에게 교육하고 트레이닝하라.
- 프로그램에 대한 명확한 기대치와 지침을 설정하라.

표 5.2에서 어떤 회사들이 이 변인에 대해 최고 및 최저 점수를 받았는지 확인해보자.

표 5.2 유연성 제공하기

최고 점수를 획득한 조직	최저 점수를 획득한 조직
시스코 마이터 코퍼레이션(Mitre) SRC테크(SRC/SRCTec) 아플락(Aflac)	길리어드 사이언시스 아메리소스 버진(AmerisourceBergen) 인그램 마이크로(Ingram Micro) 아놀드앤드포터(Arnold&Porter)

조직의 핵심 가치 반영하기

모든 조직에는 그들만의 고유한 핵심 가치가 있다. 이는 보통 조직이 신뢰하고 표방하고자 하는 단어나 문구로 이루어져 있다. 가치는 그 조직이 취하기로 선택한 문화나 행동 양식을 표현하는 데 도움이 된다. 흔히 이러한 가치는 **신뢰, 투명성, 재미, 혁신, 협업, 정직**과 같은 단어나 문구를 포함한다. 많은 조직에서 이러한 것은 (미션 선언문과 마찬가지로) 립 서비스 또는 쓸모없는 진부한 표현에 지나지 않는다. 이를 나는 여러 조직에서 몇 번이고 보았으며, 여러분도 분명 마찬가지일 것이다.

몇 년 전 나는 직원경험과 관련한 몇 가지 사안을 조언하기 위해 대기업에 방문했다. 당연히 나는 들떠있었다. 이 조직은 위에서 나열한 단어 일부를 포함한 핵심 가치를 가지고 있었다. 어떤 조직의 핵심 가치가 신뢰, 재미, 투명성 등이라면, 나는 보통 그런 가치가 실제 업무 공간에 반영되어 있길 기대한다. 하지만 이 조직은 정반대였다. 모든 직원은 9시부터 5시까지 근무해야 했고, 의사소통이나 협력도 없었다. 복장 규정은 너무나 엄격했고, 바닥 전체가 갈색이었으며, 거대한 칸막이가 줄지어 있었다. 직원들은 모두 불행해 보였다. 이러한 분위기를 바꾸지 않겠냐는 질문에 CEO는 "제가 여기 처음 온 날부터 그랬고, 제가 떠나는 날에도 같을 겁니다."라며 어떤 것도 바꾸고 싶지 않다고 했다. 비록 그 조직은 여전히 존재하지만, 나는 그 사업부 중 일부가 파산을 신청했거나 매각되었다는 소식을 듣고도 별로 충격받지 않았다. 만약 우리가 조직으로서 무언가를 아끼고 믿는다고 말하면서도 이를 행동에 (특히 내부적으로) 반영하지 않는다면, 우리는 우리 자신과 우리가 교류하는 모든 사람에게 거짓말을 하는 것이다. 달리 말할 방법이 없다.

만약 위의 조직이 스스로 정직했다면, 그들의 핵심 가치는 실제로는 이랬을 것이다: 의사소통을 하지 않으며, 시대에 뒤떨어진 직장 관행을 유지하고, 최대한의 위계질서를 만들고, 직원들을 비참하게 하며, 시키는 대로 일한다. 핵심 가치가 있거나 이를 전달하는 것만으로는 충분하지 않다. 직원들에게 그 가치를 외우게 하더라도 마찬가지다. 핵심 가치는 직원들이 일하는 공간에 물리적으로 나타나야 한다. (그리고 나중에 살펴볼 문화적 환경과 통합되어야 한다.) 다시 말해, 여러분은 여러분의 조직 여기저기를 돌아다니면서 실제로 조직의 가치관이 살아 숨 쉬는 것을 볼 수 있는가?

우리가 회사의 면접을 볼 때면 흔히 가치관에 대한 질문이 주어진다. 우리는 각자 개인적인 가치관을 따르고 있고, 조직은 또 조직 나름의 가치관을 따르고 있다. 이 가치관들에 기초해서 우리는 직원으로서 입사 여부를 결정한다. 우리는 자신과 조직의 가치가 일치하는 곳에서 일하길 원하기 때문이다. 만약 여러분이 더 좋은 세상을 만들고, 건강해지고, 새로운 것을 배우고, 경영진에게 아이디어를 제공하며, 즐겁게 지내는 데 관심이 있다면, 자연스럽게 여러분이 그런 일을 할 수 있는, 비슷한 가치에 관심을 가진 조직에서 일하고 싶을 것이다. 그런데 회사에 들어간 후 조직이 스스로 관심 있다고 말했던 가치를 실제로는 드러내지 않는다면 어떨까? 여러분은 배신당했다고, 속았다고 느낀다. 안타깝게도 그 시점에서 여러분은 이미 계약서에 서명했기 때문에 조직을 떠날 수도 없다. 곧 우리는 분개하게 된다.

여러분이 사는 집은 여러분이 누구인지 많은 것을 말해준다. 벽에 걸린 그림이나 사진에서부터 벽의 색깔, 식탁의 종류, 심지어 욕실에 있는 수건과 비누의 종류 등 모든 것이 말이다. 누군가의 집에 들어가 보면 그 집에 사는 사람에 대해 더 잘 알 수 있으며, 조직에 들어가 보면 그곳이 실제로 어떤 조직인지를 더 잘 알 수 있다.

직원경험 지수(Employee Experience Index)의 252개 조직 중 가장 높은 점수를 받은 페이스북은 "과감해져라, 임팩트에 집중하라, 신속히 움직여라, 열린 자세를 취하라, 그리고 사회적 가치를 구축하라."라는 다섯 가지 핵심 가치를 가지고 있다. 분명 지킬 가치가 있는 고귀한 것들이다. 만약 여러분이 페이스북 캠퍼스에 방문한다면, 이 가치가 드러나 있는 것을 말 그대로 눈으로 볼 수 있다. 개방적인 레이아웃, 업무 공간을 장식한 다양한 예술작품, 원하는 곳에서 일하기 위해 캠퍼스를 빠르게 돌아다닐 수 있는 여건, 다양한 직원 그룹(각자가 독특한 패션 스타일이다), 직원들에게 자연스럽게 말을 건네는 게스트 담당 리더, 고객 스토리의 공유, 직원들이 자신의 아이디어와 피드백을 공유하기 위해 목소리를 높이도록 권장받으며 관리자에게까지도 이의를 제기한다는 사실 등을 통해서, 우리는 위의 가치가 살아

움직이는 것을 쉽게 볼 수 있다.

얼마 전 나는 어떤 기술 관련 대기업의 고객 이사회에 참여한 적이 있다. 참석자 중 한 명이 자기 회사의 핵심 가치 중 하나가 "올바른 일을 하라."인데 어떻게 하면 직장에서 그 가치를 보여줄 수 있는지 물었다. 나는 솔직히 말문이 막혔다. 그때 다른 참석자가 자기 회사도 그것을 핵심 가치 중 하나로 갖고 있다면서, 이를 보여주기 위해 현장의 배터리를 재활용하고, 자선 기부금을 납부하며, 사회 영향 단체의 연사를 초청하고, 직원들에게 회사의 윤리적이며 지속 가능한 사업 실천을 일관되게 홍보한다고 말했다. 핵심 가치가 구현되는 모습을 직원들이 볼 수 있게 돕는 정말로 효과적인 방법이다!

문화와 기술이 조직에 스며들고 이를 느낄 수 있기까지는 시간이 걸린다. 하지만 물리적 공간은 우리가 눈으로 볼 수 있으며, 즉각 판단을 내릴 수 있다. 물리적 공간은 조직에 대한 상징의 한 종류이며, 그곳에서 일하는 사람들에게 현대적 직원경험 센터나 박물관과 같은 역할을 한다는 것을 기억하자. 이 때문에 직원경험을 망치는 가장 빠른 방법의 하나는 조직이 물리적 근무 환경에 핵심 가치를 반영하지 않는 것이다. 조직 문화가 어떤지 알고 싶다면 일하는 곳을 먼저 둘러보면 된다. 한눈에 금방 알아차릴 수 있는 것이다!

이 요인이 측정하는 것

· 직원들과 한 약속을 지키는지 아니면 립 서비스에 그치는지 여부

· 조직이 스스로 말한 대로 자신을 표현하는지 여부

· 조직의 정직성과 진실성

· 조직 문화

여러분이 할 수 있는 것

- 핵심 가치를 종이에 적어서 사무실 주변을 둘러보자. 핵심 가치가 구현되어 있는가? 무엇을 통해 확인할 수 있는가? 아니라면 왜 그렇지 않은가?
- 가치가 실제로 구현되어 있다면, 이를 다른 조직 구성원도 체감할 수 있도록 하려면 무엇을 할 수 있을지 생각해보라. 또 만약 가치가 구현되어 있지 않다면, 이를 바꾸기 위해 무엇을 할 수 있는가?

표 5.3에서 어떤 회사들이 이 변인에 대해 최고 및 최저 점수를 받았는지 확인해보자.

표 5.3 조직의 핵심 가치 반영하기

최고 점수를 획득한 조직	최저 점수를 획득한 조직
나이키(Nike) 구글 페이스북 애플	제너럴 다이내믹스(General Dynamics) 아베리소스 버진(Amerisource Bergen) 아처 대니얼스 미들랜드 (Archer Dainels Midland) 앤섬(Anthem)

다양한 업무 공간 활용하기

개방형 사무실과 폐쇄형 사무실 중 어느 것이 더 나은지는 여전히 논쟁거리다. 개방형 사무실은 협업을 가능하게 하지만 아무래도 산만함과 잡음을 쉽게 유발한다. 폐쇄형 사무실과 칸막이는 업무에 더 집중할 수 있게 해주지만, 협업이나 의사소통을 제약하고 사기를 좀 떨어뜨릴 수 있다. 여러분은 어떤 선택을 하겠는가?

안타깝게도 개방형 사무실과 폐쇄형 사무실을 둘러싼 이 모든 토론과 논쟁은 핵심을 완전히 놓치고 있다. 우리는 물리적 환경을 집에 빗대어 생각해볼 필요가 있다. 집안의 모든 공간은 특정한 목적을 위해 설계된 것이다. 식당에서는 식사를 하고, 부엌에서는 요리를 하며, 침실에서는 잠을 자고, 거실에서는 휴식을 취한다.

영국에 본사를 둔 리즈먼(Leesman)은 조직과 사람, 장소의 상호관계를 이해하고자 했다. 이들이 11만 명이 넘는 사람들을 연구하고 조사한 결과, 직원들이 참여하는 직장 내 활동은 21개에 달하는 것으로 나타났다. 그 범위는 예정된 회의에서부터 개인 중심 업무, 협업과 휴식에 이르기까지 다양했다.[5] 이러한 모든 활동을 단 하나의 공간에서 수행하는 것은 명백히 비효율적이다. 잠시 후 참석해야 하는 공식적인 회의가 열리는 장소에서 음식을 먹거나 누워서 쉬는 것은 사실 말이 안 된다. 부엌에서 먹고 자는 것이 말이 안 되는 것처럼 말이다.

직원들은 그들이 최선을 다할 수 있는 업무 환경을 이용할 수 있어야 한다. 이는 조직과 그 장소에서 일하는 직원의 최우선 관심사다. 우리는 더 이상 일률적이거나 단조로운 세상에서 일하지 않으므로, 우리의 업무 공간도 그에 맞게 조정되어야 한다. 그렇기에 전 세계에서 가장 미래 지향적인 조직들은 단순히 개방형이거나 폐쇄형인 공간을 만드는 대신 복합적인 공간 레이아웃(multiple floor plan)을 만들고 있는 것이다. 이 조직들은 단일 유형의 (혹은 유형이 2개, 3개이더라도!) 업무 공간 환경에 매달리지 않는다. 예를 들어, SAP 사무실을 방문했을 때 나는 직원들이 일하는 곳으로 선택할 수 있는 공간이 매우 다양하다는 것을 알아차렸다. 여기엔 현대적인 칸막이 환경, 열린 공간, 카페와 라운지, 벽에 글을 쓸 수 있는 협업 공간, 회의실, 조용한 장소, 외부 작업 공간 등이 포함되어 있었다. 이러한 환경을 구축함으로써 SAP와 같은 조직들은 말하는 것이다. "우리도 압니다. 여러분이 하는 일은 일률적이거나 획일적이지 않죠. 그러니 우린 여러분이 어떻게 일하고 왜 일하는지를 이해하고, 이를 근거로 여러 개의 선택권을 제공하려 합니다. 여러분은 직원으로서 가장 효과적이고 효율적인 환경을 스스로 선택할 수 있어야 하니까요." 이는 사람들을 향한 강력한 메시지이자 약속이다. 또한 많은 조직은 이를 통해 상당한 사무실 공간을 절약할 수 있고, 따라서 부동산 비용을 절감할 수 있다는 것도 깨달았다. 보통 한 사람이 단독으로 사용하던 사무실을 여러 사람이 활용하도록 할 수 있기 때문이다.

건축 설계 회사 겐슬러(Gensler)의 공동 CEO인 다이앤 홉킨스(Diane Hoskins)가 《하버드 비즈니스 리뷰》에 실은 〈직원들은 자신의 업무 공간에 대한 재량권을 가지면 더 나은 성과를 보인다(Employees Perform Better When They Control Their Space)〉라는 기사에 따르면, (언제, 어디서, 어떻게 일하는지 포함하여) 업무 공간에 관한 더 많은 선택권을 가진 직원들은 혁신성과 직무 성과, 직무 만족도, 업무 공간 만족도에서 더 높은 점수를 받았다. 전적으로 일리 있는 이야기다. 우리가 일하는 공간에 대한 통제권과 선택권을 좀 더 가지면 안 될 이유가 있을까?

업무 공간에 대한 다양한 선택권을 제공하는 가장 훌륭한 조직 사례 중 하나는 아마도 상업용 부동산 회사 CBRE일 것이다. 이 회사는 '일하기 위한 16개의 공간'에 초점을 맞춰 로스앤젤레스 사무실을 재설계했다. 잠시 생각해보라. 칸막이 너머에서 일할 기회가 주어진다는 건 대부분 직원에게 행운이겠지만, 이 16개의 공간은 정말 놀라운 것이다. 여기에는 고객 회의실과 열린 팀 공간에서부터 하루 동안 쓸 수 있는 팀워크 테이블과 사무실, 전화 부스, 심지어 일본식 정원도 포함된다. 각각의 공간은 CBRE 직원들이 일하는 특정한 업무 방식을 반영하고 있다.[6]

나는 최근에 사노피(Sanofi)의 아시아 태평양 지역 최고 인재 책임자인 프레디 차우(Freddie Chow)와 이야기를 나누었다. 그는 자신의 지역에서 직원들이 일하는 물리적 환경이 특정한 위계질서를 만들고 부채질한다고 말했다. 고위직일수록 보다 좋은 책상과 화려한 전망을 가진 더 멋진 사무실을 얻는 것이다. 사노피는 보다 협력적이고 수평적인 조직이 되고자 했고, 이러한 물리적 환경은 그런 과정에서 한 단계 진전을 이루는 데 큰 걸림돌이었다. 프레디와 그의 팀은 급격한 변화를 주어 조직의 모든 사무실을 없애버렸다. 그리고 직원들에게 고정된 자리를 배정하지 않는, 활동 기반 업무(Activity Based Working)란 것에 집중했다. 그들은 직원의 활동과 업무에 따라 선택할 수 있는 복합적인 레이아웃과 업무 공간 옵션도 갖고 있었다. 이러한 전환이 이뤄지자, 프레디와 그의 팀은 부동산 비용이 감소하는 동시에 생산성과 몰입, 협업이 증가하는 걸 볼 수 있었다.

개방형 사무실 대 폐쇄형 사무실 논쟁에 얽매이지 말아야 한다. 대신에 직원들이 하루 동안 수행하는 다양한 활동과 일하는 방식을 이해하려고 노력해야 한다. 그런 다음 그에 따라 공간을 설계해야 한다.

물리적 업무 공간의 개선을 고려할 때 주의할 것이 있다. 우리가 구글이나 페이스북과 같은 조직을 보거나 그에 대해 들을 때, 가장 먼저 떠오르는 것 중 하나는 매력적인 사무실 공간이다. 전 세계의 경영진이 이 조직들에 몰려가서, 자기 회사에서 구현할 만한 것을 찾는다. 흔히 이런 식이다. "구글은 거대한 미끄럼틀을 가지고 있어요. 우리도 그게 필요합니다!" 아니면, "페이스북에는 음식이 무료로 나오는 큰 카페테리아가 있습니다. 우리도 이게 필요합니다!" 많은 사람이 구글이나 페이스북을 단순히 모방할 수 없다는 것, 그리고 그렇게 해서도 안 된다는 것을 깨닫지 못한다. 이 조직들이 단지 재미로 그런 걸 만든 것처럼 비칠 수 있지만, 모든 것은 물리적 환경과 관련하여 전략적으로, 의도적으로 실행된 것이다. 아름다운 공간에 투자하는 조직들이 그저 재미로만 그런 일을 하는 게 아니다.

아틀라시안(Atlassian)은 쿨하고 개성 있는 조직 중 하나이며, 현대적이고 아름다운 사무실 공간을 가지고 있다. 나는 회사 경영진을 만나, 그저 멋져 보이는 공간을 만들기 위해 디자인 회사를 고용하고 돈을 허비한 건 아닌지 알아보기로 했다. 내가 그렇게 묻자 그들은 비웃었다. 아틀라시안은 직원과의 대화와 직원 책상에 부착된 센서를 통해서 직원들이 어떻게 일하는지를 실제로 분석했다. 데이터를 살펴본 경영진은 직원들이 배정된 좌석을 거의 사용하지 않는다는 것을 알게 되었고, 이에 따라 그들에게 적합한 공간, 즉 여러 가지 다른 작업 방식을 활용하는 보다 중앙 개방형인 레이아웃(open central plan)을 설계하도록 만들었다.

다른 미래 지향적 회사들과 마찬가지로, 아틀라시안은 다른 조직이 했던 것을 모방하지 않았다. 데이터를 활용해 직원들의 업무 방식을 이해했다. 그리고는 그에 적합한 물리적 환경을 설계했다.

내가 만났던 또 다른 대기업의 한 간부는 작업 공간을 재설계할 예산이 부족하자 자원봉사자를 모집했다. 그는 이케아(IKEA; DIY 가구 매장)에서 예산을 책정했고, 모든 사람이 몇 주 동안 자신이 일하고 싶은 공간을 만들었다. 과거 에어비앤비는 고급 디자인 및 건축 회사와 협력하여 (실제 에어비앤비의 목록에 오른 숙소를 모델로) 회의실들을 만들었다. 현재는 이 회의실들을 설계하기 위한 자원봉사 직원을 모집하여 900달러의 예산을 주고 있다. 이는 에어비앤비에 있어서 더 저렴한 방법인 데다가, 실제 공간을 만든 직원들은 자부심과 주인의식을 느끼게 된다.

직원들에게 자신의 환경을 직접 설계할 수 있다고 하면 그들이 얼마나 신나하고 몰입하는지 여러분은 깜짝 놀랄 것이다. 나아가 여러분의 조직에는 디자인과 가구에 관한 한 남들보다 더 많이 알고 있는 창의적이고 손재주 좋은 직원이 몇 명은 있으리라고 확신한다.

이 요인이 측정하는 것
- 직원들이 일에 최선을 다할 수 있게 만드는 노력
- 직원들의 업무 방식 이해

여러분이 할 수 있는 것
- 직원들이 어떻게 일하고 어디서 일하는지 관찰하라.
- 직원들이 이용하고자 하는 환경 종류에 관하여 피드백을 받아라.
- 개방형 레이아웃이나 폐쇄형 레이아웃을 넘어서서 생각하고, 조직의 각 공간을 구체적이고 독특한 목적을 수행하는 집처럼 바라보라.

표 5.4에서 어떤 회사들이 이 변인에 대해 최고 및 최저 점수를 받았는지 확인해보자.

표 5.4 다양한 업무 공간 활용하기

최고 점수를 획득한 조직	최저 점수를 획득한 조직
구글 페이스북 링크드인 에어비앤비	시어스 맥도날드 제너럴 다이내믹스 로우스(Loew's)

조직들의 점수 확인

이상의 네 가지 변인에 대해 조직이 받을 수 있는 최대 점수는 각 6.5점으로, 총점 26점이다. 네 가지 변인 중에서 가장 낮은 평균 점수(4.3/6.5)를 받은 것은 "우리 조직은 (당신이 원하는 곳에서 원하는 시간에 일할 수 있도록 하는 등) 유연 근무 옵션을 제공하고 자율성을 장려한다."였다. 이는 다소 놀라운 결과였다. 직장 유연성과 자율성은 오랜 기간 비즈니스 세계에서 주요하게 논의된 두 가지 주제인데, 여전히 개선의 여지가 많은 것으로 나타났기 때문이다.

가장 높은 평균 점수(4.9/6.5)를 보인 변인은 "우리 조직의 물리적 공간은 조직의 핵심 가치를 반영한다(예를 들어 만약 핵심 가치가 협력, 개방성, 투명성, 재미라면, 칸막이밖에 없는 지루한 환경을 제공하지 않는다!)."였다. 이는 상대적으로 낮은 점수이긴 하지만, 나는 대부분 조직이 물리적 공간 변인으로 인해 가장 많은 어려움을 겪을 것이라고 생각했었다. 놀랍게도 그렇지 않았다.

내가 분석한 252개 조직은 물리적 환경의 각 질문에 대해 평균 4.6점, 26점 만점에 18.4점을 받았다. 이는 조직이 얻을 수 있는 최고 점수의 71%밖에 안 된다. 만약 이것이 직원경험 대학의 수업이었다면, 조직들은 물리적 환경 과목에서 C⁻를 받은 셈이다.

COOL한 업무 공간을 갖는다는 것은 단순히 알록달록한 벽, 맥주 한 통, 무료 음식이 생기는 것 이상을 의미한다. 실리콘 밸리의 기업을 찾아가 그들이 하고 있는 걸 모방하는 것 이상을 의미한다. 진정으로 COOL한 업무 공간을 생성하는 조직은 직원이 어떻게 일하며 왜 일하는지를 이해하고, 이를 반영하는 공간을 설계한다. 그래야만 물리적 환경이 전반적인 직원경험을 긍정적으로 만드는 데 진정 도움이 될 것이다. 예산 또한 조직이 물리적 환경을 재고하지 못하는 변명이 될 수 없다.

물리적 환경 전체에서 최고 및 최저 점수를 기록한 조직들을 아래서 확인할 수 있다(표 5.5 참조).

표5.5 물리적 환경 전체

최고 점수를 획득한 조직	최저 점수를 획득한 조직
링크드인 애플 페이스북 라이엇 게임즈	제너럴 다이내믹스 아메리소스버진 유나이티드 테크놀로지스(United Technologies) 시어스

참고

1 Steelcase. "The Privacy Crisis." *360 Magazine*, no. 68, November 12, 2014. https://www.steelcase.com/insights/articles/privacy-crisis/.

2 GlobalWorkplace Analytics. "Latest Telecommuting Statistics." January 2016. http://globalworkplaceanalytics.com/telecommuting-statistics.

3 Moen, Phyllis, Erin Kelly, Wen Fan, Shi-Rong Lee, David Almeida, Ellen Kossek, and Orfeu Buxton. "Does a Flexibility/Support Organizational Initiative Improve High-Tech Employees' Well-Being? Evidence from the Work, Family, and Health Network." *American Sociological Review* 81, no. 1 (2016). doi:10.1177/0003122415622391.

4 EY. *Global Generations: A Global Study on Work-Life Challenges across Generations: Detailed Findings*. 2015. http://www.ey.com/Publication/vwLUAssets/EYglobal-generations-a-global-study-on-work-life-challenges-across-generations/$FILE/EY-global-generations-a-global-study-on-work-life-challenges-acrossgenerations.pdf.

5 Rothe, Peggie. "Flexibility and Variety Hold the Key as Employees' Activity Profiles Become More Complex." *Leesman Review* no. 18 (September 2015): 4–7.

6 Moore, Beth, and Paul Scialla. "WELL CertifiedWorkplaces—TheNext Generation of Sustainability."Workplace Evolutionaries webinar slides. 2014. cdn.ifma.org/crec/webinars/ifma-webinar_wellness-jan-2014.pdf?sfvrsn=0.

CHAPTER 6

기술적
환경

The Technological Environment

나는 2016년 한 대기업에서 업무 공간이 어떻게 변하고 있는지를 강연한 적이 있다. 강연을 마치고 직원들과 허심탄회하게 토론을 나누는 시간을 가졌다. 거의 모든 대화 속에서 나는 그 직원들이 자신의 업무, 함께 일하는 동료들을 얼마나 사랑하는지 느낄 수 있었다. 그럼에도 그들 중 다수는 회사에 대해 극도의 실망감과 불만을 느끼고 있었다. 몇몇은 이미 다른 회사의 면접을 보고 있었다. 나의 반응은 당연히 "왜 여러분은 사랑하는 동료와 업무가 있는 조직을 떠나고 싶나요?"였다. 이 회사에서 문제가 된 것은 기술(technology)이었다. 직원들은 그들의 업무를 수행하며 사용하는 기술 도구들에 크게 실망하고 있었다. 정보는 누락되고, 간단한 작업을 완료하는 데도 거쳐야 할 단계가 너무 많았으며, 중간에 먹통이 되기도 했다. 인터페이스는 말 그대로 1980년대의 것이었다.

이로 인해 업무는 훨씬 더 어려워졌고, 직원들은 서로에게 화를 냈으며, 개선을 위해 아무것도 하지 않는 회사에 대해 분개했다.

우리는 기술을 비인간적인 별도 영역에 속한 것으로 생각하지만, 그것은 조직에 확실한 영향을 미친다. 우리는 기술을 사용해서 의사소통하고, 협업하고, 실제 업무를 수행한다. 이 도구가 고장 나면, 인간관계를 포함하여 그 주변의 다른 모든 것이 함께 무너진다.

기술적 환경은 우리가 사용하는 애플리케이션부터 하드웨어, 소프트웨어, 유저 인터페이스 및 설계에 이르는 모든 것을 포함한다. 화상회의 플랫폼, 내부 소셜 네트워크, 작업 관리 도구, HR 소프트웨어, 청구서 및 송장 시스템 등 무엇이든 우리가 업무를 위해 사용하는 모든 기술은 기술적 환경의 일부분이다. 조직은 직원들이 일하는 모든 측면에 이러한 기술을 적용하도록 애쓰고 있는데, 이를 통상 **디지털 전환**(digial transformation)이라 표현하곤 한다.

기술은 직장의 미래와 직원경험을 상당 부분 가능하게 해준다. 그것은 조직에 힘을 실어주는 접착제, 신경계와 같은 역할을 한다. 전반적인 직원경험을 향상하려면 조직은 반드시 ACE 기술적 환경을 조성해야 한다. 만약 여러분이 (특히 사회적 협업과 관련된) 기술 구축에 관심이 많다면, 내가 이 주제에 관하여 2012년 출판한 340쪽 분량의 《협력적 조직(The Collaborative Organization)》이란 책을 보기 바란다.

직원들을 위한 훌륭한 기술적 환경을 만들기 위해, 조직은 ACE로 약칭되는 다음과 같은 주요 특성에 집중할 필요가 있다(그림 6.1 참조).

| 모든(All) 직원의 | 소비자(Consumer) | 직원(Employees) 요구 |
| 사용 가능성 | 맞춤형 기술 | vs 조직 요구 |

© thefutureorganization.com

그림 6.1 ACE 기술

A 모든(All) 직원의 사용 가능성

C 소비자(Consumer) 맞춤형 기술

E 직원(Employees) 요구 vs 조직 요구

모든 직원의 사용 가능성

많은 조직이 좋은 의도에서 새로운 기술에 접근할 수 있는 직원을 특정하게 한정하곤 한다. 예를 들면 엔지니어링 팀은 사내에서 그들만이 사용할 수 있는 새롭고 훌륭한 플랫폼을 가지고 있다. 나는 자신이 사용할 수 없는 기술을 자기 동료가 사용할 수 있다는 사실을 알게 되자 다소 무시당하는 느낌을 받았다는 직원을 많이 만났다. 왜 이들은 그러한 새로운 기술을 사용할 수 없었는가? "모두에게 승인된게 아니래요." 직원들은 실제 업무를 하는 사람들이며, 따라서 그들이 사용하고 있는 종류의 기술에 관해서는 분명한 발언권이 있어야 한다. 특히 다른 팀이나 부서가 그 기술을 이미 사용하고 있다면 더욱더 그렇다. 기술의 사용 가능성은 또한 유연 근무 방식을 도입하려 할 때 더욱 중요한 문제가 된다. 유연 근무를 실제로 이용할 수 있는 팀은 보통은 이를 지원하는 기술(화상회의, 내부 소셜 네트워크, 업무 및 프로젝트 관리 도구 등)을 보유한 팀일 것이다.

어째서 이러한 상황이 문제를 일으키고 억울함과 좌절감을 유발하며, 전반적인 직원경험에 부정적인 영향을 미치는지는 말하지 않아도 쉽게 알 수 있다. 일부에게만 승인되었던 기술은, 만약 직원들이 이를 알고 있고 그 기술을 원한다면, 모든 사람이 사용할 수 있게 오픈되어야 한다. 그동안 조직들은 다년간의 파일럿 프로그램 관점에서 기술 구축에 접근해 왔다. 하지만 내가 대화한 모든 최고 정보 책임자와 기술 담당 최고 책임자는 이런 유형의 모델은 빨라진 기술 변화 속도로 인해 더 이상 작동하지 않으며, 실용적이지도 않다는 데 동의했다. 조직에서 효과적으로 구축하고자 했던 기술이 정착할 때쯤이면 이미 몇 년은 지나갔을 것이고, 인력은 예전 같지 않을 것이며, 구현한 기술은 시대에 뒤떨어졌을 것이다. 마이클 피츠제럴드(Michael Fitzgerald), 니나 크루슈비츠(Nina Kruschwitz), 디디에 보넷(Didier Bonnet), 마이클 웰치(Michael Welch)가 발표한 《MIT 슬로언 경영 대학원 리뷰》 및 캡제미니 컨설팅(Capgemini Consulting)의 연구 〈디지털 기술 수용: 새로운 전략적 의무(Embracing Digital Technology: A New Strategic Imperative)〉에 따르면, 응답자의 63%는 조직의 기술 변화 속도가 너무 느리다고 답했다.[1]

비록 어떤 파일럿 프로젝트가 완벽하게 훌륭하더라도, 장기적으로 일부 직원에게만 기술 접근을 허용하는 것은 득보다 실이 훨씬 크다. 우리가 훌륭한 기술적 환경을 만드는 방법의 하나는 그곳에서 일하는 모든 사람이 관련 기술을 이용할 수 있게 하는 것이다.

샌디에이고 동물원(The San Diego Zoo)은 100년 된 비영리 단체로서, 멸종을 종식시키려는 고귀한 목표를 가지고 있다. 이곳에는 계산원을 비롯하여 동물학자, 식물학자, 동물 조련사, 사무직 직원에 이르기까지 3,000명이 넘는 사람이 근무한다. 이는 현존하는 조직 가운데 최고의 다양성을 지닌 조직 중 하나다. 나는 이 동물원이 어떻게 이런 다양한 인력에게 기술을 제공할 수 있는지 더 자세히 알기 위해 인사 담당 최고 책임자인 팀 멀리건(Time Mulligan)과 인사 담당 관리자인 스테이샤 폰초치(Steisha Ponczoch)와 함께 시간을 보냈다. 그들이 할 수 있다면, 다른 조직도 분명 할 수 있다.

얼마 전까지만 해도, 샌디에이고 동물원의 모든 트레이닝과 교육은 책과 바인더, 노트 필기와 함께 교실에서 이루어졌다. 회사는 직원들이 일하는 동안 휴대폰을 사용하는 것조차 허용하지 않았다. 그 후로 참 먼 길을 걸어왔다! 현재 이곳은 직원들이 원하는 시간에 스스로 학습할 수 있는 강력한 온라인 교육 시스템과 학습 관리 시스템을 갖추고 있다. (동물 조련사를 포함한) 모든 직원은 어느 컴퓨터에서나 두 개의 학습 연구소에서 직원용으로 만든 프로그램을 포함한 필수 교육에 무료로 접근할 수 있다.

몇 년 전 종이를 쓰지 않기로 한 전략적인 결정 이후로, 모든 개인 파일은 온라인으로 저장되어 필요할 때 접속할 수 있다. 신입 교육을 포함한 모든 HR 관련 양식을 온라인으로 전환했고, 그 과정에서만 10만 장이 넘는 종이를 절약했다. 이러한 움직임은 다른 부서도 종이를 쓰거나 보관하지 않도록 고무시켰고, 동물원이 천연자원을 보존하는 데 도움을 주었다.

멀리건은 직원들이 업무를 넘어 개인 생활에서도 더 많은 기술을 사용할 수 있도록 해주는 프로그램을 개발했다. 'Z-Tech 프로그램'은 컴퓨터, 카메라, 태블릿, 프린터, 스마트 워치 그리고 심지어는 게임기와 같은 수십 개의 최신 기술 제품에 대한 무이자 급여 공제를 제공한다. 이 프로그램은 믿을 수 없을 만큼 성공적이었고, 수백 명의 직원이 도움을 받았다. 이 프로그램이 없었다면 그들은 구입 자금을 마련하지 못하거나 높은 이자로 인해 재무적 어려움에 처했을지 모른다.

오늘날 회사의 모든 직원이 접근할 수 없는 기술이 있다는 건 어떤 변명으로도 통하지 않는 이야기이다.

이 요인이 측정하는 것
- 조직 전반에서 혁신과 협업, 커뮤니케이션을 이끌어내려는 노력
- 조직 전반의 활성화에 집중하기
- 기술 숙련도

여러분이 할 수 있는 것
- 직원들에게 최대한 더 많은 접근 권한을 부여하라.
- 새로운 기술을 도입하거나 구축하는 과정을 최대한 투명하게 하라.

표 6.1에서 어떤 회사들이 이 변인에 대해 최고 및 최저 점수를 받았는지 확인해보자.

표 6.1 모든 직원의 사용 가능성

최고 점수를 획득한 조직	최저 점수를 획득한 조직
페이스북 애플 구글 라이엇 게임즈	월드 퓨얼 서비스 서던 오하이오 메디컬 센터 (Southern Ohio Medical Center) 길리어드 사이언시스 길베인(Gilbane)

소비자 맞춤형 기술

지난 몇 년간 우리는 엔터프라이즈급 기술(enterprise grade technologies)을 구축하는 것에 비정상적일 정도로 너무 큰 비중을 두었다. 실제 엔터프라이즈급 기술에 대한 표준적인 정의는 없지만, 일반적으로 그것은 개인이나 소비자가 사용하는 기술(소비자 맞춤형 기술(consumer grade technology))과 대비되는, 대기업의 요구에 적합한 기술을 일컫는다. 이상적으로는 IT 전문가에 의해 더욱 견고하고, 안전하며, 유연하게 잘 설계되었음을 의미한다. 그러나 실제 대기업 내부에서 그것은 투박한 구닥다리 소프트웨어를 의미할 뿐이다. 나는 이런 기술을 많이 보았고, 그걸 사람들이 정말로 사용한다는 사실에 항상 놀란다. 이 책을 읽은 많은 독자도 공감할 것이라 확신한다.

직원들이 정말 원하는 건 더 멋지고, 다루기 쉬우며, 유연하고, 현대적이며, 매력적인 도구다. 하지만 정작 조직은 거대한 방탄 탱크를 구입하는 것이다. 오늘날 많은 새 엔터프라이즈 기술 도구가 매일같이 우리가 개인 생활에서 사용하는 기술(트위터, 링크드인, 페이스북, 구글과 같은 플랫폼)을 본떠서 만들어지는 이유다. 어떤 의미에

선 소비자 맞춤형 기술이 엔터프라이즈급 기술이 되고 있다. 조직이 이를 보다 쉽게 볼 수 있는 방법은 로켓 과학자나 개발자(이들도 인간이긴 하다!)를 위해서가 아니라 인간을 위해 고안된 것처럼 보이는 도구를 직원들에게 제공하는 것이다. 나는 소비자 맞춤형 기술을, 아주 잘 설계되고, 유용하며, 생활에서도 그와 비슷한 것이 있다면 사용해볼 만한 가치가 있는 그런 기술로 정의한다.

직장에서 사용하는 파일 공유 도구를 생각해보자. 여러분은 일상에서 개인 정보를 정리하기 위해 그와 유사한 도구를 사용할 것인가? 청구 시스템이나 송장 시스템은? 개인 금융을 정리하기 위해 같은 기술을 사용할 것인가? 고객 관계 관리 시스템은 어떠한가? 같은 기술을 사용하여 연락처를 저장할 것인가? 무슨 말을 하는지 알 수 있을 것이다. 개인 생활에서 우리는 놀랄 만한 기술과 플랫폼을 사용하지만, 어찌 된 영문인지 직장에서는 수십 년 전 도구를 여전히 사용하고 있다. 집에 있는 텔레비전이 오래되서 채널을 바꾸려면 자리에서 일어나 직접 다이얼을 돌려야 한다고 상상해보자. 집에서 다이얼식 전화기를 쓰거나 IBM 코모도어 컴퓨터를 쓴다면 어떻겠는가? (나역시 한 번도 본 적은 없지만 이들은 옛날에 엄청나게 유행했다고 들었다!)

이것이 바로 스코틀랜드 왕립 은행(The Royal Bank of Scotland)과 같은 조직이 10만 명이 넘는 직원들에게 (비즈니스 버전의 페이스북인) '페이스북 앳 워크(Face book at Work)'를 도입한 이유다. 그들은 직원들이 개인 생활에서 페이스북을 사용하며, 직장에서 그 경험을 본딴 무언가를 원한다는 것을 깨달았다. 9만 명 규모의 연구 중심 건강 관리 전문 회사인 로슈(Roche)도 최근 같은 이유로 (공식적으로는 '구글 앳 워크'라 불리는) G 스위트(G Suite)*로 전환하였다. 이들은 개인 생활에서 사용하는 플랫폼과 기술을 모방한 도구를 직원들에게 제공하는 데 집중한 전 세계 많은 조직 중 두 곳일 뿐이다. 이렇게 하는 것은 몇 가지 이점이 있다.

대개 조직이 새롭고 복잡한 기술 솔루션을 구축할 때면, 그 사용 방법과 이유를 직원들에게 가르치기 위해 많은 교육과 훈련이 필요하다. 물론 어떤 종류의 변화라도 교육과 훈련이 반드시 필요하지만, 익숙한 기술이라면 직원들이 훨씬 빨리 숙지할 것이다. 또한 익숙함은 복잡함도 없애주며, 이는 직원들이 그 도구를 실제로도 사용할 것임을 의미한다. 소비자 맞춤형 기술은 또한 더 현대적이고 더 사용자 친화적이며, 보통은 전통적인 엔터프라이즈급 기술보다 더 보기 좋다. 이 역시 적응 가능성을 높이며, 나아가 이들은 직원들이 명백히 선호하는 약간의 쿨한 요소도 가지고 있다. 소비자 맞춤형 기술을 구축하는 것은 기업 환경에 있어서 매우 중요한 요소이다.

이 요인이 측정하는 것
- 기술에 대한 조직 전반의 미래 지향적 접근 방식
- 현대적인 업무 경험의 창출
- 직원들이 가장 효과적으로 일하며 몰입할 수 있게 하는 지원

여러분이 할 수 있는 것
- 엔터프라이즈급 기술에서 소비자 맞춤형 기술로 사고방식을 전환

* 구글에서 제공하는 유료 서비스로 클라우드 컴퓨팅 생산성 및 협업 소프트웨어 도구

하라.

· 직원들이 일상에서 사용하는 기술을 살펴보고, 조직 내부로 가져
올 수 있는 기술적 특성이 무엇인지 살펴보라.

표 6.2에서 어떤 회사들이 이 변인에 대해 최고 및 최저 점수를
받았는지 확인해보자.

표 6.2 소비자 맞춤형 기술

최고 점수를 획득한 조직	최저 점수를 획득한 조직
마이크로소프트 애플 구글 라이엇 게임즈	허니웰(Honeywell) SAS 인스티튜드(SAS) 노스웨스턴 뮤추얼 (Northwestern Mutual) 타깃 코퍼레이션(Target)

직원 요구 vs 조직 요구

여러분이 자동차 영업소에 들어가서 영업 직원에게 차를 사려
한다고 말하는 장면을 상상해보자. 직원은 여러분에게 인사를 건네며
물을 것이다. "어떤 차를 원하시나요?" 여러분은 대답한다. "글쎄요,
다섯 사람이 탈 수 있어야 하고, 마력과 토크가 높아야 합니다. 색상
은 꼭 파란색이어야 하고, 요즘 자동차가 가진 최신 기능도 전부 있어
야 해요." 직원은 "좋습니다, 당신에게 권해드릴 차가 있습니다." 하
더니, 좌석 5개가 전부 왼편에 있고 오른편에 거대한 엔진이 달렸으
며 핸들은 지붕 위에 있는, 프랑켄슈타인 같은 얼룩덜룩한 파란색 흥

물을 몰고 온다. "6만 달러입니다. 현금으로 구매하실 건가요?"

여러분은 충격받을 것이다! "한 푼도 못 줍니다. 이건 차가 아니잖아요!"

"그럴 리가요. 이건 당신이 원한 건 다 가지고 있어요. 봐요. 여기 적어 놨다고요."

이것이 조직 요구에 중점을 두는 것과 직원 요구에 중점을 두는 것의 차이다. 대다수의 IT 부서는 직원의 업무 방식과 이유를 이해하기보다는 단순히 체크리스트 항목만 살펴본다. 문제는 위의 프랑켄-자동차 사례가 보여주듯 직원의 업무 방식은 조직의 기술 체크리스트와 거의 일치하지 않는다는 것이다.

일반적으로 조직 내부의 IT 기능과 HR 기능은 서로 밀접하게 협력하지 않는다. 하지만 직원경험의 설계는 이 둘이 협력할 수 있는 놀라운 기회를 만들어낸다. IT는 직원의 요구를 보다 유연하고 열린 마음으로 이해할 필요가 있고, HR도 새로운 기술 구축을 둘러싸고 발생할지 모르는 잠재적 문제에 대해서 인지할 필요가 있다. 나는 이 두 가지 기능을, 함께 일하며 놀라운 요리를 창조해내는 셰프들과 같다고 본다.

이는 HR과 관련된 역할을 맡은 비즈니스 리더들이 IT 관련 역할의 리더들과 협력하여 작업할 수 있는 특별한 기회를 만들어낸다.

이 요인이 측정하는 것
· 직원들이 일에 최선을 다할 수 있게 만들려는 노력
· 직원의 목소리에 귀 기울이기

여러분이 할 수 있는 것

· HR과 IT의 파트너십 대화를 시작하라.

· IT는 일부 기술 관련 이슈에 HR을 포함시키고, HR은 일부 사람 중심 이슈에 IT를 포함시켜라.

표 6.3에서 어떤 회사들이 이 변인에 대해 최고 및 최저 점수를 받았는지 확인해보자.

표 6.3 직원 요구 vs 조직 요구

최고 점수를 획득한 조직	최저 점수를 획득한 조직
마이크로소프트 애플 구글 라이엇 게임즈	허쉬(Hershey) 뱁티스트 헬스 사우스 플로리다 (Baptist Health South Florida) 월드 퓨얼 서비스 서던 오하이오 메디컬 센터

조직들의 점수 확인

이상의 세 가지 변인에 대해 조직이 받을 수 있는 최대 점수는 각 6.5점으로, 총점 19.5점이다. 이 중에서 가장 낮은 평균 점수(4.5/6.5)를 받은 변인은 "일반적으로, 직원들이 사용하는 기술은 조직의 기술 요건과 사양에 따른 것이 아니라 직원들의 요구에 초점을 맞춘 것이다."였다. 조직들은 이와 관련하여 오랫동안 어려움을 겪고 있다. 나는 2012년《협력적 조직》을 집필했을 때도 이 사실을 확인한 바 있었다. 기술적 결정은 직원의 업무 방식과 이유를 진정으로 이해하지 않은 채, 계속해서 기능 및 기술 체크리스트를 통해 이뤄지고 있다. 마찬가지로 매우 낮은 점수이긴 하나 가장 높은 평균 점수(4.6/6.5)를 받은 변인은 "일반적으로 직원이 사용하는 기술은 소비자 맞춤형 기술(아주 잘 설계되고, 유용하며, 개인 생활에서도 그와 비슷한 것이 있다면 사용해볼 만한 가치가 있는 기술)이다."였다.

내가 분석한 252개의 조직은 기술적 환경의 각 질문에 대해 평균 4.5점을, 총점 19.5점에 13.5점을 받았다. 이는 조직이 얻을 수 있는 최고 점수의 69%에 불과하다. 만약 이것이 직원경험 대학의 수업이었다면, 조직들은 기술적 환경 과목에서 D⁺를 받은 셈이다.

기술은 놀라운 것이 될 수 있다. 사람들에게 힘을 실어줄 수도, 무력하게 만들 수도 있다. 적절한 도구가 없다면 조직은 진정으로 직원경험을 만들어낼 수도, 진정으로 직장의 미래를 설계할 수도 없다. 피플 애널리틱스부터 협업과 HR, 유연 근무에 이르기까지 모든 것이 기술에 기반한다. 기술적 환경에 투자하지 않는 조직은 결국 적응하고 혁신할 수 있는 범위와 속도에 한계가 올 것이다. 직장의 미래를 생각할 때, 나는 두 가지 기능이 가장 큰 영향을 미치며 가장 흥미로워질 것이라고 믿는다. 첫 번째는 HR이고, 두 번째는 IT이다. 이 책의 시작 부분에서 언급한 것처럼, 기술은 조직의 모든 기능에 영향을 미칠 것이다. 지금까지 내가 강연했던 (굉장히 많은!) 모든 청중도 이에 동의했다.

표 6.4에서 어떤 회사들이 이 변인에 대해 최고 및 최저 점수를 받았는지 확인해보자.

PART 2 존재의 이유와 세 가지 직원경험 환경

표 6.4 기술적 환경 전체

최고 점수를 획득한 조직	최저 점수를 획득한 조직
애플	월드 퓨얼 서비스
페이스북	SAS 인스티튜드
마이크로소프트	허니웰
구글	시어스

참고

1 Fitzgerald, Michael, Nina Kruschwitz, Didier Bonnet, and Michael Welch. "Embracing Digital Technology: A New Strategic Imperative." *MIT Sloan Management Review*, October 7, 2013. http://sloanreview.mit.edu/projects/embracing-digitaltechnology/.

CHAPTER 7

문화적
환경

The Cultural Environment

　수년 동안 내가 인터뷰했던 직원과 비즈니스 리더 대부분은 항상 문화를 가장 아낀다고 말했다. 앞서 살펴봤던 두 개의 환경과 달리, 문화적 환경(cultural environment)은 우리가 볼 수도, 만질 수도, 맛보거나 냄새를 맡을 수도 없다. 문화적 환경은 단지 느낄 수 있을 뿐이다. 출근하기 싫을 때 속이 울렁거리는 느낌, 출근하고 싶을 때 신나고 두근거리는 느낌 같은 것이다. 간단히 말하면, 문화적 환경은 여러분 조직의 분위기, 그리고 그런 분위기나 느낌을 만들어내는 것들이다.

　조직 문화는 직원이 어떻게 대우받는지, 제품이나 서비스가 어떻게 만들어지는지, 파트너십은 어떻게 구축되는지, 심지어 직원들이 실제 업무를 어떻게 수행하는지를 결정한다. 조직 문화의 흥미로운 점은 그것이 조직의 인지나 의지 여부에 상관없이 늘 존재한다는 것이다. 기술적 환경은 조직이 실제 기술을 배치하지 않는 한 존재하지 않는다. 물리적 환경도 조직이 이를 만들거나 표명하지 않는 한 존재하지 않는다. 그러나 조직 문화는 마치 공기처럼, 직원들이 눈치채지 못하더라도 그들 주변에 항상 존재한다. 그렇기에 조직 문화를 그냥 내버려 두는 것이 아니라 실제로 만들고 설계하는 것이 중요하다. 그렇다면 문화적 환경은 실제로 어떤 모습일까?

조직들이 CELEBRATED 문화를 만들기 위해 집중해야 하는 10가지 변인이 있다(그림 7.1 참조).

C 긍정적인 회사(Company) 평판

E 모든 이(Everyone)를 소중히 함

L 정당한(Legitimate) 목적의식

E 직원들(Employees)이 자신을 팀의 일원으로 느낌

B 다양성과 포용에 대한 믿음(Believe)

R 직원들의 채용 추천(Referrals)

A 새로운 것을 배우고 성장하며, 이를 위한 자원을 제공받음(Ability)

T 공정한 대우(Treats)

E 코치와 멘토 역할을 하는 관리자와 경영진(Executives)

D 직원 건강과 웰빙 챙기기(Dedicated)

긍정적인 회사 평판

정말 멋지다고 생각한 사람과 데이트를 했는데, 모든 친구와 가족은 그 사람이 마음에 들지 않는다고 했던 적이 있는가? (제발 나만 그랬던 게 아니기를.) 설령 여러분이 그 사람을 정말 좋아했어도, 그

긍정적인 회사(Company) 평판

 모든 이(Everyone)를 소중히 함

 정당한(Legitimate) 목적의식

 직원들(Employees)이 자신을 팀의 일원으로 느낌

 다양성과 포용에 대한 믿음(Believes)

 직원들의 채용 추천(Referrals)

 새로운 것을 배우고 성장하며, 이를 위한 자원을 제공받음(Ability)

 공정한 대우(Treats)

 코치와 멘토 역할을 하는 관리자와 경영진(Executives)

직원 건강과 웰빙 챙기기(Dedicated)

그림 7.1 CELEBRATED 문화

때부터 여러분의 마음속에는 의혹과 의구심이 생기기 시작했을 것이다. 비즈니스 세계에서도 마찬가지다. 여러분에게 딱 맞을 것으로 생각한 조직에서 일하기 시작했는데, 많은 사람으로부터 자신이 그 회사를 얼마나 싫어하는지 자꾸 듣다 보면 의구심이 들기 시작한다. 그

렇다고 꼭 그 회사를 그만두진 않지만, 전반적인 직원경험은 부정적인 영향을 받을 것이다. 동물을 잔인하게 다루는 조직, 비윤리적인 비즈니스 관행이 있는 조직, 직원이나 환경에 피해를 주거나 고객들을 부당하게 대하는 조직 등 몇 가지 예를 생각해볼 수 있겠다. 직원만이 아니라 고객 역시 이런 회사를 긍정적으로 보지 않는다는 점을 명심해야 한다. 우리는 매우 개방적이고 투명한 세상에 살고 있다. 어떤 조직이 잘못을 저지르거나 비윤리적인 일을 하면, 사람들은 금방 알아차린다. 마찬가지로 조직이 칭찬받고 존경받을 일을 하면, 사람들은 그곳에서 일하고 싶어 한다.

가장 최근* 포춘(Fortune)이 선정한 세계에서 가장 존경받는 기업 리스트를 살펴보자.

1 애플

2 알파벳(Alphabet; 구글의 모회사)

3 아마존

4 버크셔 해서웨이(Berkshire Hathway)

5 월트 디즈니

6 스타벅스

7 사우스웨스트 항공(Southwest Airlines)

8 페덱스(FedEx)

9 나이키

10 제너럴일렉트릭(General Electric)

* 2016년 기준

이 리스트에 오른 기업들을 보면서 여러분은 별로 놀라지 않을 것이다.

어떤 조직이 긍정적으로 평가되지 않는 이유는 단순히 비즈니스 관행이 나빠서일 수 있다. 하지만 때로는 조직이 무엇을 옹호하는지, 어떤 일을 왜 하는지, 거기서 일한다는 게 어떤 것인지를 충분히 알리지 못했기 때문일 수도 있다. 어느 쪽이건 상황을 바로잡아야 한다.

델(Dell)은 자신들의 스토리를 전 세계에 알리는 일을 훌륭하게 해내고 있다. 이를 더 자세히 알아보기 위해 나는 델의 수석 관리자인 제니퍼 뉴빌(Jennifer Newbill)과 함께 델이 전 세계 지원자를 끌어들이는 힘과 직원몰입, 직원경험에 관하여 이야기를 나눴다. 델에서 직원들은 소셜 미디어와 브랜드 인증 프로그램을 통해서 회사의 브랜드 홍보대사가 될 수 있다. 이들은 회사에 더 큰 소속감을 느끼며, 델의 스토리와 목적, 그곳에서 일한다는 게 어떤 것인지, 뉴스와 소식 등을 공유한다. 이들 브랜드 홍보대사는 델이 하는 일을 세상이 더 잘 알게 해줄 뿐만 아니라, 회사의 다른 이들보다 더 높은 직원 순수고객 추천지수(employee Net Promoter Score; ePNS)를 갖게 된다.

글래스도어(Glassdoor)라는 웹사이트를 들어봤을 것이다. 나는 이 책의 분석을 위해 그들 자료를 사용했다. 글래스도어는 사실상 거의 모든 조직에 대해 놀라운 투명성을 제공하는 웹사이트다. 간단히 웹사이트를 방문해서 여러분의 회사 이름만 입력하면 된다. 물론 전 세계 모든 회사가 등록되어 있는 건 아니지만, 그래도 충분히 많다. 5개 등급의 전반적인 회사 평가와 CEO 지지율, 급여 정보, 조직에 대한 솔직한 리뷰, 혜택, 면접 절차 등을 볼 수 있다. 놀라운 것은 이러한 정보가 직원들에 의해서 사이트에 축적된다는 점이다! 여러분이 어떤 조직에 지원하려 한다고 해보자. 이력서를 제출하기도 전에, 여러분 그 회사가 자신이 일하고 싶은 곳인지를 결정하는 데 필요한 모든 정보를 글래스도어에서 찾을 수 있다. 물론 글래스도어는 하나의 본보기일 뿐이지만, 이는 아마도 현존하는 가장 훌륭하고 가장 투명한 경력 웹사이트일 것이다.

예전에 나는 일하기 가장 좋은 회사, 최고로 훌륭한 회사를 꼽는 리스트가 조금 어리석고 비즈니스적 가치도 없다고 생각했었다. 비록 여전히 그런 리스트를 만드는 이유와 방식에 전적으로 동의하는 건 아닐지라도, 나는 이들이 조직의 전반적인 브랜드 평판과 직원 경험에 영향을 미친다는 점은 인정한다. 직원들은 좋은 등급을 받는 조직에서 일할 때 더 큰 자부심을 느끼며, 관찰 결과 재직기간도 더긴 것으로 보인다. 이와 관련해서 흥미로운 점은 일부 리스트에 오르거나 상을 타는 일이 매우 어려우며, 상당한 재정 및 인적 자원을 필요로 한다는 점이다. 다시 말해서 상을 받거나 리스트에 오르려면 조직은 실제로 어떤 좋은 변화를 만들어내야 한다. 관련 리스트와 상은 가장 존경받는 기업, 가장 지속 가능한 기업, 일하기 가장 좋거나 멋진 곳, 일하기 가장 행복한 곳, 가장 환경 친화적인 기업 등을 포함하여 실로 다양하다.

오늘날, 이러한 회사 평판(company perception)은 흔히 **고용주 브랜드**(employer branding)라 부르는 것에 속한다. HR은 조직 내부의 모든 사람을 책임지며, 마케팅은 제품과 서비스, 조직 전체에 관한 인식을 강화하는 역할을 담당한다. 전반적인 회사 평판에 집중하기 위해 이 두 가지 기능을 결집할 필요가 있다. 리디아 애벗(Lydia Abbot)과 라이언 배티(Ryan Batty), 스테파니 비베그니(Stephanie Bevegni)

의 《2016년 글로벌 인재 동향 보고(Global Recruiting Trends 2016)》에 따르면, HR 전문가의 약 50%는 "고용주 브랜드를 마케팅과 공유하거나 함께 기여한다."[1]

제너럴일렉트릭(GE)은 매우 강력한 브랜드를 보유하고 있지만, 다른 회사들과 마찬가지로 그것만으로는 최고의 인재를 끌어들일 수 없다는 사실을 깨달았다.

회사의 평판은 비즈니스에 실로 엄청난 영향을 미칠 수 있다. 웨이드 버게스(Wade Burgess)가 링크드인의 연구를 요약한 2016년 블로그 게시물 〈나쁜 고용주 브랜드를 갖는 것이 얼마나 많은 비용을 지불하는가(Research Shows Exactly How Much Having a Bad Employer Brand Will Cost You)〉에서 다음과 같은 사실을 확인할 수 있다.

- 1만 명의 직원을 보유한 회사는 부정적 평판으로 인해 760만 달러의 추가 임금을 지불할 수도 있다.
- 평판에 투자하지 않는 고용주는 직원당 최대 4,723달러를 추가로 지불할 수도 있다.
- 미국의 전문가 중 거의 절반은 부정적인 고용주 브랜드 3대 요소를 보여주는 회사에 대해서는 어떠한 임금 인상이 제시되었건 취업을 완전히 배제했다. 10%의 임금 인상에도 28%만이 계약을 고민했다.
- 긍정적인 고용주 브랜드를 포함하는 자질을 많이(5개 중 3개) 갖춘 기업은 임금 인상 없이도 미국 정규직 근로자의 41%를 유치할 수 있다. 이 수치는 만약 기업이 5개 자질—고용 보장, 전문성 개

발 기회, 더 나은 팀에서 일할 기회, 직원과 동일한 가치를 추구하는 조직, 현직원이나 과거 직원이 긍정적으로 이야기하는 조직—을 모두 갖춘다면 46%까지 상승한다.

· 5개 자질을 모두 갖춘 기업은 18~34세의 거의 절반(49%), 35~54세의 46%를 임금 인상 없이 설득할 수 있다.[2]

그러나 이것은 조직의 목표가 단순히 모든 리스트 순위에 드는 것이어야 한다는 걸 의미하진 않는다. 그러면 좋기야 하겠지만, 훨씬 더 중요한 것은 조직이 무엇으로서 알려지길 원하며, 어떻게 하면 효과적으로 그 스토리를 전달할 수 있는지를 이해하고, 이로부터 고용주 브랜드를 구축하는 것이다.

이 요인이 측정하는 것
· 조직의 스토리텔링 효과
· 조직이 주변 세상에 미치는 영향력
· 고용주 브랜드
· 자부심

여러분이 할 수 있는 것
· 글래스도어와 같은 사이트에서 회사가 직원들에게 어떻게 인식되는지 확인하라.
· 조직에 관한 뉴스와 대화의 동향을 파악하라.
· HR 팀과 마케팅 팀이 협업하도록 권장하라.
· 조직이 오를 수 있는 명예 리스트(honorary list)가 있는지 확인하라.

표 7.1에서 어떤 회사들이 이 변인에 대해 최고 및 최저 점수를 받았는지 확인해보자.

표7.1 긍정적인 회사 평판

최고 점수를 획득한 조직	최저 점수를 획득한 조직
구글 애플 링크드인 세인트주드 어린이연구병원 (St. Jude Children's Research Hospital)	월드 퓨얼 서비스 시어스 아메리칸 인터내셔널 그룹(AIG) 몬델리즈 인터내셔널 (Mondelēz International)

모든 이를 소중히 여김

보상과 혜택, 직원의 목소리에 귀를 기울이는 것, 직원들이 하는 일을 인정해주는 것 등은 전부 '모든 이를 소중히 여김'에 속한다. 우리는 이들 구성 요소를 모두 살펴볼 것이다.

여러분을 소중히 여기지 않는 조직에서 일하고 싶은가? 만약 그렇다면 당장 이 책을 내려놓고 자기계발 코너에서 다른 책을 찾아야 한다.

대부분은 다른 대답을 했을 테지만, 어쨌건 여러분을 소중히 하지 않는 조직에 속해있다고 상상해보자. 출근할 때 어떤 느낌이 들겠는가? 더 중요한 건, 출근하고 싶겠는가? 나는 이런 조직들을 찾아가보기도 했고, 같이 일해보기도 했다. 얼마 지나지 않아 나는 진심으로 그들이 싫어지기 시작했고, 영화 〈오피스 스페이스〉에서 주인공이 회사에 불을 지르는 장면을 되새겼다(권장하는 건 아니다). 소중히 여겨지는 느낌(feeling vauled)과 인정받는 느낌(feeling appreciated)은 다르다는 걸 명심하자. 일반적으로 인정받는 느낌이 구체적인 프로젝트나 업무와 더 관련 있다면, 소중히 여겨지는 느낌은 직원들이 전반적이고 지속적으로 갖게 되는 것이다. 따라서 만약 여러분이 인정받는 느낌을 정기적으로 받는다면, 결과적으로 소중히 여겨진다고 느끼게 될 것이다.

가치는 매우 주관적일 수 있다—우리 각자는 모두 상이한 신념과 포부, 가치, 기대를 품은 유일무이한 생명체다. 여러분의 직원이 무엇을 소중히 여기고 관심 있어 하는지를 이해하는 궁극적인 방법은 직원들과 대화하며 좀 더 개인적으로 그들을 알아가는 것이다. 이 점을 잊지 않는 선에서, 직장이 직원을 소중히 여긴다고 느끼도록 해주는 몇 가지 공통 요소가 있다.

보상과 혜택

보고서에 따라서 보상과 혜택은 직원들에게 가장 중요한 것 중 하나로 나타나기도 하고, 가장 덜 중요한 것 중 하나로 나타나기도 한다. 예를 들어 인적 자원 관리 협회(Society for Human Resources Management)의 최근 보고서인 〈2016년 직원 직무 만족도 및 몰입도: 변화하는 인력에게 새로운 활력을 주는 것(2016 Employee Job Satisfaction and Engagement: Revitalizing a Changing Workforce)〉에 따르면, 전반적인 직무 만족도에 있어서 보상과 급여는 2위를 차지한다.[3] 그러나 경력 웹사이트 인디드(Indeed)가 실시한 〈인디드 직업 행복 지수 2016: 직원 만족도 세계 랭킹(The Indeed Job Happiness Index 2016: Ranking the World for Employee Satisfaction)〉에 따르면,

보상은 직원들이 전반적인 직무 만족도에서 고려하는 최하위 요인이 었다.[4] 같은 해 수행된 두 연구가 완전히 다른 결과를 보여준 것이다.

공정한 보상의 중요성과 가치를 무시하는 건 어리석은 짓이다. 나는 보상을 직무 만족도 목록의 가장 위에 올려놓은 직원 및 경영진 여럿과 이야기를 나눠보았고, 그렇지 않은 이들 여럿과도 이야기를 나눠보았다. 무보수로 기꺼이 일하려는 사람은 거의 없기에, 보상과 혜택은 모든 직원에게 있어서 항상 뜨거운 대화와 토론의 주제이다.

몇 년 전 문화에 관한 프레젠테이션을 공개한 넷플릭스(Netflix)와 같은 조직도 온갖 종류의 재미난 특전과 상을 직원들에게 제공하는 한편, 충분한 보수 역시 지급한다. 나는 직원경험을 탐구하고 설계하는 데 관심 있는 모든 조직에서 그러하다는 사실을 발견했다. 직원들이 최소한 자신의 값어치에 맞는 보수를 받는다고 느끼지 못하는 상황에서, 조직이 자신들을 소중히 여긴다고 느끼기는 매우 어렵다.

직원들의 목소리에 귀를 기울임

많은 조직은 내부적으로 정보, 의사결정, 권한이 위에서 아래로 흐르는 피라미드 구조로 되어 있다. 이런 피라미드 구조가 무너지고 수평적 구조가 나타나기 시작했지만, 아직은 시간이 더 필요하다. 우리는 모두 관리자와 경영진이 모든 정보를 통제하고 모든 결정을 내리는 데 너무나도 익숙하기에, 직원들의 목소리에 귀를 기울인다는 개념이 도전적으로 느껴질 수 있다. 소셜 미디어와 인터넷 덕분에 그러한 전환 과정은 앞으로 더 빨라질 수밖에 없다. 직원의 목소리를 듣는 것과 관련하여 조직이 취하는 네 가지 태도가 있다.

직원들의 의견을 듣지 않는다

슬프지만 사실이다. 직원들의 아이디어나 피드백을 전혀 듣지 않으며, 의견을 나누도록 권장하지도 않는 조직이 곳곳에 여전히 존재한다. 이따금 직원들이 목소리를 높여보아도 관료주의와 사무실 정치가 막아선다. 구체적인 회사 이름을 언급하진 않겠지만, 약간의 온라인 검색만으로도 직원들의 의견을 중요시하지 않는 조직을 쉽게 찾을 수 있다. 이런 직장이 재정적으로도 어렵고 온라인상의 랭킹과 점수도 형편없다는 건 우연이 아니다.

직원들의 의견을 듣지만 아무것도 하지 않는다

직원들에게 피드백을 실제로 듣고 의견을 공유하도록 권장하지만 그에 관해서 아무것도 하지 않는 조직들도 있다. 직원 입장에서 이는 피드백이나 의견을 묻지 않는 것과 다를 바 없다. 문제는 매우 간단하다. 직원들의 의견을 듣고 실제로 무언가를 할 준비가 되지 않았다면, 어떤 의견도 공유해달라고 요청하지 마라.

직원들의 의견을 듣고, 확인한다

어떤 조직들은 직원들에게 피드백을 권장하며, 직원이 피드백을 하면 이를 받았다고 확인해주지만(acknowledge), 그 외에는 아무것도 하지 않는다. 직원들은 항공사 고객 서비스에 불만을 제기했을 때처럼 "당신의 의견에 감사합니다."라는 이메일을 받을 뿐이다. 이런 모습은 직원들이 참여하는 다양한 내부 설문조사, 포커스 그룹, 토론 등에서 자주 볼 수 있다. 직원들이 준 피드백을 확인하는 건 훌륭한 일이지만, 더 중요한 건 실질적인 행동이다.

직원들의 의견을 듣고, 확인하며, 행동한다

오늘날 많은 조직은 직원들이 기꺼이 공유하려는 피드백과 아이디어, 의견을 묻고, 확인하고, 행동하는 것을 놓치고 있다. 이때의 행동 역시 그냥 하는 게 아니라 합리적인 시간 계획에 따라서 투명하게 해야 한다. 책 후반부에서 관련 모델 한 가지를 살펴볼 것이다.

직원들이 하는 일을 인정함

직원들이 하는 일을 공식적으로 인정하는(recognizing) 것은 당연한 일이다. 여기엔 여러 방법이 있다. 안타깝게도 우리는 너무나 오랫동안 우리가 하는 모든 일을 절차(process)나 공식(formula)으로 변환해왔다. 그렇기에 직원들의 노고를 인정하는 건 더 이상 특별하게 느껴지지 않으며, 어떨 때는 인간적으로 느껴지지도 않는다. 나는 항공편을 자주 이용하는데, 최근 유나이티드 항공의 비행기에 탑승했을 때 담당자가 나에게 카드 한 장을 건넸다. 카드에는 "충실한 고객님께 감사드립니다."라는 식의 메시지와 함께 누군가의 서명이 있었다. 카드를 건넨 여성분은 "이제부터 고객님은 퍼스트클래스입니다."라고 말했다. 이것은 인정이 아니라 절차일 뿐이다. "○○마일을 이용한 모든 승객에게 이 종이를 전달하라."라는 조직의 표현 방식이다. 물론 나는 유나이티드 항공사 직원이 아니지만, 그때 내 기분은 항공사 직원이 재직 3주년 절차에 따라 50달러짜리 기프트카드를 받을 때 느꼈을 그런 기분이었다.

핵심은 단지 직원의 일을 인정하는 어떤 프로그램이 있다고 해서 직원들이 실제로 그렇게 느끼는 게 아니라는 점이다. 물론 모든 보상과 인정 프로그램이 나쁘다는 것은 아니다. 분명 그렇지 않다. 다만 관련 절차나 템플릿보다는 인정받는 사람들을 더 생각할 필요가 있다. 개개인에게 보내는 손편지는 어떨까? 그들을 위한 특별한 프로젝트는? 동료와 다른 리더들 앞에서 갈채를 보내는 건? 이때 몇 가지 고려할 사항이 있다.

- 기술을 활용하되 인간애를 잊지 마라.
- 직원들이 무엇에 관심을 있으며 어떻게 인정받기를 원하는지 이해하라(말하지 말고 들어라).
- 금전적인 관점만이 아니라 정서적인 측면에서도 생각하라.
- 절차와 지침을 마련하는 건 괜찮지만, 여러분이 마주한 건 로봇이 아니라 사람이란 걸 기억하라.
- 스스로에게 "이거라면 내가 인정받았다고 느낄 수 있을까?"라고 물어보라.

표 7.2에서 어떤 회사들이 이 변인에 대해 최고 및 최저 점수를 받았는지 확인해보자.

표 7.2 모든 이를 소중히 여김

최고 점수를 획득한 조직	최저 점수를 획득한 조직
얼티밋 소프트웨어 페이스북 구글 하이랜드 소프트웨어	시어스 에이치피(HP) 세이프웨이 CVS 케어마크(CVS Health)

이 요인이 측정하는 것

· 전반적인 보상에 대한 직원의 만족도

· 자신의 목소리에 귀 기울인다고 직원들이 느끼는지 여부

· 인정, 소중히 여긴다는 느낌

여러분이 할 수 있는 것

· 직원들을 이해하는 데 시간을 써라. 업무가 아닌 것에 관하여 대화하라.

· 통상적인 절차에서 벗어나 조직이 직원들을 소중히 여긴다고 느낄 수 있도록 인간적인 측면에 초점을 맞추어라. 창의적이어도 좋다.

· 직원들의 기분을 좋게 해주기 위해서 통상적인 인정 템플릿을 벗어날 수 있는 권한을 관리자들에게 주어라

정당한 목적의식

목적의식(sense of purpose)을 갖는 것이 CELEBRATED 문화를 만드는 한 가지 방편이라는 것은 놀라운 일이 아니다. 보통 모든 몰입도, 조직 문화, 직장 설문조사는 직원들의 목적의식과 동기를 살펴볼 수 있는 요소를 가지고 있다. 목적의식은 직원들에겐 자신이 일하는 조직에 소속감을 느끼게 해주며, 조직에겐 직원들이 최선을 다하고 있음을 확인하게 해준다. 그리고 가장 중요한 것으로서 직원들이 일을 필요에 의해서 하고 있는지, 아니면 정말 원해서 하고 있는지를 알려준다. 그렇다면 정당한 목적의식은 어디에서 오는 것일까? 조

직이 만들어 제공하는 것일까? 아니면 직원들 스스로 가지게 되는 것일까? 답은 두 가지 모두이다.

직원들은 조직이 삶의 의미를 대신 찾아주길 멍하게 기다리기만 하는 사치를 누릴 수 없다. 그런 식으로는 안 된다. 직원들은 자신의 가치와 목적에 맞는 조직에서 일하기 위해 많은 노력을 기울여야 한다. 목적의식을 갖는 데 있어서 자기인식(self-awareness)은 큰 부분을 차지한다. 자신이 누구이고, 무엇에 관심이 있는지, 자신을 움직이며 동기를 부여하는 게 무엇인지, 어떤 사람이 되고 싶은지, 다른 이에게 어떤 영향을 주고 싶은지를 먼저 이해해야 한다. 이는 일하는 목적을 논할 때 거쳐야 하는 가장 첫 번째 단계이며, 어떤 조직도 여러분에게 알려줄 수 없는 것이다.

그러나 조직은 목적의식을 세우는 데 분명 도움을 줄 수 있다. 이를 가장 효과적으로 수행하는 조직들은 두 가지에 초점을 맞춘다. 직원들이 하는 일을 조직이 존재하는 이유와 연결하고, 그것이 미치는 직접적인 영향을 직원들이 볼 수 있도록 하는 것이다.

존 F. 케네디(John F. Kennedy)는 1962년 NASA 우주센터를 순방하던 중 빗자루를 든 수위를 마주쳤다. 케네디 대통령은 잠시 멈춰서서 그에게 인사를 건네며 말했다. "안녕하세요, 전 잭 케네디입니다. 여기서 무슨 일을 하고 있나요?" "네, 대통령 각하." 수위는 대답했다. "사람을 달에 보내는 일을 돕고 있습니다." 그는 자신이 바닥을 닦고 쓰레기통 비우는 일을 한다고 말하지 않았다. 그는 자신이 하는 일이 훨씬 더 큰 영향력을 갖고 있다고 느꼈다. 만약 여러분이 같은 질문을 직원들에게 한다면 어떤 대답이 돌아오겠는가?

세일즈포스닷컴은 'V2MOM'이라 부르는 아래 나타난 목록을 통해 목적의식과 조직 내 단결을 만들어내는 일을 아주 훌륭히 수행하고 있다.

V 비전(Vision) - 하고 싶거나 달성하고 싶은 것

V 가치(Values) - 비전을 추구하게 하는 신념들

M 방법(Methods) - 비전을 완수하기 위한 조치들

O 장애(Obstacles) - 비전을 달성하기 위해 극복해야만 하는 과제들

M 평가(Measures) - 목표 달성을 측정할 수 있는 지표들

이 기업 V2MOM은 조직의 최상위에서 시작하여 팀별로, 기능별로, 심지어 개인별로 형성된다. 실제로 세일즈포스닷컴에서 모든 직원은 자신만의 V2MOM을 가지고 있으며, 이는 그들의 참여와 기여가 회사에 어떤 영향을 미치는지 분명하게 이해할 수 있게 해준다. V2MOM은 매우 투명한 프로세스로, 세일즈포스닷컴의 모든 직원은 서로의 V2MOM을 볼 수 있다.

분명 이러한 접근법은 세일즈포스닷컴에 변화를 일으키고 있다. 지난 몇 년간 이 회사는 우수한 직장으로 꼽히며 수십 개의 상을 수상했다. 지난 5년 동안 《포춘》이 선정한 일하기 좋은 기업 리스트에 올랐고, 6년 동안 《포브스(Forbes)》가 선정한 가장 혁신적인 기업 리스트에 오르기도 했다(가장 최근에는 2위를 차지했다).[5]

나는 오래전 영화관 구내매점에서 일한 적이 있다. 사실 영화관 두 곳에서 일했었다(둘 다 큰 체인점이었다). 제품을 판매할 때, 우리는 항상 손님들에게 더 큰 팝콘과 더 큰 음료수를 사라고 부추겼다. (왜냐면 우리는 모두 더 큰 팝콘과 더 큰 음료수가 필요하니까.) "1달

러면 팝콘과 음료수 사이즈를 업그레이드할 수 있는데 어떠신가요?" 우리는 회사의 지시를 받아 그렇게 말했고, 월 매출이 가장 높은 직원은 기프트카드 같은 걸 받았다. 그 1달러는 어디로 갔나? 어떻게 사용되었나? 우리가 한 일이 비즈니스에 어떤 영향을 주었는가? 누가 신경 쓰긴 했나? 고객은 고마워했나? 우리는 모든 손님에게 업그레이드를 물어야 한다는 사실 말고는 아무것도 몰랐다. 우리가 한 일이 고객이나 회사에 어떤 영향을 주는지 전혀 알지 못했다. 직원들에게 제공되는 트레이닝은 업무를 처리하는 기술적 측면, 예컨대 고객 전화를 응대하는 법, 팝콘 만드는 법, 소다 백(soda bag)이 다 떨어졌을 때 교환하는 법 같은 것뿐이었다. 비록 우리가 영화관에서 팝콘을 팔고 있을지언정, 그 정도로 큰 체인점이라면 정당한 목적의식을 형성하도록 도와줄 수 있었다. 극장이란 결국 사람들이 좋아하는 스타를 보러 가는 곳이다. 극장은 즐거움이 만들어낸다! 이는 목적을 형성할 수 있는 설득력 있는 이야기처럼 들린다.

앞서 기술적 환경(6장)에서 봤던 비영리 단체인 샌디에이고 동물원의 구내매점 직원과 이를 비교해보자. 그들 또한 영화관에서 일하던 나처럼 고객이 더 많은 것을 사 가게 하라는 지시를 받는다. 차이점이라면 샌디에이고 동물원의 직원들은 자신들이 왜 그런 일을 하는지, 그것이 환경 보호와 동물원이 키우는 동물들에게 어떤 영향을 주는지 이해하며, 이를 도우려 한다는 점이다. 그들은 기프트카드를 받으려고 그런 일을 하는 게 아니다. 동물을 사랑하기 때문에, 동물원이 가능한 한 많은 동물을 살리고, 구조하고, 보살피도록 도와주고 싶은 마음에 그렇게 한다. 이러한 관계는 어떻게 만들어질까?

그것은 채용 과정에서부터 시작된다. 멸종을 종식하려는 비전을 달성하려면, 샌디에이고 동물원은 직원들이 매일매일 하는 일상적인 일에서부터 야생동물에 대한 열정을 불러일으켜야만 한다. 그렇기에 샌디에이고 동물원이 지원자들에게 바라는 요인 중 하나가 바로 '포효(roar)', 즉 특히 야생동물에 대한 열정과 그 열정을 동료, 손님과 나누는 정신이다. 이것은 앞서 영화관이 나와 직원들을 채용했던 방식, 즉 단지 업무 기술이나 능력을 토대로 사람을 고용하는 것을 넘어선다. 샌디에이고 동물원은 몰입하는 열정적인 직원을 원한다. 이들은 모든 직원, 서빙하는 사람부터 과학자에 이르는 모든 사람이 야생동물의 삶을 변화시킨다고 믿기 때문이다.

직원들은 첫날부터 새로운 직원 오리엔테이션인 '포효 탐험(Explore the Roar)'과 함께 동물원의 미션과 비전에 빠져들게 된다. 이 프로그램은 2015년 말 'GRRREAT' 고객 서비스 트레이닝 프로그램과 함께 '단결(Unite)', '투쟁(Fight)', '점화(Ignite)'를 위한 전략적 계획인 '소명(The Call)'을 포함하도록 재설계되었다. 2016년 동물원은 1천여 명의 단기 고용 직원을 채용했고, 이들 모두가 멸종 종식을 위한 투쟁에서 손님과 동료, 대중에게 큰 영향을 미칠 수 있다는 점을 상기시켰다. 샌디에이고 동물원의 회장 겸 CEO는 직원들에게 말한다. "모든 동물원에는 사자, 호랑이, 곰이 있습니다. 하지만 그곳엔 여러분이 없습니다. 우리를 세계적으로 유명하게 만드는 건 바로 여러분입니다!"

적합한 사람을 채용하는 것 외에도, 모든 내부 의사소통에서 '소명'의 주제, 특히 동물원이 멸종을 종식시키기 위한 투쟁을 주도하는 방법을 강조하도록 노력한다. 일과 영향력 사이에 연관성을 만들고자 정기적으로 환경 보호와 동물 복지에 관해 이야기를 나눈다. 이메일로 발행되는 'GRRREAT 뉴스' 또한 직원들의 중요한 업적과 함께 손님과 팀원들의 칭찬을 정기적으로 상기시켜 준다.

모든 소매점 직원은 '불꽃(The Spark)'이란 트레이닝 프로그램에 참여하는데, 이는 직원들의 일이 어떻게 멸종을 종식시키려는 동물원의 비전에 직접적으로 기여하는지 보여준다. 프로그램의 내용은 상향 판매(upselling)의 가치와 중요성, 그리고 그 추가 수입이 어떻게 회사의 비전에 기여하는가를 포함한다. 샌디에이고 동물원에서 직원들이 직접 경험한 사연과 메시지를 확인해보자.

눈을 감아보세요. 제일 좋아하는 야생동물을 떠올려봅시다. 서식지에 있는 모습을 그려보세요. 이제 당신의 동물이 오염이나 불법 침입, 서식지 감소, 기후 변화나 질병 때문에 위험에 처해있다면, 손을 들어주세요. 거의 모든 사람이 손을 들어야 합니다. 이런 위험으로부터 자유로운 야생종은 거의 없거든요.

우리 동물원은 여러분이 떠올렸던 바로 그 동물들을 위험으로부터 보호하기 위해 싸우고 있습니다. 그러기 위해 우리는 모두 각자의 위치에서 일하고 있죠. 또한 우리는 '단결된 소명(Uniting Call)'을 통해서 이러한 노력이 지구 구석구석까지 도달할 수 있도록 외부 조직들과 협력하고 있습니다. 이제 필요한 건 자금 지원뿐입니다.

한 번 더 눈을 감고, 당신이 일하는 장소를 떠올려보세요. 기념품 가게, 레스토랑, 카트를 그려보세요. 어디든 바쁘고, 손님이 꽉 찬 모습을 그려보세요. 이제 시선을 좁혀 당신 앞에 있는 한 손님만을 봐주세요. 이 손님은 단순한 관광객이나 구성원이 아닙니다. 이 특별한 분은 당신이 가장 좋아하는 동물을 구할 수 있는 열쇠입니다.

당신이 가장 좋아하는 동물의 영웅이자 챔피언입니다. 당신의 손님이 집으로 가져갈 수 있는 상품과 비전, 열정이 어떤 영향을 미칠지 상상해보세요. 영감을 받은 한 사람이 변화를 만들 수 있을까요? 물론입니다! 다시 시선을 넓혀서, 일하는 장소에 있는 모든 손님을 보세요. 우리의 도움을 받은 모든 손님이 미치게 될 영향을 생각해보세요. 우리가 진정으로 변화를 원한다면, 이 손님들을 우리의 대의로써 점화해야 합니다. 당신이 그렇게 만들 수 있습니다.

자, 그럼 우리의 손님들을 어떻게 점화할까요? 우리는 '불꽃'이 되어야 합니다.

'Spark(불꽃)'의 'r'은 '범위(Reach)'를 의미하며, 트레이닝은 이를 다음처럼 확장한다.

1 거래에서 손님에게 맞는 추가 아이템 제안하기
2 업그레이드된 아이템의 가치를 알려주기
3 추가적인 경험 향상으로 이끌기

샌디에이고 동물원 직원으로서, 이런 걸 보고 난 후 어떻게 모든 고객을 상대로 상향 판매를 하지 않을 수 있을까? 어떻게 멸종을 종식시키기 위한 투쟁에 동참하지 않을 수 있을까? 직원들은 영업장소에서 추가로 팔린 모든 햄버거, 업그레이드된 모든 음료수, 사람들이 사 간 모든 장난감의 추가 수익이 동물원을 돕기 위해 어떻게 사용될지 알고 있다. 이것이야말로 정당한 목적의식이다.

KPMG*는 4대 전문 서비스 회사 중 하나로서 전 세계에서 거의 20만 명을 고용하고 있다. 이 회사는 2015년 새로운 목적 선언문을 발표했다. "신뢰를 부여하고, 변화를 주도하라." 감사와 회계, 고문 업무를 하는 것으로 통상 알려진 조직치고는 상당히 흥미로운 선언문이다. 어쨌든 KMPG는 오늘날 많은 조직이 알아차리고 있는 바를 깨달았다. 뒷받침할 행동이 없는 말은 무의미하다는 것이다. KMPG는 직원들의 목적의식을 형성하고 고무하는 여정을 시작했다. 독일 나치를 물리치는 데 도움을 준 무기 대여법 관리나 1994년 남아프리카 공화국 넬슨 만데라의 당선 인증 등 KPMG가 전 세계 역사적 사건에 어떤 영향을 미쳤는지를 보여주는 스토리를 만들었다. 아마도 가장 중요한 점은 KPMG가 개인 직원 수준에서 스토리를 만들어냈다는 사실일 것이다. 4만 2천 명이 넘는 직원이 "나는 테러와 맞서 싸운다." 혹은 "나는 농장이 성장하도록 돕는다." 등의 내용이 담긴 포스터들에 실렸다. 각 포스터는 직원의 이름과 얼굴, 그리고 KPMG가 어떻게 그런 일을 하는지 담고 있으며, 끝에는 "KPMG. 당신은 목적을 가지고 이곳에 있습니다."라는 문구가 적혀 있다.

KPMG의 인적자원전략 및 문화변혁 파트너인 브루스 파우(Bruce N. Pfau)에 따르면, 이러한 이야기를 들려주고 직원들이 하는 일과 KPMG가 지향하는 바를 연결하는 것만으로도 직원 90%가 KPMG에 대한 자부심이 높아졌고 더 높은 목적의식을 갖게 되었으며, 직원의 76%가 "직장은 (단순한 일자리가 아니라) 특별한 의미가 있다."라고 답변했다.[6] 게다가 이러한 더 높은 목적의식에 관하여 리

---

* 회계와 컨설팅을 주력으로 하는 다국적 기업

더와 논의한 직원은 그렇지 않은 직원보다 모든 KPMG의 내부 측정 지표에서 월등히 높은 점수를 받았다.

아담 그랜트(Adam Grant)는 자신의 저서인《기브 앤 테이크(Give and Take)》에서 사람들이 목적의식을 느끼도록 돕는 것이 어떻게 생산성을 향상시키는지에 관한 훌륭한 이야기를 들려주었다. 그는 대학 기금 모금 센터에서 일하는 유급 직원들을 조사했다. 이들이 하는 일은 사람들에게 전화를 걸어 기부를 요청하는 것이었다. 수년 전 비슷한 일을 했던 사람으로서 자신 있게 말하는데, 이건 정말이지 보람도 없고 힘들기만 한 일이다. 아담은 이 직원들이 자신의 노력으로 기부받은 사람과 잠시나마 소통할 기회가 생기자, 다음 달 주간 모금액이 400% 이상 증가했음을 발견했다.[7]

그러한 관계를 형성하고 직원이 스스로가 미치는 영향을 이해할 수 있게 해주는 것이야말로 목적의식을 형성하는 가장 좋은 방법이다. 이런 이야기는 그렇게 특별하거나 드문 것이 아니다. 정당한 목적의식이야말로 CELEBRATED 문화의 초석이다. 표 7.3에서 어떤 회사들이 이 변인에 대해 최고 및 최저 점수를 받았는지 확인해보자.

이 요인이 측정하는 것
· 회사에 대한 소속감과 헌신
· 조직이 직원에게 진정으로 관심을 갖는지 여부
· 개인의 가치와 조직의 가치의 일치

여러분이 할 수 있는 것
· 직원들이 자신을 조직의 스토리의 일부로 느끼도록 해주어라

· 직원들이 현장에서 하는 일을 존재의 이유와 연결하라
· 직원들의 업무가 고객과 지역사회, 세상에 미치는 영향을 구체적
으로 보여주어라

표 7.3 정당한 목적의식

최고 점수를 획득한 조직	최저 점수를 획득한 조직
페이스북 세인트주드 어린이연구병원 파워 홈 리모델링 (Power Home Remodeling) 얼티밋 소프트웨어	넷앱(NetApp) W. L. 고어 & 어소시에이츠 (W. L. Gore&Associates) 비자(Visa) TJX 컴퍼니즈(TJX Companies)

직원들이 자신을 팀의 일원으로 느낌

업무는 무언가를 성취하기 위해 함께 모인 여러 사람과 그룹을 필요로 하는 팀 스포츠다. 이 팀들은 공식적으로 조직되거나 필요에 따라 만들어질 수 있다. 지리적 위치가 같은 개인들로 구성되기도 하지만, 오늘날처럼 분산되고 연결된 세계에서는 세계 곳곳에 널리 퍼져 있을 가능성이 훨씬 크다. 오늘날 우리는 팀을 마케팅, 영업, 연구개발(R&D), HR 등과 같은 부서(department)로 생각한다. 그러나 팀을 여러 문제를 함께 해결하거나 새로운 기회를 탐색하는 사람들의 그룹으로 바라볼 필요가 있다. 마케팅 팀에 속한 사람은 새로운 제품을 설계하고 개발하기 위해 연구개발 팀의 일원이 될 수 있다. HR 팀의 사람이 다른 조직에 컨설팅 서비스를 판매하려는 영업 팀의 일원이 될 수도 있다. 팀은 일반적인 조직도에 얽매이는 것보다 민첩하

고 날렵하며 유동적이어야 한다. 미국심리학회 회장 수잔 맥다니엘(Susan McDaniel)은 〈팀워크가 개별적 접근을 능가하는 이유(Why Teamwork Surpasses the Individual Approach)〉에서 다음처럼 이야기한다. "항공과 의료서비스 분야의 오류는 흔히 리더를 제외한 모든 이와의 의사소통을 단절시키는 전통적인 위계질서와 관련이 있었다. 다양한 멤버십과 수평적 계층 구조, 풍부한 의사소통을 가진 팀이 긍정적인 결과를 얻을 가능성이 더 높았다."[8]

스탠퍼드 대학의 프리얀카 카르(Priyanka B. Carr)와 그레고리 월턴(Gregory M. Walton)은 다섯 번의 실험에서 이 아이디어를 더 자세히 테스트했다. 이들은 실험 참가자들에게 퍼즐을 풀어달라고 요청한 뒤, 필요한 만큼 시간을 쓰되 그만두고 싶으면 언제든 중지할 수 있다고 말했다. 참가자 중 절반은 자신이 더 넓은 집단의 일원임을 암시하는 힌트와 단서를 받았고, 나머지 절반은 (개별적으로 수행한다는 암시와 함께) 이를 받지 못했다. 자신이 팀과 함께한다고 느낀 사람들은 그렇지 않은 사람들보다 48% 더 오래 퍼즐에 매달렸다. 그뿐만 아니라 이들은 실험이 끝난 후 요청한 설문조사에서 퍼즐을 더 흥미로운 것으로 평가했다. 월턴에 따르면, "자신이 직무를 수행하는 팀의 일원이라고 느끼게 하는 것만으로도, 도전하는 사람들에게 더 많은 동기를 부여할 수 있다."[9]

우리의 조직, 나아가 교육 기관은 개인 중심에서 팀 중심으로 전환하는 일을 잘하지 못했다. 팀 빌딩과 개발에 관한 많은 트레이닝 코스와 프로그램이 사실 개인이 수강하도록 고안되어 있다는 점은 다소 역설적이다.

조직에 들어갈 때 우리는 어딘가에 소속되었다고, 무언가의 일원이 되었다고, 동료와 함께하게 되었다고 느끼고 싶어 한다. 다른 이들과 함께하며, 등을 기대고 의지할 수 있는 팀의 일원임을 느끼고 싶어 한다. 링크드인과 같은 기업이 소속감을 조성하는 일에 그토록 앞장서는 것은 바로 이 때문이다. 에어비앤비의 미션이 고객뿐만 아니라 직원들에게 적용되는 것도 같은 이유로서, 어디에서나 그들이 소속감을 느끼도록 하기 위해서이다.

딜로이트의 〈2016년 글로벌 인적 자본 동향(Global Human Capital Trends 2016)〉에 따르면, 소속감은 전 세계 조직의 핵심 우선 사항이자 전략적 필수 사항 중 하나다. 직원들은 전례 없이 많은 권한을 부여받으며, 고객들의 기대는 갈수록 더 높아진다. 경쟁 업체는 더 재빠르게 움직이며, 기술은 기하급수적으로 발전하고, 제품과 서비스는 더 빠르게 나타났다가 밀려난다. 분명, 우리의 조직들은 구조적으로 이런 상황을 다루기에 적합지 않다. 이를 단적으로 보여주는 한 가지 사실은 연말 개인 성과 평가를 중시한다는 것이다. 이 개념과 실행 자체가 이미 직원을 팀원으로서가 아니라 개인으로서 분석한다는 사실을 나타낸다.

페이스북이 내부적으로 사용하는 모든 언어는 특정 개인이 아닌 팀에 초점을 맞추고 있다. 실제로 회사 내부에서의 직위는 중요하지 않다. 페이스북은 모든 비즈니스 영향을 팀 수준에서 살피며, 회사는 이러한 사고방식을 고취하고자 끊임없이 팀 빌딩 이벤트와 콘테스트를 개최하고 있다. 페이스북에서, 직원은 팀의 일원이다.

자신이 팀의 일원이 아니라고 느끼는 직원들은 더 내성적이고 보수적이며, 생각을 공유하거나 고정관념을 깨거나 다른 사람을 돕기 위해 예상 밖의 어떤 일을 하려는 경향도 덜할 것이다. 표 7.4에서 어떤 회사들이 이 변인에 대해 최고 및 최저 점수를 받았는지 확인해 보자.

표 7.4 직원들이 자신을 팀의 일원으로 느낌

최고 점수를 획득한 조직	최저 점수를 획득한 조직
구글 페이스북 세인트주드 어린이연구병원 파워 홈 리모델링	버크셔 해서웨이 퍼킨스 코이(Perkins Coie) 제너럴 다이내믹스 아놀드앤드포터

이 요인이 측정하는 것
- 결속력이 있고 따뜻한 환경의 조성
- 신뢰
- 심리적인 안정감. 누군가가 뒤를 지켜주는 느낌
- 의사소통과 협업

여러분이 할 수 있는 것
- 조직도에 의존하지 말고 필요와 기회에 따라 팀을 만들어라.
- 개인별 우수 성과자가 아니라 팀 전체에게 보상하라.
- 사람들이 자신을 팀의 일원으로 느끼게끔 사회적 신호(social cues)를 이용하라.
- 직원들이 하나 이상의 팀에 속하는 걸 허용하라.

다양성과 포용에 대한 믿음

지난 몇 년 동안 나와 대화를 나눈 모든 사람과 인재 분야 관련 경영진은 항상 다양성과 포용(diversity and inclusion)을 핵심적인 중점 영역으로 언급했다. 나는 이전 책인《직장의 미래》에서 더 많은 여성이 고위 관리자 및 경영진 역할을 맡는 것의 중요성을 얘기했다. 그러나 물론 다양성이란 젠더(gender) 이상의 것을 포함한다. 그것은 다양한 종교, 인종, 세대, 성적 지향 등을 가진 사람들이 있다는 것을 의미하기도 한다. 캐나다 왕립 은행(The Royal Bank of Canada)은 다양성과 포용을 훌륭하게 정의한다. "간단히 말해서, 다양성은 사람들의 혼합이다. 포용은 그 혼합물이 서로 함께 잘 작동하도록 만드는 것이다."[10]

《포브스》인사이트가 연구 발표한 〈글로벌 다양성과 포용성: 다양한 인력을 통한 혁신 촉진(Global Diversity and Inclusion: Fostering Innovation Through a Diverse Workforce)〉은 다양성이 조직의 혁신과 생산성, 직무 만족도, 인재 영입과 유지에 주는 영향과 전반적인 브랜드 이미지 및 직원경험에 기여하는 바를 강조한다. 사람들은 다양한 배경과 믿음을 가진 모든 사람을 소중히 여기는 조직에서 일하길 원한다. 이는 밀레니얼 세대와 Z세대 직원들이 특히 신경 쓰는 부분이기도 하다. 프라이스워터하우스쿠퍼스(PwC)의 연구에 따르면, "밀레니얼 세대는 다양성을 소중히 하며 평등과 다양성에 관한 전력이 좋은 고용주를 찾는 경향이 있다."[11]

카린 트와로니트(Karyn Twaronite)는 전 세계 20만 명 이상의 직원을 보유한 다국적 전문 서비스 회사 언스트&영의 파트너이자 글로벌 다양성 및 포용성 담당관이다. 한 시간에 걸친 토론을 나누면서 나는 그녀가 하는 일에 대해 물었고, 그녀의 대답은 다양성과 포용성이 무엇인지를 완벽하게 설명해주었다. "우리 회사에서 저의 역할은 [회사가 있는] 150개국 이상에 있는 모든 직원의 특별한 차이와 재능을 이해하고, 모든 팀이 그러한 집단의 차이를 가장 잘 활용할 수 있도록 만드는 것입니다. 팀이 더 높은 성과를 내며, 최고의 고객 서비스를 제공하고, 혁신하며, 더 나은 해결책을 내놓을 수 있도록 말이죠." 카린은 또한 다양성과 포용성은 단지 젠더나 종교, 성적 취향에 관한 것이 아니라 믿음과 경험, 기술적 전문 지식, 그 외 사람들을 다르게 만드는 거의 모든 것에 관한 것이라고도 말해주었다. 카린과 그녀의 팀은 언스트&영에서 다양성과 포용성을 실제 비즈니스 성과와 연계하기 위해 노력했다. 그 결과 회사의 이직률은 낮아졌고 직원 유지력은 높아졌으며, 매출과 마진도 증가했다. 팀 협업도 훨씬 좋아졌고 브랜드 선호도도 높아졌다고 한다.

카이저 퍼머넌트(Kaiser Permanente)는 거의 20만 명이 근무하는 의료 서비스 제공 업체다. 《다이버시티아이앤씨(DiversityInc)》는 최근 이 회사를 다양성 1위 기업으로 선정했다. 이는 엄청난 성과였다. 카이저 퍼머넌트의 다양성은 그들이 내부 조직과 공급업체를 운영하고 고객과 상호작용하는 방식의 모든 측면에 내재되어 있다. 실제로 카이저 퍼머넌트의 회장 겸 CEO인 버나드 타이슨(Bernard J. Tyson)은 다양성과 다양성 측정지표, 공급업체 다양성에 관한 목표와 진행 과정, 성취 등과 관련된 경영진 보상을 승인했다. 카이저 퍼머넌트의 글래스도어 순위를 보면, 직원들은 이러한 다양성의 강조를 주목할 뿐만 아니라 매우 높이 평가한다는 게 명백하다.

소덱소(Sodexo)는 세계적으로 40만 명 이상의 직원을 보유한 프랑스 식품 서비스 및 시설 관리 회사로서, 다양성과 포용을 위해 크게 노력하고 있다. 이 회사는《다이버시티아이엔씨》가 선정한 다양성 부문 6위를 차지했다.[12] 소덱소에서 경영진 성과금의 25%는 다양성 성과지표를 얼마나 잘 수행했는지에 따라 결정된다. 관리자급에서는 10~15% 비율이다.[13] 소덱소는 다양성과 포용 프로그램이 전반적인 직원 행복감과 만족도를 증가시키는 동시에 비즈니스 기회를 확장시킨다고 믿는다.

다양성과 포용을 위한 소덱소의 노력은 다음의 네 가지에 근거한다.

1 비즈니스로의 연결 – 브랜드 가치 구축, 최고의 인력 영입 및 유지, 혁신과 생산성의 향상, 고객 서비스 개선

2 리더십 약속 – 소덱소의 경영진 모두는 말과 행동으로 다양성과 포용에 대한 그들의 약속을 보여주기로 되어 있다

3 하향식, 상향식 및 중간 중심 전개 전략 – 일반 직원의 노력, 경영진의 역할 모델링, 중간 관리자들이 이끄는 다양성 위원회

4 책임과 평가 – 급여에 영향을 주는 (앞서 언급한) 다양성과 같은 측정지표

이상은 다양성과 포용을 신뢰하는 조직들의 몇몇 사례에 불과하다. 다양성과 포용은 이들이 손쉽게 세계에서 가장 총명하고 뛰어난 인재를 영입하고 유지할 수 있게 해준다. 표 7.5에서 어떤 회사들이 이 변인에 대해 최고 및 최저 점수를 받았는지 확인해보자.

표 7.5 다양성과 포용에 대한 믿음

최고 점수를 획득한 조직	최저 점수를 획득한 조직
애플	버크셔 해서웨이
세일즈포스닷컴	퍼킨스 코이
프라이스워터하우스쿠퍼스	제너럴 다이내믹스
아메리칸 익스프레스(American Express)	아놀드앤드포터

이 요인이 측정하는 것

· 개방적이고 따뜻한 조직 만들기

· 모든 직원(그리고 모든 사람)에 대한 존중과 감사

· 심리적인 안정감

여러분이 할 수 있는 것

· 다양성과 포용이 조직에서 어떤 의미인지, 어떤 모습으로 나타
나는지 확인하라.

· 경영진이나 관리자 보상 등 의미 있는 프로그램과 연결하라.

· 모든 사람이 볼 수 있도록 공개하라.

직원들의 채용 추천

고객경험 영역에는 순수고객추천지수(NPS)라는 것이 있다. 이
는 고객 충성도를 측정하는 지수로 다음과 같은 간단한 질문을 통해
측정된다. "우리 회사/제품/서비스를 친구나 동료에게 추천할 의향이
얼마나 됩니까?" 많은 조직은 이와 유사한 방식으로 직원 충성도를

측정하기 위해 eNPS 점수(e는 직원을 의미한다)를 채택하고 있다. 질문은 거의 동일하지만, 고객이 아닌 직원에 초점을 맞춘다. "0에서 10까지 중에, 이 회사를 일하기 좋은 곳으로 추천할 의향이 얼마나 됩니까?" 이런 질문을 하는 것도 좋지만, 나는 진정으로 훌륭한 직원경험을 만들어내는 조직들은 실제로도 높은 직원 추천율을 보인다는 걸 발견했다. 즉 그곳에서 일하는 걸 너무나 좋아한 나머지, 직원들은 다른 사람들에게도 자신의 조직에 지원하라고 말하는 것이다.

전 세계 많은 조직은 채용 추천 프로그램을 운영한다. 다른 이에게 자신의 조직에서 일해볼 것을 추천하는 직원들에게 재정적 인센티브를 주는 것이다. 소셜 미디어, 예비 지원자를 위해 조직이 기꺼이 활용하는 네트워크를 신속하게 구축하는 능력 덕분에 이런 프로그램은 최근 들어 상당히 대중적이게 되었다. 뜻은 좋지만, 이는 사람들이 다른 이에게 뭔가를 추천하는 핵심적인 이유를 놓치고 있다. 여러분이 레스토랑에 갔는데 음식과 서비스가 모두 형편없었다고 하자. 레스토랑이 50달러를 준다고 해서 지인들에게 그곳에서 식사해볼 것을 권하겠는가? 아마 아닐 것이다. 보모, 청소부, 정비사 또는 호텔에서 같은 경험을 했다면? 다시 말해 여러분이 좋게 경험하지 못한 것은, 설령 금전적인 보상을 받더라도, 친구나 가족에게 추천하지 않을 것이다. 그렇다면 똑같은 규칙이 왜 조직에는 적용되지 않으리라 생각하는가? 분명 조직도 마찬가지다. 직원들은 여러분이 금전적인 보상을 약속했다고 해서 다른 사람에게 조직에서 일해볼 것을 추천하지 않는다. 그보다도 애초에 여러분은 직원들이 그저 금전적인 보상을 받으려고 친구들을 추천했으면 좋겠는가? 유일한 인센티브가 돈이라면 결과는 항상 거래적(transaction)일 것이다. 이는 직원을 대하는 좋은 접근법이 아니다. 금전적인 보상은 직원들이 일하며 좋은 경험을 가질 때 비로소 인센티브로서 의미가 있는 것이다.

구글은 이 사실을 빨리 깨달았다. 처음 이들은 직원 채용 추천 보너스 프로그램에 2천 달러를 책정했다. 즉 자신이 추천한 사람이 고용되면 2천 달러를 받는 것이었다. 회사는 직원 추천 채용이 늘어나길 바랐고, 다른 회사가 할 법한 일을 했다. 보너스를 4천 달러로 두 배 늘린 것이다! 하지만 이 방식은 성공적이지 못한 것으로 드러났다. 구글의 전 인사 담당 수석 부사장인 라즐로 복(Laszlo Bock)에 따르면, "채용 추천 보너스는 누구에게도 의미 있는 동기가 되지 못한 것으로 밝혀졌습니다… [다른 직원을 추천한] 사람들은 자신의 업무 경험을 정말로 좋아했고, 이를 다른 사람들과 공유하길 원했습니다. 채용 추천 보너스를 언급한 사람은 거의 없었습니다." 그렇다면 구글의 해결책은 무엇이었을까? 간단했다. 구글은 직원들이 지인을 공석으로 유도하게끔 '소싱 잼(Sourcing Jams)'을 여는 등, 더 쉽게 다른 사람을 추천할 수 있도록 만들었다.[14]

직원들은 자신의 직원경험이 좋을 때 다른 사람에게 우리 조직에 와서 일해볼 것을 추천한다. 그렇기에 이것이 유용한 질문이고 살펴봐야 할 측정지표인 것이다. 나와 대화를 나누었던 페이스북 경영진 중 한 명에 따르면, 그들의 직원 채용 추천율은 30~50% 사이다. 이는 굉장한 수치지만, 사람들이 정말로 그곳에서 일하고 싶어 하는지를 나타내는 직원경험 지수(EEI)에서 페이스북이 다른 어떤 조직보다도 높은 점수를 받았다는 점을 고려한다면 그리 놀라운 일은 아니다. 우리는 직원 채용 추천의 문이 양방향으로 모두 흔들린다는 점도 기억해야 한다. 직원들은 자기 주변에 현재 조직에서 일해볼 것을 추천할 수도 있고, 그곳에 지원하려는 사람들에게 경고 신호를 보낼 수도 있다. 표 7.6에서 어떤 회사들이 이 변인에 대해 최고 및 최저 점수를 받았는지 확인해보자.

표 7.6 직원들의 채용 추천

최고 점수를 획득한 조직	최저 점수를 획득한 조직
페이스북 세일즈포스닷컴 액센츄어 구글	익스프레스 스크립츠(Express Scripts) 아메리칸 인터내셔널 그룹 시어스 크로거

이 요인이 측정하는 것

· 직원들이 조직에서 일하는 것을 진정으로 좋아하는지 여부
· 조직에 대한 헌신과 충성심

여러분이 할 수 있는 것

· 직원들이 친구들에게 조직을 추천하도록 만들기 위해서. 그럴 의사가 있는지를 직원들에게 질문하지 마라.
· 직원 채용 추천율 목표를 설정하고 추진하라.
· 직원들을 위한 금전적 인센티브에만 치중하지 않는 프로그램을 만들어라. 그렇지 않으면 잘못된 이유로 인한 채용 추천이 일어날 것이다.

새로운 것을 배우고 성장하며, 이를 위한 자원을 제공받음

알베르트 아인슈타인(Albert Einstein)은 "배움을 멈추는 순간, 당신은 죽어가기 시작한다."라는 유명한 말을 남겼다. 앞서 말했듯이, 인간은 선천적으로 호기심 많고 탐구심이 강하다. 우리는 배움을 통해 개인으로서, 직원으로서 성장한다. 만약 여러분이 더 이상 배울 것도, 성장할 것도 없는 조직에 있다고 느낀다면 어떨까? 여러분은 더 좋은 것을 찾아낼 때까지만(결국은 찾아낼 테지만) 그곳에 그저 남아있을 뿐이다. 여러분은 그저 급여 때문에 거기에 있는 사람이되고, 더 이상 조직의 일원이 되고 싶지 않을 정도로 부정적인 경험을하게 된다. 전 세계에 약 3만 명의 직원을 둔 채용 대행사인 랜스타드 (Ranstad)가 최근 1만 1천 명의 미국 근로자를 대상으로 실시한 설문조사에서, 사람들이 직장을 떠나는 가장 큰 이유는 경력 경로(career path)의 부족으로 밝혀졌다.[15]

경력 경로의 핵심 가운데 하나는 "자원을 제공하라."이다. 이는조직이 직원들의 성장과 발전에 필요한 모든 자원을 실제로 제공한다는 걸 의미한다. 여기에는 멘토링 프로그램, 온라인 강좌를 수강하기 위한 현금 지원, 내부 트레이닝 세션, 직원 그룹, 초청 연사, 그 외모든 것이 포함될 수 있다. 직원들은 자신들이 성장하고자 하면 성장할 수 있다고 느껴야 한다.

이 요인을 개별 구성 요소로 세분화해보자. 학습(learning)과 개발(development), 성장(advancement)은 서로 관련되긴 하지만 같은것은 아니기 때문이다.

학습과 개발은 상당히 많은 것을 아우를 수 있지만, 이들은 본질적으로 직원들이 변화하는 세상에서 배우고 적응하는 것을 결코 멈추지 않도록 하기 위해 고안된 것이다. 새로운 기량과 전략, 기술, 태도, 가치, 행동 양식은 모두 학습과 개발에 속한다. HR에서 좋은 예를 찾을 수 있다. 전통적인 HR은 오늘날 놀라운 변화를 겪고 있다. 단순히 고용과 해고, 규정, 절차에만 중점을 두는 대신 경험과 새로운 기술, 몰입, 다양한 세대, 조직 설계 등을 탐구한다. 이상적인 조직은 HR 전문가들이 이러한 변화에 적응할 수 있도록 학습과 개발 프로그램을 제공할 것이다. 다른 직무에 속한 모든 직원에 대해서도 마찬가지다. 상황은 변하며, 우리는 적응해야 한다. 학습과 개발은 우리가 개인으로서 계속 성장하도록 돕는다. 또한 우리가 지루하지 않도록 하고, 새로운 도전과 기회를 열어주며, 더 성공적이라고 느낄 수 있게 도와주고, 전문성과 개인 생활을 더욱더 다채롭게 만든다. 학습은 우리의 단순한 바람 그 이상이다. 그것은 우리의 두뇌와 신체를 건강하게 유지하라는 생물학적 명령(biological imperative)이다.

클릭(Qlik)은 2천 5백 명 이상의 직원을 둔 비즈니스 인텔리전트-시각화 소프트웨어 회사다. 사내 커뮤니케이션 담당 임원인 리사 캐러웨이(Lisa Carraway)는 그들이 수행하고 있는 몇 가지 재미있고 흥미로운 일을 알려주었다. 내부 직원 조사에서 밝혀진 바에 의하면, 직원들은 (단순한 클래스나 프로그램을 넘어서는) 더 많은 개발 기회를 원했고, 새로운 개발 제안을 이용할 수 있는 시간도 필요로 했다. 클릭은 학습과 개발 투자의 일환으로 2016년 1분기에 글로벌 '24-For-U' 프로그램을 시작했다. 이 프로그램은 모든 팀원에게 비전통적인 학습 경험과 개발 경험을 장려하기 위한 것으로, 직원들은 매년 추가 휴무를 받아 트레이닝 프로그램, 주제 전문가와의 시간, 하루 동안 누군가를 따라다니는 것 등의 교육—개인적으로 도움이 되건 직업적으로 도움이 되건—을 받을 수 있다. 클릭은 모든 직원에게 연간 개인 개발 계획에서 24-For-U를 염두할 것을 권장한다. 이들은 만약 어떤 사람이 배우고 성장하고 있다면, 그 사람은 더 행복해지고 더 몰입하게 될 것이라는 입장이다. 직원들은 이 새로운 시도를 매우 창의적이고 매력적인 방법으로 사용해왔다.

펜실베니아 라드너에 있는 클릭의 팀원 한 명은 현재 MBA 프로그램에 참여 중이며, 아르헨티나 부에노스아이레스에서 집중(immersion) 프로그램에 참여하는 동안 24-For-U를 사용했다. 그는 자신의 24-For-U 스케줄을 보여주었는데, 오전에 필라(부에노스아이레스에 위치한 지역) 시장과 만났고, 오후에는 PwC의 전략 책임자가 아르헨티나에서 수행하는 비즈니스의 실무 회의에 참석했다. 저녁에는 아르헨티나의 금융 시장에 관해 토론하기 위해 클리어리 고틀립(Cleary Gottlieb)의 매니징 파트너를 만났으며, 마지막으로 디너&탱고 쇼에 참석하는 것으로 하루를 마무리했다.

다른 한 팀원은 페루에 있는 보육원을 방문하기 위해 24-For-U의 날, 회사의 사회적 책임(CSR)의 날, 개인 휴가를 결합했다. 팀 동료 두 명과 함께 그는 보육원 학습 센터에 컴퓨터실을 설치하는 일을 도왔다. 이 사례에서 24-For-U의 혜택은 클릭 팀의 개발 경험을 뛰어넘어 보육원의 어린아이들에게 확대된다. 그 기술은 그들이 커뮤니케이션과 기술력을 높이고 장래를 대비함으로써 삶을 향상시키는 열쇠가 될 것이다. 다른 팀원들은 기부를 통해 그 대의를 지지했고, 클릭은 즉시 기부금을 두 배로 늘려주었다.

벤쿠버 사무소의 한 분석가는 재무 및 가치 평가 모델링 부트 캠프를 준비하고 있다. 이는 그녀의 시장 정보 및 경쟁 정보 전문성을 보완하는 재무 기술을 제공함으로써 함으로써 그녀가 지금보다 더 성장하는 데 도움을 줄 것이다. 그녀는 자신의 24-For-U의 날 '월 스트리트 프렙(Wall Street Prep)'이라는 온라인 프로그램으로 회계학 선수과정을 준비했다.

리사(Lisa)는 24-For-U의 날을 이용해서 다큐멘터리 영화 제작 과정에 대해 좀 더 학습했다. 그랜드 캐니언 워리어스(Grand Canyon Warriors)—참전 용사들의 회복을 돕기 위한 콜로라도 강에서의 연례 여행—라는 참전 용사 프로그램을 지원하기 위해서였다. 그녀는 짧은 다큐멘터리가 많은 관심과 기금을 모으는 좋은 방법이 될 것으로 생각했다. 하지만 그녀는 사내 비디오 작업 외에는 영화를 제작한 경험도, 예산도 없었다. 그녀는 영화 트리트먼트*를 작성하는 방법에 관한 온라인 강좌를 수강하고, 조언을 얻기 위해 기업의 영상 담당자를 만났다. 감독으로서 리사는 커뮤니케이션과 리더십 기술을 개발했으며 자선 활동에 전문적인 경험을 적용했다. 무엇보다 그녀는 그랜드 캐니언 워리어스에 자신이 상상했던 것보다 훨씬 더 많이 기여할 수 있었다. 이는 대단히 귀중한 것이었다! 제작은 현재 중간 단계이지만, 그녀의 팀은 이 영화가 상처받은 참전 용사들의 삶에 변화를 가져오는 데 도움이 되기를 무척이나 기대하고 있다.

클릭은 학습과 개발에 관하여 색다른 접근법을 취한 좋은 조직

---

* 영화 시나리오 본편을 쓰기 전, 구체적인 줄거리를 정리하는 작업

사례다. 특히 이들의 24-For-U 시도는 사람들이 정말로 참여하고 싶은 매력적인 방법으로 팀원들의 개발을 돕는다. 너무나도 많은 조직이 실제 개발 프로그램에 직원들을 참여시키는 데 어려움을 겪는다. 클릭처럼 독특한 시도를 해보는 건 어떨까?

아마도 액센츄어(Accenture)만큼 진지하게 학습하는 조직은 없을 것이다. 이들은 전 세계적으로 35만 명 이상의 직원을 두고 있는 글로벌 전문 서비스 회사다. 나는 액센츄어의 직원 교육 담당 최고 책임자인 라훌 바르마(Rahul Varma), 리더십 및 인사 담당 최고 책임자인 엘린 쉬크(Ellyn Shook)와 이야기를 나누었다. 액센츄어는 작년 한 해에만 학습에 8억 4천 1백만 달러 이상을 지출했다. 이는 학습 범주에 투입되는 세계에서 가장 큰 규모의 예산 가운데 하나다. 현재 액센츄어는 세계 각지에 직원들을 위한 100개의 디지털 교실을 만드는 중이다. 학습자들을 좋은 교육과정으로 데려가는 대신, 좋은 교육과정을 학습자들에게 가져다주어야 한다는 접근 방식이다. 이는 학습자가 세계 어디서나 최고 수준의 학습 인프라에 접속할 수 있음을 의미한다.

액센츄어의 학습 제공 전략은 여섯 가지의 기본 특징, 즉 지역적이고(regional), 현지적이며(local), 가상적이고(virtual), 주문형(on demand)이면서, 업무상에서(on the job), 커뮤니티(communities)를 이룬다는 특징을 가지고 있다. 이들은 직원들이 학습을 활용하는 필수적인 여섯 가지 방식이다. 선택에 따라서 직원들은 다른 이를 가르칠 수 있고, 대면 교육을 받거나 온라인 가상 수업에 참여할 수 있다. 아니면 하버드 대학의 무료 온라인 강좌인 '하버드X(HarvadX)'와 같은 콘텐츠에 접속할 수도 있다.

성장

조직들이 흔히 성장(Advancedment)을 학습, 개발과 같은 범주에 포함시키지만, 이들은 서로 다르다. 성장은 특히 개인 경력의 전진(forward motion)을 말하며, 보통 승진이나 임금 인상으로 나타난다. 만약 여러분이 사원으로 시작해서 관리자로 승진한다면, 성장을 경험한 것이다. 언스트&영(20만 명의 글로벌 전문 서비스 회사)이 실시한 《글로벌 세대: 세대를 넘나드는 일과 삶의 도전에 관한 글로벌 연구(Global Generations: A Global Study on Work-Life Challenges across Generations)》에 따르면, 사람들이 직장을 그만두는 가장 큰 이유 중 하나는 성장 기회의 부족이다. 이는 놀랄 일이 아니다. 전진은 곧 발전을 의미하기 때문이다.

이상은 학습과 개발, 성장이 무엇인지에 대한 전통적인 정의들이지만, 상황이 좀 더 까다로워지는 지점이 있다. 직원들은 학습이나 개발, 성장이 실제로 무엇을 의미하는지에 관하여 자신만의 관점을 가지고 있다. 다시 말해서, 어떤 직원에게 성장이란 새로운 것을 배우고, 더 많은 책임을 지며, 자신의 기량을 확장하는 걸 의미할 수 있다. 돈이나 승진 같은 것은 조금도 신경 쓰지 않고 말이다. 하지만 또 다른 직원에게 성장이란 구체적으로 임금 인상과 승진을 의미할 수 있다. 더 많은 돈과 높은 직위를 바라는 것이다. 그러므로 직원들이 실제로 원하는 것에 관하여 대화를 나누는 것이 무엇보다도 중요하다. 여러분은 어떤 직원이 더 높은 직위를 원하는 이유 중 하나가 미래의 고용주에게 더 잘 보이도록 좋은 이력서를 원하기 때문이란 것을 알아낼 수도 있다. 이런 직원들은 현재 자신의 직위에 관해서는 신경을 덜 쓸지도 모르지만, 자신이 성장하고 발전해왔다는 걸 다른 사람들이 알길 원한다. 직원들이 특정 사항을 요구하거나 원하는 이유에 숨겨진 동기를 이해한다면, 더 쉽게 그것을 직원들에게 제공할 수 있다. 이것은 T-모바일이 승진 문화 조성에 힘쓰면서 다른 어떤 회사나 산업에서도 볼 수 없을 90% 수준의 내부 승진율을 만든 이유 중 하나이기도 하다.[16]

이는 또한 여러분이 창의력을 발휘할 수 있다는 걸 의미한다. 상대적으로 수평적인 회사 구조를 만들고자 직위가 전혀 없는, 혹은 몇 개밖에 없는 회사에서 일하는 직원을 생각해보자. 그가 그 회사를 떠나 미래의 고용주 앞에 섰다고 하자. "흠, 이전 회사에서 같은 직위로 5년이나 근무했네요. 대체 어찌 된 일인가요?" 여러분은 무엇을 할 수 있을까? 여러분은 직원들에게 이력서나 소셜 미디어 프로필에서 외부적으로 사용할 수 있는 직위를 부여할 수 있을 것이다. 핵심은 기존의 직위를 이용하든, 새로 만들든, 이들을 모두 없애든, 직원들에게 외부적으로 사용하는 직위를 허용하든, 직원들은 새로운 것을 배우고 회사에서 승진하는 것처럼 느끼기를 원한다는 것이다.

이전 책 《직장의 미래》에서도 말한 적 있지만, 내가 비즈니스 세계를 스스로 떠난 이유 중 하나는 다른 사람과 일하며 겪은 나쁜 경험 때문이었다. 특히 한 경험이 내가 기업계를 정말 떠나고 싶게 만들었다. 나는 경영경제학과 심리학에서 복수 학위를 받고 우수한 성적으로 대학을 졸업했다. 그 뒤 내가 온갖 재밌고 신나는 업무를 담당할 거라고 약속한 회사에 입사했는데, 실제로는 데이터 입력과 전화 권유, 파워포인트 프레젠테이션에서 헤어나올 수 없었다. 최후의 결정타는 한 간부가 사무실에서 나오더니 10달러를 건네며 커피 심부름을 시킨 것이었다. 그 순간 내가 새로운 것을 배우거나 성장할 수 없는 조직에 갇혀 있다는 게 분명해졌다. 그 일이 있은 지 수년이 지났고, 지금 여러분은 이 책을 읽고 있다. 나에게 커피 심부름을 시킨 임원에게 고마워해야 할 것 같다. 표 7.7에서 어떤 회사들이 이 변인에 대해 최고 및 최저 점수를 받았는지 확인해보자.

표 7.7 새로운 것을 배우고 성장하며, 이를 위한 자원을 제공받음

최고 점수를 획득한 조직	최저 점수를 획득한 조직
애플 구글 링크드인 킴튼호텔 & 레스토랑 (Kimpton Hotel & Restaurants)	메르세데스 벤츠 USA (Mercedes-Benz USA) 세이프웨이 인터내셔널FC스톤(INTL FCStone) L. L. 빈(L. L. Bean)

이 요인이 측정하는 것

· 경력 발전과 개인의 성장의 기회

· 직원의 내재적, 외재적 동기의 이해

· 사람에 대한 투자

여러분이 할 수 있는 것

· 학습과 개발, 성장을 분리하여 논의하라.

· 직원의 진짜 동기를 알아내라. 그들은 성장에 관심이 있는가, 아니면 단지 더 많은 돈과 멋진 직함을 원하는가?

공정한 직원 대우

여러분 회사에 새로운 승진 시기가 왔다고 해보자. 여러분은 자격이 충분하고, 준비도 되어 있다. 하지만 상사가 자신의 대학 룸메이트를 (룸메이트였다는 이유만으로) 승진시켰다고 해보자. 이는 분명히 공정하지 못하며, 누구라도 상당히 화가 날 것이다. 공정함(fairness)은 편견과 부정직, 불평등이 없다는 것을 의미한다. 결코 쉬운 일은 아니다. 우리는 모두 인간으로서 사람과 사물, 상황을 주관적으로 인식하기 때문이다. 조직이 편파적이고 부정직하며 불평등하다면, 세상 그 누가 그곳에서 일하길 원하겠는가? 하지만 직원들을 공정하게 대우한다는 것은 모든 사람을 똑같이 대우한다는 걸 의미하지 않는다.

마케팅 팀원 하나가 기밀 정보를 발설했다고 하자. 그런다고 마케팅 팀 전체를 해고하진 않는다. 마찬가지로 영업 팀의 누군가가 대형 고객을 데려왔다고 해서, 영업 팀 전체에게 보상을 주거나 하진 않을 것이다. 모든 사람을 똑같이 대우하는 건 직원들이 자신을 톱니바퀴로 느끼게 하는 훌륭한 방법이다. 결국 모든 직원은 직무와 직업 선호도, 하고 있는 업무, 기술과 역량, 성격이 모두 다르다. 여러분은 모든 친구를 똑같이 대우하는가? 아이들은 어떻게 대우하는가? 13살된 딸과 22살된 아들이 똑같은 통금 시간, 용돈, 규칙을 따라야 하는가? 그렇지 않을 것이다. 하지만 그렇다고 우리가 아이들을, 그리고 직원들을 공정하게 대할 수 없는 게 아니다.

공정함은 까다로운 동물이다. 인간으로서 우리는 선천적으로 결함을 가지고 있고, 알게 모르게 가끔 다른 이들에게 불공정할 수 있기 때문이다. 우리는 모두 개인적인 삶에서 공정하지 못한 대우를 받는 상황에 처할 때가 있다. 이는 일반적으로 즐거운 경험이 아니다. 직원이 불공정한 대우를 받는 것은 직원경험에 분명한 문제가 될 뿐만 아니라, 잠재적으로는 법적인 문제가 될 수도 있다.

불공정한 대우를 받는 상황이 어떤 것인지 가려내는 건 아주 쉽다. 그러나 모든 사람을 공정하게 대하기 위해 필요한 게 무엇인지를 구체적으로 가려내는 건 훨씬 더 어렵다. 몇 가지 예를 들면 다음과 같을 것이다.

- 직원들을 업무 기능으로서가 아니라 사람으로서 아는 것
- 개인적인 사정과 상황을 이해하는 것
- 모든 직원의 목소리에 귀를 기울이는 것
- 속임수를 쓰지 않고 모두에게 공정하고 정직한 기회를 주는 것
- 필요할 때는 공감하는 것
- 인간답게 행동하고 직원들을 성인으로서 대우하는 것

이 때문에 오늘날 많은 조직은 편견 탐지와 공감, 감성 지능 분야에 대한 교육을 제공한다. 모든 직원이 공정한 대우를 받는다고 느끼도록 돕는 것이 목표이다. 표 7.8에서 어떤 회사들이 이 변인에 대해 최고 및 최저 점수를 받았는지 확인해보자.

표 7.8 공정한 직원 대우

최고 점수를 획득한 조직	최저 점수를 획득한 조직
얼티밋 소프트웨어 페이스북 베테랑 유나이티드 홈 론즈 (Veterans United Home Loans) 에어비앤비	비자 몬델리즈 인터내셔널 인그램 마이크로 듀폰(Dupont)

이 요인이 측정하는 것

· 직원을 대하는 방법

· 직원 관계에 대한 균형 잡히고 유연한 접근 방식

여러분이 할 수 있는 것

· 공정하되 획일적이지 않은 방식으로 직원을 대하라.

· 언제 어디서나 편견을 없애도록 노력하라.

코치와 멘토 역할을 하는 관리자와 경영진

오랫동안 우리의 조직은 경영진과 관리자가 조직 피라미드의 맨 꼭대기에 있고 나머지 모든 사람은 그 아래에 위치하는 내부 구조를 가지고 있었다. 보통 위쪽의 사람들이 모든 힘과 정보를 소유하며, 나머지는 그들이 시키는 일을 할 뿐이다. 이런 조직에서 관리자와 경영진은 최고 지배자이고, 다른 사람들은 단지 맡은 일을 하기 위해 거기 있을 뿐이었다. 경영 전체 분야와 관리자의 존재가 현상 유지를 위해 만들어진 것이기 때문에 이 구조는 충분히 정당화되었다. 경영과 관리의 핵심은 사람들을 확실히 따르게 만드는 것이었다.

다행스럽게도 이러한 사고방식은 내가 만난 모든 회사에서 좋은 의미로 도전받고 있었다. 선임 리더는 직원경험을 형성하고 설계하는 데 큰 역할을 하기에, 관리자가 지배자나 독재자처럼 행동하는 조직의 직원경험은 극도로 나빠진다. 갤럽에 의하면, 관리자는 (직원경험의 결과인) 직원몰입의 변화 이유 가운데 70%를 차지한다.[17]

관리자와 경영진들은 모든 사람이 그들을 향해 올라가는 회사 피라미드의 꼭대기가 아니라, 다른 모든 사람을 위로 밀어 올리는 피라미드의 밑바닥에서 자기 자신을 발견해야 한다.

나는 성공적인 관리자의 척도 중 하나는 관리자가 자신이 아닌 다른 사람이 성공할 수 있도록 얼마나 많이, 얼마나 자주 돕는가 하는 것이야 한다고 굳게 믿는다.

시드니 핀켈스타인(Sydney Finkelstein)은 명저 《슈퍼보스(Superbosses)》에서 이를 상세히 논의한다. 구글에서 좋은 코치가 되는 것이 훌륭한 관리자가 되는 최고의 행동이라는 것은 우연이 아니다. 구글이 직원 조사와 퇴사자 인터뷰, 성과 및 만족도 자료, 이직률 등을 조사한 광범위한 연구와 분석 끝에 이를 발견했다는 점도 지적해야겠다. 이후 그들은 몇 가지 내부 테스트와 실험을 진행하기도 했다.

우리가 헬스장에서 트레이너를 고용하면, 트레이너는 우리가 건강해지도록 도울 책임이 있다. 트레이너는 목표를 달성하도록 식단 계획을 짜고, 운동을 시키며, 전화로 확인하고, 용기를 북돋고, 재촉할 것이다. 우리를 개인적으로 알아가며 그에 맞게 트레이닝 프로그램을 수정할 것이다 즉, 그들의 임무는 우리가 성공하도록 돕는 것이다. 관리자는 현대 조직의 피트니스 트레이너와 같다.

직원들은 조직(혹은 맡은 일)을 그만두는 것이 아니라 관리자를 떠나는 것이란 말을 들어봤을지도 모르겠다. 그런 일이 일어나지 않도록 하는 최선의 방법 중 하나는 코치와 멘토로서의 마음가짐을 갖는 것이다. 직원들이 성공하도록, 가능하다면 자신보다 더 성공할 수 있도록 도와주어라! 최고의 관리자들이 어떻게 행동하는지 파악하고자 페이스북이 진행한 내부 조사에서, "그들은 팀원들을 돌본다."가 1위를 차지했다.[18] 표 7.9에서 어떤 회사들이 이 변인에 대해 최고 및 최저 점수를 받았는지 확인해보자.

표 7.9 코치와 멘토 역할을 하는 관리자와 경영진

최고 점수를 획득한 조직	최저 점수를 획득한 조직
얼티밋 소프트웨어	테슬라(Tesla)
힐티(Hilti)	비자
베스트 바이(Best Buy)	에이치피(HP)
카디널 헬스(Cardinal Health)	버크셔 해서웨이

이 요인이 측정하는 것

· 직원들의 성공에 투자하는 관리자

· 적절한 관리자 배치

여러분이 할 수 있는 것

· 관리자가 자신을 코치나 멘토처럼 생각하도록 교육하고 트레이닝하라.

· 관리자들이 감독하는 사람들의 성공률을 살펴보고, 어떤 관리자가 사람들이 성공하도록 가장 잘 도와주는지 확인하라.

직원 건강과 웰빙 챙기기

몇 년 전 내가 경영진들에게 직원 건강과 웰빙 프로그램이 있는지 물으면, 그들은 이렇게 답하곤 했다. "당연합니다. 우리는 직원들의 헬스장 멤버십 요금을 지불하고 있고, 건강한 간식도 제공합니다." 건강과 웰빙을 음식과 근육에 관한 것으로 생각하는 데서부터 그동안 많은 발전이 있었다. 오늘날 건강과 웰빙은 몸과 마음 모두에 초점을 맞춘다. 미국 스트레스 연구소(American Institute of Stress)에 따르면, 직장 생활은 스트레스의 으뜸가는 원인이다. 미국에서만 그런 게 아니다. 전 세계 여러 지역에서 흔한 일이다. 우리는 더 오래 일하고, 더 많이 연결되어 있으며, 주의집중 시간은 갈수록 짧아지고, 해야 할 일을 다 하려면 24시간이 모자란다. 이는 보통 우리가 건강을 유지하기 위한 시간을 내기 어렵다는 걸 의미한다. 시간이 없어서 아침을 맥도날드의 캐러멜 모카와 달걀 샌드위치로 때운다. 운동하고 싶지만 중요한 프레젠테이션 때문에 헬스장을 가는 것도 빼먹어야 한다. 5초마다 확인해야 하는 이메일 때문에 긴장을 늦출 수 없고, 퇴근 후 혼자만의 시간을 가질 수도 없다. 물론 우리에겐 가족도 있고, 개인 생활에서 일어나는 온갖 일도 처리해야 한다. 요점은 우리가 훨씬 빠르게 움직이고 항상 연결되어 있는 새로운 세상에서 살아간다는 것이다.

직장 스트레스는 우리를 병들게 하는 온갖 종류의 습관과 문제로 이어질 수 있다. 체중 증가, 나쁜 식습관, 심장 문제, 수면 장애, 우울증, 불안 등은 직장 스트레스로 인해 우리가 흔히 겪을 수 있는 것들이다. 이는 우리가 직장과 가정에서 최선을 다하고 최고가 되지 못하게 만든다. 전 세계의 조직들은 이러한 변화를 인지하고 직원들의 몸과 마음을 건강하게 유지하도록 돕는 다양한 프로그램을 도입하고 있다. 건강과 교육 트레이닝 프로그램, 건강한 간식과 식사, 헬스장 멤버십, 영양사 방문, 팀과 회사 피트니스 콘테스트, 수면실, 활동 추적을 위한 피트니스 웨어러블 장비, 걷기 모임 등 전 세계 조직들은 이 외에도 수많은 프로그램을 시행하고 있다. 이제 우리는 스트레스 워크숍, 대학 등록금과 노후 자금을 위한 재무 설계 자문, 요가와 명상 수업 등 마음의 건강에도 집중해야 할 것이다.

미래 지향적인 조직들은 그들의 책무가 직원들에게 일자리를 제공하는 데서 끝나지 않음을 알고 있다. 직원들을 보살피고 돌보는 것 또한 그들이 할 일이다. 일반적으로 직원들은 일하는 시간 동안 건강과 웰빙 프로그램을 경험하지만, 그 영향은 집에서도 자주 느낄 수 있다. 보살핌을 받는다고 느낀 직원들은 더 여유를 가질 것이며, 가족과 친구들에게 더 많은 에너지를 쏟을 것이고, 더 행복한 기분으로 보통은 더 행복한 삶을 살아갈 것이다. 결근이 줄어들고 의료 비용을 낮추며, 직원들의 사기를 높이고 이직률을 낮추는 등 조직도 다양한 이점을 얻을 수 있다.

건강과 웰빙은 장기적인 직원들의 요구에 대하여 단기적인 해결책을 제공하는 것을 의미하지 않는다. 이는 조직이 직원들을 돌보겠다고 약속한다는 것을 의미한다. 헥터 드 라 토레(Hector De La Torre)와 론 괴첼(Ron Goetzel) 박사는 《하버드 비즈니스 리뷰》에 게재한 〈실제로 효과가 있는 기업 웰빙 플랜을 설계하는 방법(How to Design a Corporate Wellness Plan That Actually Works)〉에서 이렇게 언급한다. "건강 증진 프로그램을 가장한 일회성의 행사—즉, 종합적인 직장 건강 증진 전략에 통합되지 않는 활동—은 실패할 가능성이 높다."[19]

매리어트 인터내셔널은 전 세계에 20만 명의 직원을 두고 있는 글로벌 호텔 체인 업체로서, 직원 건강과 웰빙에 진심을 다하고 있다. 실제로 글로벌 최고 인사 담당 책임자인 데이비드 로드리게즈(David Rodriguez)는 웰빙 프로그램이 그의 생명을 구했다고 믿는다. 백혈병 진단을 받은 그는 '테이크케어 프로그램(TakeCare program)'을 통해서 성공적으로 화학요법을 이겨낼 수 있었고, 신체적으로나 정신적으로 더 나아지게 해주는 새로운 습관을 익힐 수 있었다. 건강과 웰빙은 매리어트가 2016년(과 향후) 세계적으로 추진하고자 하는 일이 되었으며, 매리어트 인터내셔널 CEO를 시작으로 각 지역 대표를 포함한 모든 리더의 통일된 목표가 되었다. 경영진 모두는 직원들이 다양한 프로그램을 배우고 활용할 수 있도록 돕는 임무를 맡았다. 여기엔 실제 피트니스 강의부터 온라인 강좌, 재무 설계 지원, 커뮤니티 활동에 가입하는 것까지 모든 것이 포함된다. 결과적으로 이들은 직원이 회사에 더 헌신하는 것을 보게 되었고, 그것이 무엇을 의미하는지 알게 되었다. 표 7.10에서 어떤 회사들이 이 변인에 대해 최고 및 최저 점수를 받았는지 확인해보자.

표 7.10 직원 건강과 웰빙 챙기기

최고 점수를 획득한 조직	최저 점수를 획득한 조직
링크드인 에어비앤비 어도비(Adobe) 스타벅스	테슬라 비자 데이비드 위클리 홈즈 (David Weekley Homes) 버크셔 해서웨이

이 요인이 측정하는 것

· 전반적인 직원 웰빙에 대한 노력
· 직원들에게 관심을 기울이는 것

여러분이 할 수 있는 것

· 직원들이 열망하는 건강과 웰빙 프로그램을 제공하라.
· 간식이나 헬스장을 넘어서서 건강과 웰빙을 생각하라.
· 프로그램을 지속적으로 평가하고 업데이트하라.

조직들의 점수 확인

이상의 열 가지 변인에 대해 조직이 받을 수 있는 최대 점수는 각 7점, 총점 70점이다. 이 중에서 가장 낮은 평균 점수(4.5/7)를 받은 변인은 "직원들이 관리자를 코치 혹은 멘토와 같다고 느낀다."였다. 별로 놀라운 일은 아니다. 경영과 관리자에 대한 전통적인 개념은 '코치와 멘토'의 정확한 반의어이기 때문이다. 경영에 관한 전통적인 태도를 바꾸는 것은 조직 대부분에게 있어 많은 노력이 필요한 일이다. 5.4/7이란 점수로 가장 높은 평균 점수를 기록한 변인은 두 가지였다. 첫 번째는 "직원들이 조직을 다양하고 포용성 있다고 느낀다."였고, 두 번째는 "일반적으로, 회사가 강력하고 긍정적인 브랜드 평판을 가지고 있다."였다.

내가 분석한 252개 조직은 문화적 환경의 각 질문에 대해 평균 5.1점, 총 51/70점을 받았다. 이는 조직이 얻을 수 있는 최고 점수의 73%이다. 직원경험 대학의 수업이었다면, 조직들은 문화적 환경 과목에서 C를 받은 것이다.

전 세계 많은 조직에게 있어서 문화란 여전히 이해하기 힘든, 그들이 아직 붙잡아 길들이지 못한 야수와 같다. 우리가 볼 수 있듯이 문화는 직원경험에 가장 큰 영향을 미치며, 실행하기도 가장 어렵다. 구체적인 결과물과 실체가 만들어지고 개발되는 물리적 공간이나 기술과 달리, 문화는 더욱 인간적인, 어떨 때는 아예 구체적인 결과물로 나타낼 수 없는 것을 다루기 때문이다. 케이크를 굽거나 가구를 조립하는 단계를 따르는 것과 행복한 결혼 생활을 만들기 위한 단계를 따르는 것은 전혀 다르다. 다른 이와 관계를 맺어본 사람이라면 누구나 알겠지만, 완벽한 관계는 단순히 청사진이나 템플릿을 따르는 걸로는 얻을 수 없다. 그럼에도 세계에는 CELEBRATED 문화를 만드는 일을 훌륭하게 해낸 조직들이 많다—물론 그렇지 않은 조직들도 많지만 말이다.

직원경험에 훌륭히 투자하고 있는 일부 조직이 전 세계에 있긴 하지만, 내가 분석한 모든 회사의 평균 점수는 기대에 훨씬 못 미치는 수준이었다. 문화적 환경에 관해서는 표 7.11을 보면 최고 및 최저 점수를 기록한 기업 일부를 확인할 수 있다.

표 7.11 문화적 환경 전체

최고 점수를 획득한 조직	최저 점수를 획득한 조직
얼티밋 소프트웨어	시어스
구글	비자
페이스북	세이프웨이
애플	월드 퓨얼 서비스

17개의 변인을 살펴볼 때, 이 변인들이 실제로 무엇을 평가하려는지를 살펴보는 것도 중요하다. 예를 들어, 조직의 핵심 가치가 물리적으로 반영되어 있는지 묻는 것은 단순히 조직의 핵심 가치가 나타나고 있는지만을 묻는 게 아니다. 그것은 직원들에 대한 조직의 정직함, 진실성, 헌신 또한 측정하는 것이다. 조직이 모든 직원에게 소비자 맞춤형 기술을 사용할 수 있게 한다는 것은 단순히 그게 멋있고 쿨해 보여서 그렇게 한다는 걸 의미하지 않는다. 이는 직원들에게 힘을 실어주고 혁신과 협업을 추진하려는 조직의 노력을 판단하는 것이다. 직원들이 자신을 팀의 일원으로서 느낀다는 것은 단순히 직원들이 서로 잘 통한다는 걸 넘어서야 한다. 그것은 신뢰와 심리적 안정감, 커뮤니케이션, 협업을 평가하는 것이다. 요점은 이러한 환경과 변인에 나타난 표면적 사실만이 아니라, 그들이 측정하고 있는 것들에도 초점을 맞춰야 한다는 것이다. 어떤 조직의 직원들이 코치와 멘토역할을 한다는 건 무엇을 의미하는가? 직원이 복합적인 업무 공간 옵션(multiple workspace options)에 접근할 수 있다는 건 무엇을 의미하는가? 조직에 강력한 다양성과 포용 프로그램이 있다는 건 무엇을 의미하는가?

이처럼 "이것이 무엇을 의미하는가?"의 측면에서 직원경험을 바라볼 때, 여러분은 무엇을 해야 하며 왜 그래야 하는지를 더 깊이 깨달을 수 있을 것이다.

참고

1 Abbot, Lydia, Ryan Batty, and Stephanie Bevegni. *Global Recruiting Trends 2016*. LinkedIn. 2015. https://business.linkedin.com/content/dam/business/talentsolutions/global/en_us/c/pdfs/GRT16_GlobalRecruiting_100815.pdf.

2 Burgess, Wade. "Research Shows Exactly How Much Having a Bad Employer Brand Will Cost You." *LinkedIn Talent Blog*, March 30, 2016. https://business.linkedin.com/talent-solutions/blog/employer-brand/2016/research-showsexactly-how-much-having-a-bad-employer-brand-will-cost-you.4

3 Society for Human Resources Management. *2016 Employee Job Satisfaction and Engagement: Revitalizing a Changing Workforce*. April 2016. https://www.shrm.org/hr-today/trends-and-forecasting/research-and-surveys/Documents/2016-Employee-Job-Satisfaction-and-Engagement-Report.pdf.

4 Indeed Hiring Lab. "The Indeed Job Happiness Index 2016: Ranking the World for Employee Satisfaction." 2016. http://blog.indeed.com/hiring-lab/indeed-jobhappiness-index-2016/.

5 "The World's Most Innovative Companies." *Forbes*. 2016. http://www.forbes.com/innovative-companies/#27fee7c1f172.

6 Pfau, Bruce N. "How an Accounting Firm Convinced Its Employees They Could Change the World." *Harvard Business Review*, October 6, 2015. https://hbr.org/2015/10/how-an-accounting-firm-convinced-its-employees-they-couldchange-the-world?webSyncID=4256300c-db57-6a2c-20ce-68d4572ec006&sessionGUID=444ae91b-6b9b-066b-a3e0-554d67e03b61.

7 Grant, Adam. *Give and Take: Why Helping Others Drives Our Success*. New York: Penguin Books, 2014.

8 McDaniel, Susan H. "Why Teamwork Surpasses the Individual Approach." *Monitor on Psychology* 47, no. 5 (May 2016): 5.

9 Association for Psychological Science. "Just Feeling Like Part of a Team Increases Motivation on Challenging Tasks." February 24, 2015. http://www.psychologicalscience.org/news/minds-business/just-feeling-like-part-of-a-teamincreases-motivation-on-challenging-tasks.html.

10 Royal Bank of Canada. "What Is Diversity & Inclusion?" Accessed December 16, 2016. http://www.rbc.com/diversity/what-is-diversity.html.

11 PricewaterhouseCooper. *Millennials at Work: Reshaping the Workplace*. 2011.https://www.pwc.com/m1/en/services/consulting/documents/millennials-at-work.pdf.

12 "The 2016 DiversityInc Top 50 Companies for Diversity." *DiversityInc*. 2016. http://www.diversityinc.com/t he-diversityinc-top-50-companies-for-diversity-2016/.

13 Silva, Betsy. "Diversity & Inclusion: A Strategic Imperative: The *Sodexo Story*." Lecture at Inclusion ChangeManagement Conference, Cleveland, OH, August 17, 2011.

14 Bock, Laszlo. *Work Rules! Insights from Inside Google That Will Transform How You Live and Lead.* New York: Grand Central, 2015.

15 Randstad. "Randstad Survey Reveals More Employees Leave Jobs for Career Growth Than Money." Accessed December 16, 2016. https://www.randstadusa .com/about/news/randstad-survey-reveals-more-employees-leave-jobs-forcareer-growth-than-money/.

16 Wireless Vision. "WhyWV Is the Place to Be." Accessed December 16, 2016. http://www.wirelessvisio n.com/careers/.

17 Beck, Randall, and Jim Harter. "Managers Account for 70% of Variance in Employee Engagement." Gallup. April 21, 2015. http://www.gallup.com/business journal/182792/managers-account-variance-employee-engagement.aspx.

18 Feloni, Richard. "Facebook's HR Chief Conducted a Company-Wide Study to Find Its Best Managers — and 7 Behaviors Stood Out." Business Insider. January 27, 2016. http://www.businessinsider.com/facebook-best-managers-exhibit-these-7-behaviors-2016-1.

19 De La Torre, Hector, and Ron Goetzel. "How to Design a CorporateWellness Plan That Actually Works." *Harvard Business Review*, March 31, 2016. https://hbr.org/2016/03/how-to-design-a-corporate-wellness-plan-that-actually-works.

CHAPTER 8

직원경험
방정식

The Employee Experience Equation

존재의 이유는 직원경험을 만드는 데 있어 조직이 행동하는 방식을 결정한다. COOL 공간, ACE 기술 및 CELEBRATED 문화를 자아내는 17개 변인을 더 잘 시각화하기 위해 나는 그림 8.1에서 볼 수 있는 직원경험 방정식(employee experience equation)을 만들었다. 목표는 이러한 세 가지 환경 모두 전체적인 직원경험을 창출하기 위해 필요하다는 것, 실행할 수 있는 환경이 많을수록 경험은 더욱 좋아진다는 것을 보여주는 데 있다.

이 방정식의 '×' 부호는 원래 '+' 부호였다. 하지만 이 환경들을 연구할수록, 나는 그들이 서로에게 얼마나 극적인 영향을 미치는지 깨닫게 되었다. 문화, 기술, 물리적 환경은 각기 매우 다르지만, 서로를 지원하고 강화하는 데 도움이 된다는 점을 이해한 것이다. 예를 들어, 물리적 환경의 요인 중 하나인 유연성은 적절한 기술 없이는 성립할 수 없다. 문화적 환경의 요인 중 하나는 직원들이 배우고 성장할

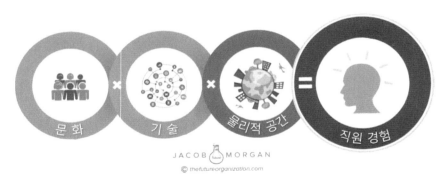

그림 8.1 직원경험 방정식

수 있도록 하는 것이다. 이 역시 현대적인 방식으로 규모에 따라 학습과 교육이 가능하도록 하는 적절한 기술을 갖추지 않고서는 성립할수 없다. 이러한 예는 기술이 그 자체로 독립적인 환경이면서, 동시에물리적 환경과 문화적 환경에 영향을 준다는 것을 보여준다. 이는 세가지 환경 모두에서 마찬가지다. 결과적으로 직원경험 방정식은 선형적인 덧셈(linear addition)이 아니라 기하급수적인 진화(exponential evolution)를 나타낸다. 세 가지 환경에 모두 중점을 두는 조직은 한두 가지 환경에만 집중하는 조직에 비해서 훨씬 더 극적인 영향을 받을 것이다.

　　나머지 두 환경의 지원이 없다면, 어떤 단일 환경도 최대의 잠재력을 발휘할 수 없다. 그렇기에 전 세계 많은 조직이 직원몰입을 향상시키는 일은 물론이고 그런 투자의 필요성을 정당화하는 데도 애를 먹는 것이다. 그들은 큰 그림의 작은 일부분에만 초점을 맞추고 있으며, 그 작은 부분조차도 잘 실행하지 못하고 있는 셈이다.

　　이런 방정식을 통해서 전반적인 직원경험에 대해 생각하는 것은 세 가지 환경 모두가 중요하며, 이들의 결합은 단순히 각각을 더한 것보다 훨씬 더 큰 영향을 준다는 걸 깨닫게 해준다. 이는 직원경험의 비즈니스 가치에 초점을 맞춘 11장을 읽고 나면 보다 명확해질 것이다.

3

왜 직원경험에 투자해야 하는가?

— Why Invest in Employee Experience? —

지금까지 우리는 세 가지 직원경험 환경과 그들을 만들어내는 요인, 즉 COOL 물리적 공간, ACE 기술, CELEBRATED 문화를 살펴보았다. 또한 이들의 기반이 되는 존재의 이유도 살펴보았다. 나아가 이 요인들이 무엇인지, 왜 그들이 중요한지, 그리고 그들을 실행하기 위해 할 수 있는 일은 무엇인지에 관해서도 간단히 살펴보았다. 이 책의 나머지 부분에서는 이 모든 환경과 변인을 고려하여 직원경험을 설계하려면 조직이 무엇을, 어떻게 해야 하는지 탐구할 것이다. 그러기 위해서 우리는 다음과 같은 몇 가지 사항을 이해할 필요가 있다.

· 직원경험 방법론은 어떤 모습인가?
· 직원경험은 누가 추진해야 하는가?
· 직원경험을 책임지는 팀은 어떤 모습인가?
· 직원들은 실제로 자신의 경험을 설계할 때 어떤 역할을 하는가?
· 우리는 직원경험을 어떻게 확장하는가?

이어지는 3부에서 나는 이 모든 질문에 답하기 위해 최선을 다할 것이다.

CHAPTER 9

직원경험 조직의
아홉 가지 유형

The Nine Types of Organizations

각 조직은 직원경험을 설계함에 있어서 성숙도가 다르고, 집중하는 영역도 다르다. 나와 나의 팀은 많은 시간 데이터를 검토하면서 광범위한 조직 유형이 나타난다는 점에 주목했다. 처음 생각은 단순했다. 나는 세 가지 직원경험 환경이 모두 우수한 조직과 세 가지 환경 중 두 가지가 우수한 조직(경우의 수가 셋이다)으로 이루어진 총 네 가지 유형, 혹은 조직 범주를 만들려고 했다. 안타깝게도 일은 그렇게 간단하지 않았다. 데이터를 살펴보면서 알게 된 것은, 모든 분야에서 점수가 형편없는 회사도 있고, 세 가지 환경 모두 나쁘지 않은 점수를 받았지만 아주 훌륭하진 않은 회사도 있으며, 한 가지 환경에선 정말 뛰어나지만 나머지 두 환경은 형편없는 회사도 있다는 것이었다. 이 모든 다양한 조합으로 인해 조직 범주는 더 크게 확장되었다.

이러한 요인들을 기반으로 나는 아홉 가지의 조직 유형을 구별했다.

1 취약한 직원경험 조직(inexperienced)

2 기술적 부분 직원경험 조직(Technologically emergent)

3 물리적 부분 직원경험 조직(Physically emergent)

4 문화적 부분 직원경험 조직(Culturally emergent)

5 몰입형 직원경험 조직(Engaged)

6 자율형 직원경험 조직(Empowered)

7 권한형 직원경험 조직(Enabled)

8 예비 직원경험 조직(preExperiential)

9 통합적 직원경험 조직(Experiential)

이 글을 읽으면서, 여러분은 자신의 조직이 어느 범주에 속하는지 알 수 있다. 앞에 설명한 요인들에 근거하여 직원경험 점수를 실제로 측정해본다면 더욱 좋다.

취약한 직원경험 조직

첫 번째 유형은 세 가지 직원경험 환경 어디에도 적극적으로 투자하지 않는 조직들이다. 취약한 직원경험 조직은 단순히 생존을 목적으로 한다. 가능한 한 많은 돈을 벌려고 노력하고, 오늘날에도 1990년대나 1980년대(또는 그 이전)에 했던 방식으로 운영된다. 취약한 직원경험 조직에는 젊은 직원이 많지 않으며, 있더라도 오래 버티지 못한다. 수직적 계급 구조가 기본이고, 공포와 명령, 통제를 토대로 경영되며, 기술은 모두 구식이고, 사무실은 거대한 칸막이 농장이다. 이러한 조직 거의 대부분은 존재의 이유를 가지고 있지 않으며,

대신 그들이 어떻게 마켓 리더가 되길 원하는지에 관한 표준적인 미션 선언문을 가지고 있다. 당연히 이들은 인재의 영입과 유지, 혁신, 커뮤니케이션, 협업, 조직 설계, 그 밖에 직원에게 영향을 주는 거의 모든 일에서 큰 어려움을 겪는다. 이런 곳은 일하기에 그다지 바람직하지 않은데, 소셜 미디어 덕분에 현재 직원들은 물론 예비 직원들도 그 사실을 너무나 잘 알고 있다. 비록 가야 할 길이 가장 먼 회사들이지만, 동시에 그 여정 속에서 가장 큰 수확을 얻을 수 있는 회사들이기도 하다. 많은 회사가, 특히 오래된 회사들이 취약한 직원경험 조직에 속한다. 이 범주에 속하는 조직으로는 세이프웨이(Safeway), 캐터필러(Caterpillar), 시어스(Sears) 등이 있으며, 혁신적 기업인 테슬라(Tesla)도 여기에 속한다.

부분적 직원경험 조직

세 가지 환경 중 한 가지에만 집중하는 조직들은 부분적 직원경험 조직(emerging organization)이라고 한다. 이들은 나름대로 직원경험을 설계하는 중이며, 그래서 이런 이름을 붙였다. 부분적 직원경험 조직의 하위 범주는 다음과 같다.

· 물리적 부분 직원경험 조직
· 기술적 부분 직원경험 조직
· 문화적 부분 직원경험 조직

물리적 부분 직원경험 조직(Physically emerging organization)은

멋진 일터를 만드는 데 모든 시간과 자원을 소모한다. 항상 그렇다는 건 아니지만, 때로는 사치스러울 정도도. 여러분은 아래층으로 내려가기 위해 사용하는 미끄럼틀, 엄청난 양의 무료 음식, 비싼 조명 기구, 유명 브랜드의 사무용 가구, 그 밖에도 너무나 멋져서 사용하는 것조차 아까운 사무실 공간을 만드는 여러 가지를 보게 될지 모른다. 만약 그런 조직이 다른 두 가지 직원경험 환경에도 주의를 기울인다면, 이는 전혀 나쁜 것이 아님을 강조하고 싶다. 페이스북이나 링크드인, 구글, 세일즈포스닷컴과 같은 조직은 모두 아름다운 사무실 공간을 갖고 있으며, 문화와 기술에도 투자하는 놀라운 조치를 취하고 있다. 오직 미적인 면에만 집중하는 조직들은, 결국 직원들이 그곳에서 실제로 일하는 현실을 직면하는 순간 물리적 공간의 아름다움이 사라지기 시작한다는 걸 알게 될 것이다. 여러분의 조직이 물리적 공간은 아름답지만 문화는 불편하고 도구는 닌텐도용 테트리스(위대한 게임이지만 이건 좀…) 수준이라면, 여러분은 물리적 부분 직원경험 조직에서 일하고 있는 것이다. 이 범주에 속하는 조직으로는 듀폰(DuPont), 허쉬(Hershey), 메이시스(Macy's) 등이 있다.

기술적 부분 직원경험 조직(Technologically emerging organization)은 소프트웨어에서 하드웨어까지 최고, 최신 성능의 기술을 직원들에게 제공하려는 경향이 있다. 모든 것이 현대적이고 아름답게 설계된다. 이러한 조직들은 자신들이 얼마나 최신 기술에 능통한지를 자랑스럽게 생각한다. 예를 들면 여러분은 사무실을 날아다니는 드론, 증강 및 가상 현실 장비, 하이테크 회의실과 터치식 벽면 디스플레이, 최고이자 최신 성능의 직원 커뮤니케이션 도구와 화상회의 시스템, 어떤 노트북이나 모바일 기기로도 직원들이 작업할 수 있는 환경, 심지어 무드 등과 자동 실내 온도 조절 장치, 음성 명령 등을 갖춘 스마트 오피스 환경을 보게 될지 모른다. 마찬가지로, 이 모든 건 만약 그런 조직이 다른 두 직업경험 환경에도 투자한다면 정말 멋진 것이다. 이 유형의 조직은 여러분이 현실 속에서 비디오 게임을 하는 듯한 느낌을 줄 것이다. 그러나 슬프게도, 그곳에서 일하는 직원들은 각자의 칸막이 농장에 앉아서 며칠쯤 회사를 빼먹을 수 있게 배심원 참석 통지서가 날아오길 꿈꾼다. 그들은 자신의 조직이나 함께 일하는 사람들과 정서적 접촉이 거의 없으며, 주변의 물리적 환경에도 별다른 감흥이 없다. 도구가 만들어내는 직원경험에도 한계가 있다! 이 범주에 속하는 조직으로는 비자(Visa), 크로거(Kroger), 프레디 맥(Freddie Mac) 등이 있다.

문화적 부분 직원경험 조직(Culturally emerging organization) 은 대체로 좋은 분위기를 띤다. 직원들은 함께 일하는 사람들을 정말 좋아하고, 지지받고 있다고 느끼며, 목적의식을 갖고 있다. 관리자들은 직원들의 성공에 진정으로 관심을 기울인다. 이런 조직이 되긴 정말 쉽지 않다! 문화적 환경이 전체 직원경험의 40%를 차지한다는 것을 기억하자. 문화적 부분 직원경험 조직은 여러분이 정말 좋아하고, 어쩌면 사랑하지만, 결혼하고 싶진 않은 사람과도 같다. 문화적 부분 직원경험 조직의 직원들은 기술적 또는 물리적 부분 직원경험 조직의 직원들보다 더 오래 근무하는 경향이 있다. 그러나 여전히 직원들은 실제 직무를 수행하면서 큰 불만을 느끼고, 물리적 공간도 그들을 고무하지 못한다. 좋은 소식은, 만약 정말로 이들이 직원경험 퍼즐의 가장 어려운 조각을 맞춘 것이라면, 물리적 환경과 기술적 환경에 투자하는 건 상대적으로 식은 죽 먹기일 거란 점이다! 이 범주에 속하는 조직으로는 매스뮤추얼(MassMutual), 유나이티드 항공(United Airlines), 포시즌 호텔(Four Seasons Hotels) 등이 있다.

이제 우리는 세 가지 환경 중 두 가지 환경에 집중하는 조직 유형을 살펴볼 것이다. 조합에 따라서 세 가지 유형이 나오는데, 나는 각각을 몰입형(engaged), 자율형(empowered), 권한형(enabled) 조직으로 분류한다. 이런 조직들은 오늘날 상당한 업적을 이룬 것으로 볼 수 있으며, 취약한 직원경험 조직이나 부분적 직원경험 조직과는 많은 점에서 다르다고 할 수 있다. 이 조직들이 (앞서 살펴본 조직들과 마찬가지로) 여러 영역에서 부족한 점이 있을지라도, 그들을 지칭하기 위해 사용한 단어가 모두 긍정적임을 알아차렸을 것이다. 원래는 조직들의 부족한 점에 초점을 맞추기 위해 부정적인 용어의 사용을 고려했었다. 하지만 그건 고무적이지도 효과적이지도 않다. 내가 더 낙관적인 방식을 택한 건 많은 조직이 완벽하진 않더라도 실제로 옳은 방향으로 나아가려 노력하고 있기 때문이었다.

이제 세 가지 조직 유형을 좀 더 자세하게 살펴보도록 하자.

몰입형 직원경험 조직

이 유형의 조직들은 직원경험을 창출하는 문화적 환경과 물리적 환경에 초점을 맞추어 훌륭한 일을 해낸다. 즉 이들은 CEL-EBRATED 문화(7장 참조)와 COOL한 물리적 공간(5장 참조)의 요인 전체 혹은 일부를 구현한다. 다시 말하지만 문화적 환경은 구현하기가 가장 어렵다. 몰입형 직원경험 조직(Engaged organization)에서 여러분은 목적의식을 가진 직원들, 코치와 멘토 역할을 하는 관리자들, 수평적인 조직과 더불어 복합적 레이아웃에 중점을 둔 현대적이고 아름다운 물리적 작업 공간을 발견할 것이다. 이들에게 있어 가장 큰 과제는 직원들이 자신의 업무를 효율적으로 수행할 수 있는 적절한 기술 도구에 접근할 수 있도록 하는 것이다. 몰입형 직원경험 조직들은 문화와 물리적 공간을 얼마나 잘 구현할 수 있는지를 충분히 보여주지만, 훌륭한 기술적 환경을 갖추지 않는 것은 다른 두 가지 환경을 저해하는 것과 마찬가지다. 예를 들어, 연간 조사를 폐지하거나 놀라운 경영 트레이닝 솔루션을 제공하려는, 또는 실시간 커뮤니케이션과 협업을 도입하려는 조직들은 뛰어난 기술적 지원 없이는 그런 것들이 가능하지도, 효과적이지도 않다는 것을 알게 될 것이다. 또한 적절한 기술 없이는 유연 근무도, 활동 기반 업무도, 기타 어떤 종류의 직원 이동성도 물리적 환경으로 만들어낼 수 없다. 열악한 기술이 문화적 환경과 물리적 환경 모두에게 얼마나 부정적인 영향을 미치는지 이로부터 쉽게 알 수 있을 것이다.

기술은 조직을 하나로 묶어주는 접착제이며, 이 책에서 다룬 많은 주제를 실제로 나타나게 해주는 것이란 점을 기억해야 한다. 몰입형 조직들이 직원경험을 구현하는 데 어려움을 겪는 이유는 그럴 수 있는 기술적 도구가 전혀 없기 때문이다. 이 범주에 속하는 조직으로는 마즈(Mars), 제너럴 밀스(General Mills), 네슬레(Nestlé) 등이 있다.

자율형 직원경험 조직

만약 여러분 조직의 기술적 환경과 문화적 환경은 뛰어나지만 물리적 환경이 부족하다면, 그것은 자율형 직원경험 조직(Empowred organization)으로 분류된다. 자율형 직원경험 조직은 실제로 매우 효율적일 수 있다. 직원들은 함께 일하는 사람들과 회사를 사랑하고, 업무에 최선을 다할 수 있게 해주는 기술도 사용할 수 있기 때문이다. 그럼에도 이런 조직의 직원경험은 직원들이 일하는 물리적 환경에 투자함으로써 더 향상될 수 있다. 이 책의 전반부에서 보았듯이, 물리적 공간은 투자가 필요한 중요한 환경이다. 자율형 직원경험 조직의 전반적인 사무실 디자인은 수많은 칸막이와 폐쇄형 사무실이 차지한다. 직원들은 다소 활기가 없고, 몰입하지도 못하며, 동기도 부족하다는 느낌을 흔히 받는다. 5장에서 언급한 사노피(Sanofi)의 사례에서, 우리는 경영진을 위한 사무실과 칸막이로 둘러싸인 물리적 환경이 엄격한 위계 질서에 어떻게 기여하는지, 즉 문화에 얼마나 부정적인 영향을 주는지 살펴보았다. 물리적 환경은 조직의 가치와 분위기를 결정하는 가장 쉬운 방법임을 기억해야 한다. 좋은 소식은 (세 가지 환경 중) 물리적 작업 공간을 바꾸는 일이 아마 가장 쉬운 일일 것이란 점이다. 게다가 꽤 재밌을 수도 있다. 이 범주에 속하는 조직으로는 아이비엠(IBM)과 디즈니(Disney), 마스터카드(MasterCard) 등이 있다.

권한형 직원경험 조직

권한형 직원경험 조직(Enabled organization)은 물리적, 기술적 환경에서 매우 뛰어나다. 그러나 슬프게도 문화에 있어선 조금 시대에 뒤처져 있다. 직원들은 아름다운 사무실 환경에서 일하고 최고의 기술에 접근할 수 있지만, 다소 공허함을 느낀다. 쉽게 말해 인간적 욕구가 충족되지 않는다. 문화적 환경은 직원들이 가장 관심을 가지는 환경이므로 제대로 투자하지 않으면 직원경험에 상당히 부정적인 영향을 주게 된다. 권한형 직원경험 조직은 현대판 조립 라인과 같아서 매우 생산적이고 효율적이다. 모든 일이 잘 돌아가지만, 전체적인 직원의 행복감이 희생된다. 이 유형의 조직에서 직원들은 순전히 급여 때문에 일한다. 일하고 버는 것에 만족하긴 하지만, 어쨌든 오직 급여 때문이다. 결과적으로 번아웃이 더 자주 일어나며, 최고의 인재를 영입하고 유지하는 데 문제가 발생하게 된다. 이 범주에 속하는 조직으로는 페덱스(FedEx), 유나이티드서비스 오토모바일 어소시에이션(USAA), 화이자(Pfize) 등이 있다.

예비 직원경험 조직

예비 직원경험 조직(Preexperiential organization)은 모든 직원경험 환경에서 꽤 좋은 점수를 받았지만, 그렇다고 감탄할 정도는 아닌 조직들이다. 이들은 COOL 공간(5장), ACE 기술(6장), CELEBRATED 문화(7장)의 요인들 가운데 여러 가지를 환상적으로 구현한다. 예비 직원경험 조직의 직원들은 대개 만족스러워하지만, 통합적 직원경험 조직에 들어갈 기회가 생긴다면 거절하지 않을 것이다! 이들 역시 직원경험에 대한 투자가 가진 상당한 비즈니스 가치를 깨닫기 시작했지만, 이어서 살펴볼 것처럼, 선도적인 기업들에는 미치지 못한다. 만약 여러분의 조직이 세 가지 직원경험 환경 모두에서 잘하고 있지만 그리 대단하진 않다고 느낀다면, 예비 직원경험 조직에서 일하고 있는 것이다. 이 범주에 속하는 조직으로는 다우 케미칼

(Dow Chemical), 이케아(IKEA), 월풀 코퍼레이션(Whirlpool) 등이 있다.

통합적 직원경험 조직

최상의 조직들이다. 내가 분석한 252개 조직 중 단 6%만이 통합적 직원경험 조직(Experiential organization) 범주에 속했다. 궁극적으로 이들은 직원들이 필요에 의해서가 아니라 진정으로 일하고 싶어서 출근하는 환경을 만드는 데 있어 세계 최고인 회사들이다. 이는 대부분의 조직과 직원에게 있어 이상적인 시나리오로서, 조직이 위대한 존재의 이유를 기반으로 COOL 공간과 ACE 기술에 통달하고, CELEBRATED 문화를 창출한다는 것을 의미한다. 통합적 직원경험 조직은 직원경험을 만드는 기예와 과학에 통달한 조직이다. 기술과 디자인 동향, 업무 공간의 가치와 태도가 계속 변하므로 통합적 직원경험 조직도 틀림없이 계속 변화할 것이다. 11장에서 이들의 비즈니스 가치를 좀 더 살펴볼 것이다. 이미 제2장에서 나열했지만, 이 최고의 조직에는 구글(Google), 에어비앤비(Airbnb), 액센츄어(Accenture), 링크드인(Linkedin), 마이크로소프트(Microsoft), 시스코(Cisco) 등이 포함된다.

그림 9.1은 아홉 가지 조직 범주와 그 차이점을 간단히 한눈에 보여준다.

이들을 살펴볼 때, 조직들이 위아래 범주로 손쉽게 이동할 수 있으며 한 범주에서 다른 범주로 건너뛸 수도 있다는 점에 유의해야 한다. 이런 변화는 단순히 일련의 선형적인 이동으로 나타나지 않는다. 즉 통합적 직원경험 조직에 속했던 어떤 조직이 몰입형 직원경험 조직으로 떨어졌다가 다시 통합적 직원경험 조직으로 되돌아가는 일이 충분히 있을 수 있다.

	문화	기술	물리적 공간
취약한 직원경험 조직	☹	☹	☹
기술적 부분 직원경험 조직	☹	👍	☹
물리적 부분 직원경험 조직	☹	☹	👍
문화적 부분 직원경험 조직	👍	☹	☹
권한형 직원경험 조직	☹	👍	👍
자율형 직원경험 조직	👍	👍	☹
몰입형 직원경험 조직	👍	☹	👍
예비 직원경험 조직	👍	👍	👍
통합적 직원경험 조직	★	★	★

☹ 형편없음 | 👍 좋음 | ★ 훌륭함

JACOB MORGAN
© thefutureorganization.com

그림 9.1 직원경험의 아홉 가지 범주

CHAPTER 10

직원경험 조직의
분포

Employee Experience Distribution

다음 그림 10.1에서 여러분은 252개 조직 중 각 범주에 얼마나 많은 조직이 속하는지를 확인할 수 있다.

1 취약한 직원경험 조직(inexperienced) (20%)

2 기술적 부분 직원경험 조직(Technologically emergent) (3%)

3 물리적 부분 직원경험 조직(Physically emergent) (6%)

4 문화적 부분 직원경험 조직(Culturally emergent) (20%)

5 몰입형 직원경험 조직(Engaged) (14%)

6 자율형 직원경험 조직(Empowered) (4%)

7 권한형 직원경험 조직(Enabled) (4%)

8 예비 직원경험 조직(preExperiential) (23%)

9 통합적 직원경험 조직(Experiential) (6%)

이로부터 몇 가지 흥미로운 시사점을 얻을 수 있다.

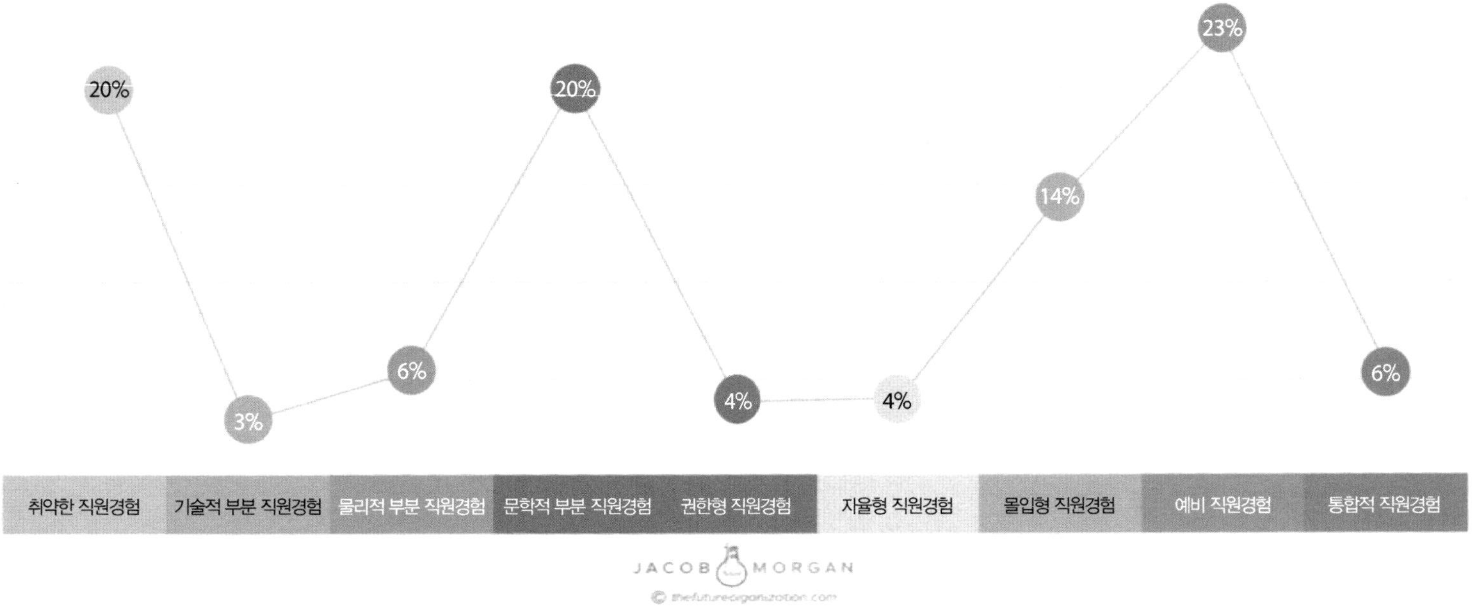

그림 10.1 직원경험 유형별 회사의 비율

| 취약한 직원경험 | 기술적 부문 직원경험 | 물리적 부문 직원경험 | 문화적 부문 직원경험 | 권한형 직원경험 | 지율형 직원경험 | 몰입형 직원경험 | 예비 직원경험 | 통합적 직원경험 |

20% · 3% · 6% · 20% · 4% · 4% · 14% · 23% · 6%

JACOB MORGAN
thefutureorganization.com

- 내가 분석한 252개 기관의 절반에 가까운 조직(49%)이 세 가지 직원경험 환경 중 하나만 주목하거나(29%), 전혀 주목하지 않았다(20%). 놀랄 만큼 높은 수치다.
- 세 가지 직원경험 환경 중 두 가지에 주목하는 조직은 단 22%에 불과하다.
- 전체 조직의 29%가 세 가지 직원경험 환경에 모두 투자하고 있지만, 단 6%만이 진정으로 훌륭한 직원경험을 제공하는 통합적 직원경험 조직으로 간주된다.
- 차트에서 가장 높은 봉우리 중 하나가 문화적 부분 직원경험 조직이라는 점은 놀랍지 않다. 이들은 직원몰입에 초점을 맞추는 회사이며, 11장에서 살펴볼 것처럼 직원경험의 비즈니스 가치 가운데 극히 일부분만을 보고 있다. 이 조직들은 순위와 점수를 높이기 위해 단기적인 아드레날린 투여 계획에 투자하고 있다.

이 자료의 결과는 고무적이면서도 한편으로 약간 섬뜩하다. 23%의 조직이 통합적 직원경험 조직에 근접했다는 것은 좋은 일이다. 하지만 그들이 도약을 성공한다고 하더라도, 직원경험을 만들어내는 데 있어서 진정 뛰어난 조직은 30% 미만에 불과하다. 이는 용납할 수 없는 일이며, 진정한 조직 설계에 중점을 두는 조치가 필요함을 전 세계 직원과 관리자, 임원들에게 알리는 경종 소리다. 대다수의 조직은 그들이 마땅히 가 있어야 할 지점, 직원들이 조직에 기대하고 바라는 지점 근처에도 가지 못했다. 이런 조직들은 최고의 인재를 영입하고 유지하며 비즈니스 목표를 달성함에 있어 유례없는 힘든 시기를 맞이할 것이다.

CHAPTER 11

직원경험의
비즈니스 가치

The Business Value of Employee Experience

왜 굳이 직원경험에 투자하는가? 누가 문화, 기술, 물리적 업무 환경 그리고 존재의 이유 같은 이상한 것에 관심을 가질까? 직원경험에 투자하고 통합적 직원경험 조직이 되는 게 정말 가치 있는 일인가? 알고 보면 정말로 가치 있다―그것도 아주 많이.

진행에 앞서 직원경험에 대한 조직 유형을 읽고 비교할 때 쉽게 참조할 수 있도록 아홉 가지 조직 유형 목록을 간략히 요약해보자.

- 취약한 직원경험 조직(inexperienced) ― 형편없는 문화와 기술, 물리적 공간
- 기술적 부분 직원경험 조직(Technology Emergent) ― 좋은 기술, 하지만 형편없는 문화와 물리적 공간
- 물리적 부분 직원경험 조직(Physically Emergent) ― 좋은 물리적 공간, 하지만 형편없는 문화와 기술

- 문화적 부분 직원경험 조직(Culturally Emergent) – 좋은 문화, 하지만 형편없는 물리적 공간과 기술
- 권한형 직원경험 조직(Enabled) – 좋은 기술과 물리적 공간. 하지만 형편없는 문화
- 자율형 직원경험 조직(Empowered) – 좋은 문화와 기술. 하지만 형편없는 물리적 공간
- 몰입형 직원경험 조직(Engaged) – 좋은 문화와 물리적 공간. 하지만 형편없는 기술
- 예비 직원경험 조직(preExperiential) – 좋은 문화와 기술, 물리적 공간
- 통합적 직원경험 조직(Experiential) – 훌륭한 문화와 기술, 물리적 공간

이 섹션에서 나는 비–통합적 직원경험 조직(nonexperiential Organizations)이란 것도 언급할 것이다. 이들은 통합적 직원경험 조직을 제외한 나머지 모든 범주(8개 범주)를 포함한다. 즉, 상위 6%를 제외한 모든 조직은 비–통합적 직원경험 조직이다.

직원경험의 비즈니스 영향력을 파악하기 위해서 나는 네 가지 사항을 살펴보았다. 첫 번째는 경영진들이 나에게 공유해준 일화와 관찰 데이터였다. 상당수 경영진은 나에게 노동력의 생산성 향상, 인재 파이프라인 확장, 혁신 수준의 상승, 사기 진작 등을 경험했다고 말했다. 이를 보여줄 명확한 데이터는 없었지만 그들이 직접 보고 경험한 것으로서 여전히 검토할 만한 긍정적인 자료였다. 두 번째로 살펴본 것은 수십 개의 다른 선도적인 기업 리스트와 순위였다. 통합적

직원경험 조직이 다른 범주의 조직들보다 얼마나 더 자주 기업 리스트와 순위에 등장하는지를 확인하기 위해서였다. 예컨대 통합적 직원경험 조직은 가장 혁신적인 회사 리스트나 최고의 고객 서비스 리스트에 다른 범주의 조직들보다 얼마나 더 자주 등장하는가? 다음으로 통합적 직원경험 조직과 나머지 조직들의 비교를 위해 직원 이직률, 평균 임금, 평균 이익, 직원 증가율, 평균 수입에 관한 측정지표를 살펴보았다. 마지막으로 다양한 범주에 있는 기관들의 주가 실적을 서로 비교하고, S&P500(Standard & Poor's 500) 및 나스닥과 비교하고자 했다. 또 재미 삼아 글래스도어의 2016년 최고의 직장 리스트(대기업용)와 《포춘》 선정 2016년 일하기 좋은 100대 기업 리스트를 통합적 직원경험 조직들과 비교해보기도 했다.

이 책을 위한 데이터를 실제로 수집하기 전부터, 나는 링크드인이나 시스코, 에어비앤비와 그 외 통합적 직원경험 조직이 직원경험 지수에서 높은 점수를 받으리라 예감했었다. 나는 그들의 사무실을 방문해서 경영진들과 이야기를 나눠보았기에, 이 회사들이 직원경험을 설계하는 데 상당한 시간과 금액을 투자한다는 걸 알고 있었다. 또한 나는 이러한 회사들이 다른 유형의 회사들보다 여러 선도적인 기업 리스트에 더 자주 (나아가 더 높은 순위에) 등장할 것이라고 믿었었다. 그러나 연구와 데이터 분석에 있어선 실제 결과가 나오기 전까지는 어떻게 될지 아무도 모르는 일이었다. 다행히도 이 자료들은 통합적 직원경험 조직이 모든 다른 범주의 조직들보다 압도적으로 우세하다는 걸 보여주었다.

그림 11.1은 통합적 직원경험 조직과 다른 여덟 가지 유형의 조직들 사이의 비교치를 보여준다. 통합적 직원경험 조직은 혁신, 고객

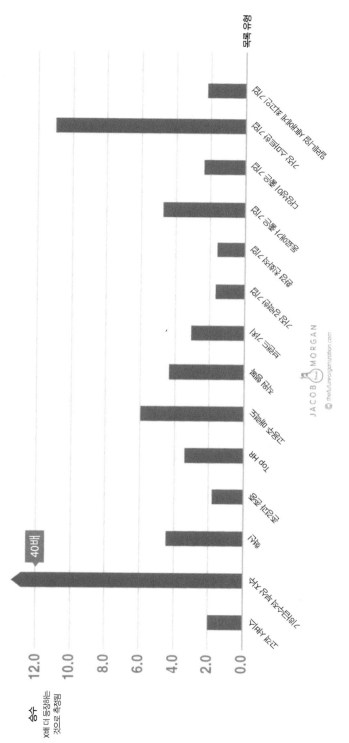

그림 11.1 각종 리스트에서 통합적 직원경험 조직의 등장 빈도

목록 유형

빈도가 높아지는 쪽에서 낮아지는 기업
가장 빠르게 성장하는 기업
다양성이 뛰어난 기업
동업하기 좋은 기업
젊은 감성형 기업
가장 혁신적인 기업
밀레니얼 기업
취업 희망
포브스 베스트
업무 환경
건강
가장 일하기 좋은 직장
포춘 선정

40배

빈도
X배 더 등장하는
것으로 측정됨

12.0

10.0

8.0

6.0

4.0

2.0

0.0

JACOB MORGAN
thefutureorganization.com

서비스, 직원 행복, 고용주 매력도 및 내가 찾은 기타 주요 리스트에서 얼마나 자주 등장했는지 확인할 수 있다. 다양한 재무 및 비즈니스 측정지표에 대한 비교 역시 볼 수 있다.

나는 이 9개 범주의 조직을 서로 비교하는 것 외에 최고 범주인 통합적 직원경험 조직을 나머지 8개 범주의 조직들(간단히, 비-통합적 직원경험 조직들)과 비교하기 위해 온갖 방법으로 데이터를 쪼개어 분석했다. 관련된 모든 도표와 비교 자료만으로도 수십 쪽을 차지할 것이기에, 이 책에 그 전부를 담진 않았다

이러한 비교에서 승수(multipliers)를 나타내는 다양한 숫자를 볼 수 있을 것이다. 만약 3.8이란 숫자를 본다면, 통합적 직원경험 조직이 나머지 범주의 조직들보다 해당 목록에서 3.8배 더 자주 나타났다는 것을 의미한다고 보면 된다.

이 내용에 관하여 더 자세히 살펴보도록 하자.

고객 서비스

먼저 나는 통합적 직원경험 조직이 다른 조직들보다 고객 서비스 리스트에 얼마나 더 자주 등장하며, 얼마나 더 높은 순위로 등장하는지 살펴보았다. 나는 24/7 월스트리트 고객 서비스 명예의 전당 순위, 템킨(Temkin) 고객 서비스 순위, 미국 고객 만족 지수 등을 포함한 몇몇 리스트를 검토했다. 이 리스트들에서 통합적 직원경험 조직은 다른 모든 범주의 조직들, 즉 비-통합적 직원경험 조직들보다 2배 더 자주 등장했다. 통합적 직원경험 조직(최고의 조직)과 취약한 직원경험 조직(최악의 조직)을 비교하면 이 수치는 다시금 거의 두 배

기 되었다. 통합적 직원경험 조직과 예비 직원경험 조직(2위 조직) 간의 격차가 가장 낮은 것으로 나타났다. 이들 간 승수는 1.3이었는데, 최고의 조직과 두 번째로 높은 수준의 조직이 비교 대상이란 점을 고려하면 여전히 상당한 차이다. 아주 작은 차이라도 조직에게는 수백만 달러로 해석될 수 있다. 더 좋은 서비스를 받는 고객들은 흔히 더 많은 돈을 소비하며, 브랜드에 더 충성한다. 화가 난 고객들은 응대하는 시간이 더 오래 걸리기 때문에 보통 비즈니스 비용이 더 많이 든다는 것은 말할 것도 없다. 게다가 그들은 불쾌한 경험을 다른 사람들과 공유할 가능성이 높다.

이 책의 시작 부분에서 언급했듯이, 직원들은 그들의 경험에 초점이 맞춰지면 자율적으로 노력하기 시작하며, 결과적으로 더 나은 고객 서비스를 제공하게 된다. 나는 직원경험과 고객 서비스 사이의 직접적인 관계를 알 수 있어서 기뻤다.

혁신

나는 패스트컴퍼니(Fast Company)가 선정한 전 세계 가장 혁신적인 기업 리스트, 《포브스》의 가장 혁신적인 기업 리스트, 보스턴 컨설팅 그룹(Boston Consulting Group)의 가장 혁신적인 기업 리스트를 살펴보았다. 통합적 직원경험 조직은 비-통합적 직원경험 조직들(다른 8개 범주의 모든 조직)보다 이 목록에 4.5배 더 자주 나타났으며, 최고의 조직과 최악의 조직과 비교하면 이 수치는 거의 7배로 뛰었다. 이는 엄청난 수치다. 문화와 기술, 물리적 환경에 중점을 두는 일을 우수하게 해내는 조직은 훨씬 더 높은 수준에서 혁신할 수 있는 것이 분명하다. 통합적 직원경험 조직의 직원들은 날마다 업무를 위한 최고의 아이디어를 끌어내기 위해 필요한 자원을 제공받을 것이므로 충분히 이해되는 부분이다. 혁신은 새로운 제품과 서비스, 파트너십으로 이어지고, 조직의 경쟁력을 유지시켜 준다. 혁신이 전 세계 경영진의 최우선 과제 가운데 하나로 꾸준히 꼽히는 것은 놀라운 일이 아니다. 직원경험에 집중하는 것은 혁신을 달성하는 가장 좋은 방법처럼 보인다.

고용주 매력도

선택할 수 있는 리스트가 많았다. 글래스도어의 일하기 가장 좋은 곳 리스트, 커리어 블리스(CarrerBliss)의 가장 행복한 기업 50 리스트, 《포춘》 선정 밀레니얼 세대를 위한 최고의 직장 100 리스트, 링크드인의 가장 주목받는 고용주 리스트와 가장 매력적인 기업 리스트, 브랜드Z의 세계에서 가장 가치 있는 브랜드 리스트 등이었다. 다시 한번, 다른 모든 범주의 조직이 통합적 직원경험 조직에게 완패당했다. 통합적 직원경험 조직은 이 목록에서 비-통합적 직원경험 조직들보다 6배 더 자주 등장했고, 취약한 직원경험 조직보다는 7.4배, 예비 직원경험 조직보다는 2.6배 더 자주 등장했다. 고용주 매력도는 최고의 인재를 영입하고 유지하는 데 있어서 대단히 중요한 요소이며, 인재 파이프라인을 확장하는 데도 기여한다.

존경과 존중

존경과 존중(admiration and respect)은 고용주 매력도와 매우 밀접한 관계에 있고 사실상 중복될 수도 있지만, 나는 별개의 범주로 만들기로 했다. 존경받고 존중받는 조직은 예비 직원과 현재 직원에게 훨씬 매력적일 뿐만 아니라, 전 세계 사람들과 다른 조직들의 롤 모델로 여겨진다. 이들은 모두가 찾는 조직이자 구성원이 되려고 애쓰는 조직, 사업적으로 관계를 맺고자 하는 조직이다. 내가 살펴본 《포브스》의 최고의 고용주 리스트, 《포춘》 선정 가장 존경받는 기업 리스트, 《바론(Barron)》의 가장 존경받는 기업 리스트 등에서, 통합적 직원경험 조직은 비-통합적 직원경험 조직들보다 2배 가까이 더 자주 나타났다. 자료를 보면 훌륭한 경험에 투자하는 조직은 널리 존경받고 존중받는 것으로 보인다. 나는 이것이 우연의 일치라고 생각하지 않는다.

브랜드 가치

여러분의 브랜드는 얼마나 가치 있는가? 《포브스》와 브랜드Z는 브랜드의 전반적인 가치를 측정하고 살펴보는 리스트를 가지고 있다. 통합적 직원경험 조직은 비-통합적 직원경험 조직들보다 이 리스트에서 3배 이상 더 자주 나타났다. 최고의 조직(통합적 직원경험 조직)과 최악의 조직(취약한 직원경험 조직)을 비교하면, 최고 범주의 조직들은 충격적이게도 10배나 더 자주 리스트에 나타났다. 역시 직원들을 위해 훌륭한 경험을 만들어내는 데 투자하는 조직들이 더 가치 있는 브랜드를 구축할 수 있는 것으로 보인다. 그러한 조직의 직원들은 브랜드 가치에 기꺼이 기여하고자 최선을 다할 것이므로 충분히 이해되는 부분이다. 가치 있는 브랜드는 단순히 고객을 가장 많이 확보하거나 제품을 가장 많이 판다고 해서 만들어지는 게 아니다. 그것은 직원들을 돌보는 것에 관한 것이기도 하다.

기타 리스트

이상은 내가 살펴본 주요 리스트 범주 가운데 일부였다. 통합적 직업경험 조직이 나머지 범주들이나 조직들보다 얼마나 더 자주 등장하는지를 살펴본 다른 리스트도 많이 있다. 밀레니얼 세대를 위한 최고의 직장 리스트, 커리어 블리스의 가장 행복한 기업 50 리스트, 매사추세츠 공과 대학의 가장 똑똑한 기업 50 리스트, 친환경 기업 리스트, 《포춘》 선정 동료애를 위한 최고의 직장 50 리스트, 《포춘》 선정 다양성을 위한 최고의 직장 50 리스트, 워크포스 100(최고의 인적 자원 회사) 등이 여기 포함된다. 이 모든 리스트에서 통합적 직원경험 조직은 나머지 조직들보다 2~11배 더 자주 나타났다.

나는 또한 살림 이스마일(Salim Ismail)이 그의 저서 《기하급수 시대가 온다(Exponential Organizations)》를 토대로 만든 새로운 리스트도 살펴보았다. 기하급수 조직은 "가속하는 기술들을 활용하는 새로운 조직적 기법을 통해 경쟁자에 비해 불균형적으로 큰 영향—최소 10배 이상의—을 미치는 (혹은 결과를 내는) 조직"으로 정의된다. 이스마일과 그의 팀은 10가지 변인을 바탕으로 프레임워크를 고안한 뒤 전 세계 조직들을 평가해서 순위를 매겼다.[1] 자연히 나는 통합적 직원경험 조직이 기하급수적 조직일 가능성도 높을지 궁금했는데, 결과적으로 그렇게 드러났다. 사실 통합적 직원경험 조직은 살림의 리스트에서 나머지 범주의 조직들보다 거의 40배 가까이 더 자주 등장했다. 이는 믿기 어려울 정도로 높은 수치로, 나는 이에 대한 유일한 설명은 직원경험에 투자하는 조직이 명백히 극적인 비즈니스 효과를 얻는다는 것뿐이라고 믿는다. 한편, 이스마일의 기하급수적 조직 상위 100 리스트에는 직원 수 100명 내외의 인디고고(Indiegogo), 400명 정도의 텀블러(Tumblr), 100명 미만의 레딧(Reddit) 등 소규모 회사가 포함되어 있다는 것도 중요하다. 이 리스트에는 스튜디오 로세하르데(Studio Roosegaarde), 이네보(Enevo), 이크 야크(Yik Yak) 등 세상 사람 대부분이 들어보지 못했을 조직도 많이 포함되어 있다. 이를 언급하는 이유는 이러한 작은 조직들과 스타트업 회사들이야말로 파괴적이고, 민첩하며, 혁신적이고, 미래 지향적인 것으로 잘 알려져 있기 때문이다. 하지만 전 세계에 있는 그런 작은 조직들과 비교하더라도, 통합적 직원경험 조직은 여전히 경쟁 우위를 점하고 있다.

그러나 혹시 모르니 재무적인 측면과 비즈니스적인 측면도 함께 살펴보도록 하자.

참고

1 Ismail, Salim. *Exponential Organizations: Why New Organizations Are Ten Times Better, Faster, and Cheaper than Yours (and What to Do about It)*. New York: Diversion Books, 2014.

CHAPTER 12

비즈니스 측정지표와
재무 성과

Business Metrics and Financial Performance

아홉 가지 범주의 조직들을 리스트 상에서 비교해보면 몇 가지 흥미로운 시사점이 분명히 드러난다. 나는 한 걸음 더 나아가 재무 데이터와 사업 성과 측정지표를 살펴보고자 했고, 야후!(Yahoo!), 파이낸스(Finance), 페이스케일(PayScale), 포춘(Fortune) 등의 조직에서 제공하는 데이터를 검토하였다. 비록 모든 회사의 모든 측정지표를 알아내진 못했지만, 분명 상당히 많은 데이터를 다룰 수 있었다. 나는 직원 이직률, 평균 임금, 직원당 수입 및 이익을 기준으로 통합적 직원경험 조직과 나머지 범주들을 비교했다. 그림 12.1은 통합적 직원경험 조직 대 비–통합적 직원경험 조직을 살펴본 것이고, 그림 12.2는 통합적 직원경험 조직이 나머지 범주의 조직들과 비교하여 어떤 결과를 보였는지 상세한 내역을 표시한 것이다.

통합적 직원경험 조직은 비–통합적 직원경험 조직보다 20% 직원이 적지만 40% 더 낮은 직원 이직률을 보였으며, 직원 성장률은 1.5

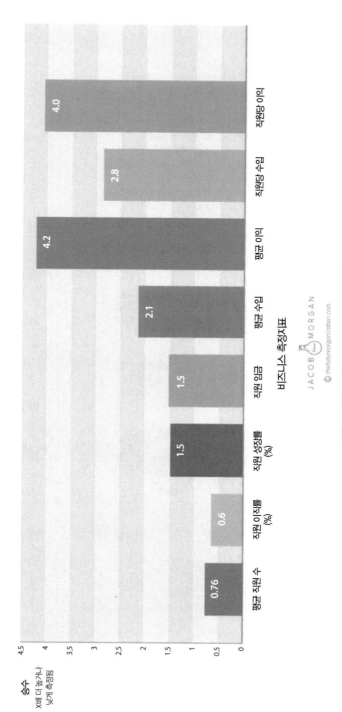

비즈니스 측정지표

그림 12.1 통합적 직원경험 조직의 비즈니스 측정지표

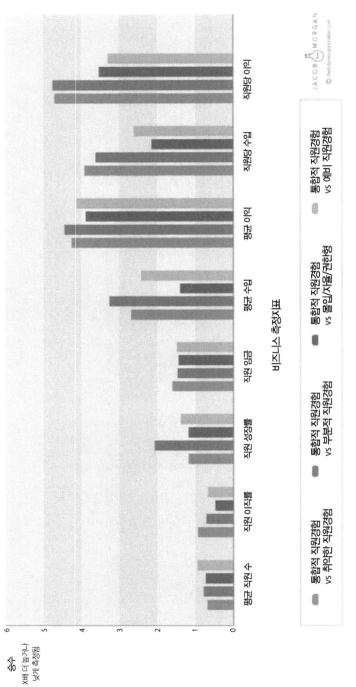

그림 12.2 조직 범주별 비즈니스 측정지표

배, 평균 수입은 2.1배, 평균 이익은 4.2배, 직원당 수입은 2.8배, 직원당 이익은 4.3배 더 많았다. 앞의 문장을 몇 번 다시 읽으면서 이 수치들을 충분히 이해하길 권한다. 이 수치들은 통합적 직원경험 조직이 가장 생산적인 조직이기도 하다는 점을 분명히 한다. 가장 회의적인 독자나 경영진조차도 직원경험에 투자하는 것이 조직에 상당한 재무적 효과를 가져온다는 걸 인정할 수 있을 것이다. 주목해야 할 또 하나의 흥미로운 점은 통합적 직원경험 조직이 비–통합적 직원경험 조직들보다 직원에게 지급하는 임금이 1.5배 더 많다는 것이다. 아마 우연은 아닐 것이다 .

애크미 A(통합적 직원경험 조직)와 애크미 B(비–통합적 직원경험 조직)라는 두 개 조직이 있다고 가정해보자. 표 12.1은 이 장 시작 부분에 나온 수치가 두 개의 가상 조직에서 어떻게 적용되는지 보여준다.

물론 이들은 완전히 지어낸 수치들이만, 수십억 달러 규모에서 어떤 영향을 미칠 수 있는지를 쉽게 보여준다.

표 12.1 애크미 A 와 애크미 B의 비즈니스 측정지표

회사	직원 수	수입	이직자 수	직원당 수입	이익	직원당 이익	직원당 임금
애크미 A	7만 명	105억 달러	4천 명	15만 달러	40억 달러	8.8만 달러	9.5만 달러
애크미 B	10만 명	50억 달러	6천 7백 명	5만 달러	90억 달러	2만 달러	6.3만 달러

이를 한층 더 알아보기 위해 나는 다양한 범주에 속한 조직들의 주가 실적을 비교했고, S&P500 지수, 나스닥 지수, 글래스도어의

2016년 최고의 직장(대기업용),《포춘》선정 2016년 일하기 좋은 100대 기업을 포함시켰다.

범주에 속한 모든 조직의 주가를 2012년 1월부터 2016년 10월까지 살펴보았고, 각각에 1천 달러의 초기 투자를 가정했다. 나는 두 가지 방식으로 이를 검토했다. 그림 12.3은 조직들이 몇 개의 직원경험 환경(문화, 기술, 물리적 환경)에 투자하냐에 따라서 그룹화한 것이다. 즉 모든 부분적 직원경험 조직(Emergent)이 한 그룹에 속하며, 몰입형, 자율형, 권한형 직원경험 조직이 한 그룹에 속한다. 그림 12.4는 각 직원경험 조직 범주를 개별적으로 그룹화한 것이다.

일부 통합적 직원경험 조직은 글래스도어와《포춘》의 리스트에 올라있다. 하지만 이와 상관없이 통합적 직원경험 조직은 나머지 모두를 상당한 차이로 앞질렀다. 오직 주가 실적만을 놓고 본다면, 모든 예상이 결과와 완전히 일치하진 않았다. 통합적 직원경험 조직이 나머지 조직 대부분보다 앞선 것은 맞지만, 그 외에 몇 가지 놀라운 부분이 있었다. 예를 들어 기술적 부분 직원경험 조직과 권한형 직원경험 조직은 (예비 직원경험 조직 그룹보다 높은 점수를 기록하며) 나머지 조직 대부분보다 나은 성과를 거두었다. 그럼에도 직원경험에 대한 투자를 정당화하기 위해 단순히 주식 성과에만 의존할 수는 없다. 내가 위에서 다른 요소들을 살펴본 이유이기도 하다. 그러나 통합적 직원경험 조직이 금융 투자에 있어서도 나머지 모든 조직보다 뛰어난 성과를 거둔 것을 보면 다소 안심이 된다. 비록 다른 조직들이 직원경험의 비즈니스적 가치를 이해하고 일부 분야에 투자할지라도, 여기서 일종의 승자 독식 결과가 나온다는 것은 아주 명백하다. 직원경험의 비즈니스 가치와 효과를 진정으로 알아보는 조직은 세 가지 직원경험 환경에서 모두 뛰어난 조직이다. 이들은 놀라운 문화, 기술, 물리적 공간을 가지고 있으며, 그 결과 놀라운 회사가 되는 것이다.

모든 것을 종합해보면, 명백히 통합적 직원경험 조직은 고객 만족도 및 그와 관련한 순위가 더 높고, 최고 수준의 혁신 관행을 가지고 있으며, 가장 매력적이며 가장 존중받는 직장이자, 가장 가치 있는 브랜드를 가지고 있다. 또한 더 스마트하고, 더 친환경적이고, 더 행복하고, 더 다양하다. 최고의 피플 팀(people team)을 가지고 있으며, 나머지 범주의 조직들과 비교했을 때도 최고의 동료애를 가지고 있다. 경쟁사 대비 성과 벤치마크에서 수익률이 더 높을 가능성이 크고, 주가 실적을 봤을 때 투자 수익률도 더 높을 것이다. 이 정도면 가장 회의적인 독자와 비즈니스 리더, 경영진조차도 직원경험에 대한 투자가 최우선 사항이 되어야 함을 납득할 수 있을 것이다.

그림 12.5는 통합적 직원경험 조직이 실현하는 직원경험의 비즈니스 결과를 개념화하는 데 도움이 될 것이다. 이는 또한 이 책의 개념들이 어떻게 서로 조화를 이루는지 보여준다. 맨 왼쪽 시작 부분에 존재의 이유가 있고, 이는 COOL 공간(5장), ACE 기술(6장), CELEBRATED 문화(7장)로 조직의 투자를 이끈다. 이들은 직원경험을 형성하는 요소들이며, 직원몰입을 유도한다. 결과적으로 몰입도가 높은 직원들을 보유한 조직은 엄청난 비즈니스 가치를 얻게 된다. 아무 조직이나 이러한 비즈니스 가치를 얻을 수 있는 게 아니다. 직원경험에 투자하는 놀라운 일을 하는 조직만이 그러한 가치를 얻을 수 있다.

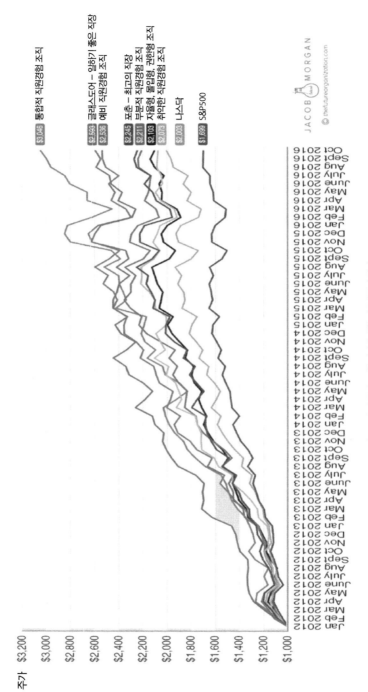

그림 12.3 초기 투자금 1천 달러에 대한 범주별 주가 실적

주가

통합적 직원경험 조직 $3,046

글래스도어 – 일하기 좋은 직장
예비 직원경험 조직 $2,593 $2,536

표준 – 최고의 직장
부분적 직원경험 조직 $2,245
자율형, 몰입형, 권한형 조직 $2,211
취약한 직원경험 조직 $2,103 $2,073

나스닥 $2,003

S&P500 $1,699

JACOB MORGAN
thefutureorganization.com

그림 12.4 초기 투자금 1천 달러에 대한 모든 회사의 주가 실적

주가

$3,200
$2,500
$2,000
$1,500
$1,000

Jan-12
Mar-12
May-12
Jul-12
Sep-12
Nov-12
Jan-13
Mar-13
May-13
Jul-13
Sep-13
Nov-13
Jan-14
Mar-14
May-14
July-14
Sep-14
Nov-14
Jan-15
Mar-15
May-15
Jul-15
Sep-15
Nov-15
Jan-16
Mar-16
May-16
Jul-16
Sep-16

$3,046 통합적 직원경험 조직
$2,764 기술적 부분 직원경험 조직
$2,740 관한형 직원경험 조직
$2,593 글래스도어 – 일하기 좋은 직장
$2,536 예비 직원경험 조직
$2,313 문화적 부분 직원경험 조직
$2,245 포춘 – 최고의 직장
$2,073 취약한 직원경험 조직
$2,012 물질형 직원경험 조직
$2,003 나스닥
$1,969 자율형 직원경험 조직
$1,841 물리적 부분 직원경험 조직
$1,699 S&P500

JACOB MORGAN
© thefutureorganization.com

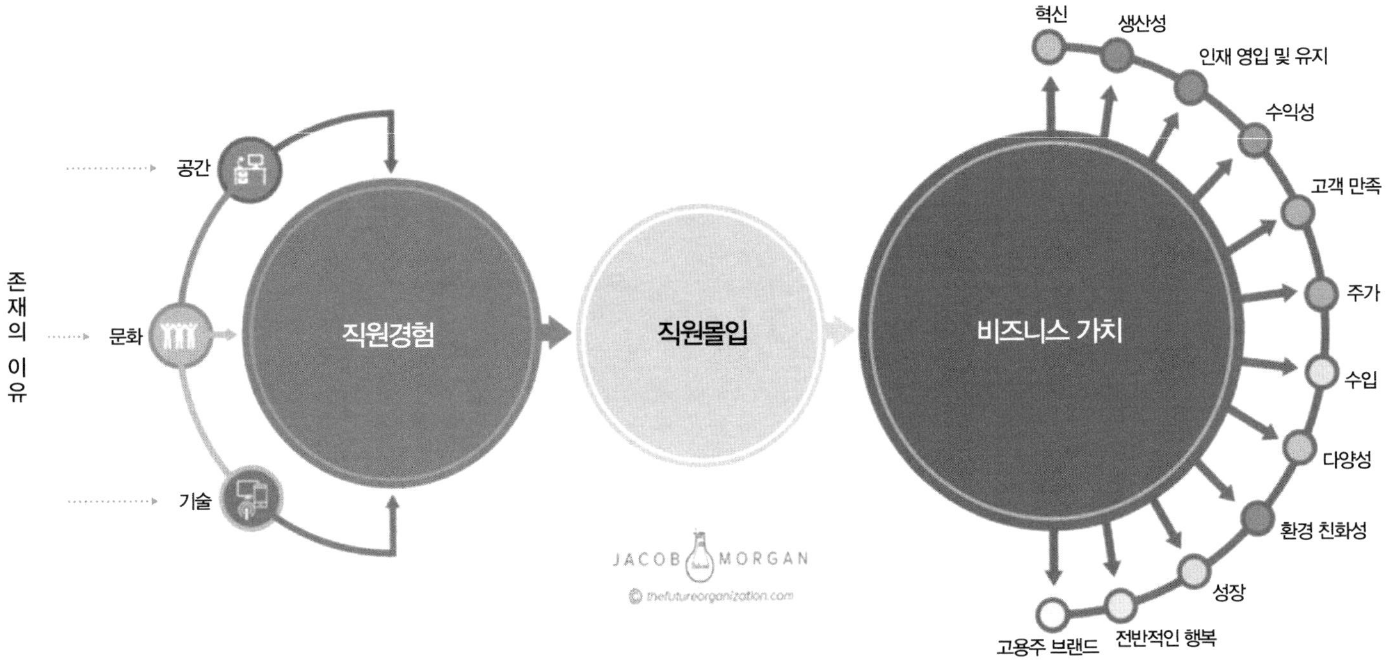

존재의 이유

문화

공간

기술

직원경험

직원몰입

비즈니스 가치

혁신

생산성

인재 영입 및 유지

수익성

고객 만족

주가

수입

다양성

환경 친화성

성장

전반적인 행복

고용주 브랜드

JACOB MORGAN
@ thefutureorganization.com

그림 12.5 직원경험 비즈니스의 결과

CHAPTER 13

직원경험의
비용

The Cost of Employee Experience

조직들이 늘 걱정하는 것 중 하나가 바로 비용(cost)이다. 특히 나는 "우리는 A사만큼의 예산이 없습니다."와 같은 말을 듣곤 한다. 이런 일은 보통 무료 고급 음식이나 유명 디자이너가 설계한 사무실 공간, 혹은 무료 드라이클리닝, 마사지, 반려견 산책처럼 굉장한 특전을 강조할 때 일어난다. 맞는 말이다. 저런 일이라면 돈이 많이 든다. 그러나 직원경험을 형성하는 데 필요한 것 대부분은 사실 무료다. 사람들을 잘 대우하고, 유연성과 자율성을 부여하며, 다양한 그룹의 사람들을 고용하고, 배우며 성장할 기회를 주는 데는 어떤 비용이 들까? 사람들을 대하는 방식을 바꾸는 데는 돈이 들지 않는다. 17가지 변인을 아래서 다시 살펴보고, 어떤 것이 가장 큰 투자를 필요로 하는지 알아보자.

직원들이 일하면서 가장 관심을 두는 17가지 변인 중 대다수는 실제로 재정적인 투자가 거의 필요 없다. 물론, 상당한 비용이 드는 항목들이 있다. 그림 13.1에서 비용 내역을 볼 수 있다. 일반적인 예는 사무실 공간과 설계다. 칸막이와 폐쇄형 사무실로 가득한 공간을 나무 바닥과 자연 채광, 색다른 회의실, 스탠딩 데스크로 이루어진 멋진 사무실로 바꾸는 데는 틀림없이 돈이 든다. 제너럴일렉트릭(GE)은 최근 그러한 변화를 주었다. 나는 직장의 미래 포럼을 주최하면서 보스턴에 있는 GE의 새 사무실을 방문할 수 있는 기회를 얻었다. 여러분은 그 건물 안으로 들어서게 되면 아마 샌프란시스코에 있는 스타트업 회사를 방문한 줄 알 것이다. 기존에는 그곳에서 일하는 모든 직원이 사무실을 갖고 있었지만, 이제는 사실상 모든 직원이 무료 간식과 멋진 높이 조절 책상, 아름다운 실내 장식이 있는 (주로 열린 공간인) 복합적 업무 공간 환경에서 일하도록 바뀌었다.

다른 조직들과 마찬가지로 GE는 모든 사무실과 칸막이 레이아웃을 더 현대적인 것으로 바꾸면서 평방피트당 부동산 비용을 절감했다. 실제로 이런 유형의 레이아웃이 훨씬 더 많은 사람을 수용할 수 있다. GE는 부동산 비용 절감액을 무료 간식이나 멋진 장식품과 같은 것에 더 투자했다. 요점은 직원경험에 필요한 투자를 한다는 것이 반드시 조직이 더 많은 돈을 써야만 한다는 걸 의미하진 않는다는 것이다.

직원들에게 주는 특전(perk)을 구체적으로 살펴본다면, 아마도 구글만큼 유명한 조직은 없을 것이다. 구글 직원들은 자동차 세차와 오일 교체부터 유기농 식료품 배달, 무료 미용실, 무료 음식, 심지어 도우미까지 방대한 특전을 얻는다! 이때 사람들은 구글이 직원들을 위해 모든 비용을 다 지불하는 게 아니라는 사실을 거의 알아차리지 못한다. 구글과 같은 회사가 직원들에게 이러한 서비스를 이용할

변인	비용 수준	비용 유형
기술적 환경		
소비자 맞춤형 기술	약간	구식 기술에서 현대적 기술로 이전하거나 새로 제작하는 데 드는 비용
모든 직원의 사용 가능성	최저에서 중간	더 많은 사람에게 기술을 제공하는 데 드는 잠재적 비용
직원의 요구에 맞춘 기술	무료	직원들이 일하는 방식을 이해하고 올바른 기술에 집중하는 데 드는 시간적 비용
물리적 환경		
다양한 업무 공간 옵션	약간 또는 높음	새로운 업무 공간을 설계하고 구현하는 비용. 보통 부동산 비용 절감으로 상쇄된다
핵심 가치를 반영하는 물리적 공간	무료 또는 약간	잠재적인 설계 변경
친구나 손님의 방문이 자랑스러움	약간 또는 높음	잠재적인 설계 변경. 친구나 방문객을 초대하는 데는 비용이 들지 않거나 최저만 든다
유연 근무와 자율성	무료 또는 최저	자유와 자율성을 주는 데는 비용이 들지 않음. 단, 필요한 기술과 관련하여 약간의 비용이 든다
문화적 환경		
목적의식	무료	사람들이 회사와 세계에 얼마나 기여하는지를 이해하도록 돕는 데는 비용이 들지 않는다
공정한 대우	무료	사람들을 공정하게 대우하는 데는 비용이 들지 않는다
소중히 여겨진다는 느낌	무료	사람들이 소중히 여겨진다고 느끼게 하는 데는 비용이 들지 않는다
코치와 멘토로서의 관리자	무료 또는 약간	올바른 관리자를 적소에 배치하는 데는 비용이 들지 않음. 단, 트레이닝에는 약간의 잠재적 비용이 든다
팀의 일원이 됨	무료	직원들을 팀의 일원으로 느끼게 하는 데는 비용이 들지 않는다
새로운 학습과 성장의 기회, 자원을 제공함	무료 또는 최저	직원들에게 기회를 제공하는 데는 비용이 들지 않음. 단, 학습과 교육 프로그램에는 잠재적 비용이 든다
다른 이를 추천함	무료	다른 이를 추천하는 데는 비용이 들지 않는다
다양성과 포용	무료	다양한 그룹의 사람들을 고용하는 데는 비용이 들지 않는다
강력한 브랜드 평판	무료 또는 최저	기업 순위 리스트 평가와 검토에 드는 수수료. 사람들을 윤리적으로 잘 대우하는 데는 비용이 들지 않는다
직원 웰빙 (신체적/정신적)	무료 또는 약간	헬스장 멤버십과 클래스 운영, 트레이닝 등에 드는 비용

그림 13.1 직원경험 변인들의 비용

수 있게 해주고 이용료를 협상할 수도 있다. 하지만 실제 비용을 지불하는 것은 직원들이다. 예를 들어 구글이 직원들을 위해 이동식 세차와 오일 교환 서비스 회사를 현장에 오도록 하는 데는 어떠한 비용도 들지 않는다. 하지만 그 서비스를 실제로 이용하려면, 직원들은 비용을 지불해야 한다. 여러 특전을 이용할 수 있게 해주는 것과 그에 드는 비용을 모두 지불하는 것은 서로 다르다. 구글이 제공하는 굉장한 특전을 들으면서 우리 대부분은 회사가 모든 비용을 지불한다고 생각하지만, 사실은 그렇지 않은 것이다. 구글이 직원들의 삶을 더 수월하고 편리하게 만드는 데 집중하는 건 사실이지만, 실제로 모든 비용을 지불하진 않는다. 구글이 비용을 내는 특전은 무료 음식과 보조금을 받는 보육 서비스, 셔틀 서비스와 같은 것들이다.

구글은 이런 일을 하며 꽤 많은 비용을 들일 수 있다. 하지만 이들은 사람들의 삶을 더 수월하게 만든다는 가치가 있다. 흥미롭게도 구글의 고문인 라즐로 복에 따르면, 특전은 사람들이 구글에 들어오거나 머무르는 이유가 아니다. 그래도 구글이 그런 일을 하는 건 세 가지 간단한 이유 때문이라고 한다. 그것은 쉽고, 보람 있으며, 올바르다고 느껴진다. 나도 안다. 구글이 하는 이 모든 일이 현실적이거나 실용적이 않아 보일 수 있다. 그러나 라즐로 복은 말한다. "기억하세요. 이러한 프로그램들은 대부분 무료입니다. 회사 밖으로 나가 직원들에게 물건을 팔고 싶어 하는 판매자를 찾거나, 점심 식사 자리를 마련하거나, 강의나 대담을 원하는 연설자를 초대하기만 하면 됩니다. 모두가 승리자죠."[1] 그러나 물론, 구글이 직원들에게 훌륭한 특전을 제공한다는 것만으로 통합적 직원경험 조직이 된 것은 아니다. 구글은 다양성과 포용, 직원들이 팀의 일원이라고 느낌, 새로운 것을 배우고 성장할 수 있음 등을 비롯하여 몇 가지 변인에서도 상당히 높은 점수를 받았다.

그러나 직원경험에 투자하는 것이 아주 간단하거나 저렴할 거라고 생각할 정도로 순진해서는 안 된다. 이 책에서 강조한 모든 미래지향적인 조직은 피플 애널리틱스와 기술 솔루션, 새로운 경영 및 리더십 스타일, 학습과 교육 프로그램, 인사 기능의 완전한 재설계와 재구축 등 상당한 투자를 했다. T-모바일, 링크드인, 시스코 등의 여러 기관은 전통적인 인사 담당 기능과 조직의 관행을 깨뜨리고 더 나은 해결책을 제시하기 위한 해커톤(hekathon)을 계속 개최해왔다.

조직 대다수에게 있어서 직원경험이 그토록 어려운 개념인 이유는, 간단히 말해서 그들이 직원경험을 전달하는 데 초점을 맞춰서 설계되지 않았기 때문이다. 즉 비록 앞서 논의한 17개의 변인을 구현하는 비용은 그리 크지 않을지라도, 17개 변인을 구현할 수 있도록 조직을 재설계하는 비용은 클 수 있다.

이 책의 첫머리에 우리는 직원을 톱니바퀴로, 관리자를 사육사로, 일을 단조롭고 힘든 것으로 보는 생각 위에서 어떻게 우리의 조직이 만들어졌는지 살펴보았다. 이런 사고방식에 익숙한 조직이 직원경험을 만들어내는 조직으로 전환하는 것은 분명 큰 도전이며, 곧 자원이 필요하다는 것을 의미한다. 이 책에 나온 통합적 직원경험 조직들은 말 그대로 스스로를 재설계하여 사람들에게 경험을 전달할 수 있는 조직으로 탈바꿈했다. 다른 길은 있을 수 없다.

흥미로운 점은 이러한 투자는 지금 당장이든 여러분의 조직이 경쟁사를 따라잡으려 할 때든 언젠가는 꼭 해야만 하는 중요한 비즈니스 투자라는 것이다. 앞선 장의 모든 비즈니스 및 재무 분석에서 보았듯이, 이 투자에 대한 수익은 걱정할 필요가 없다.

참고

1 Bock, Laszlo. *Work Rules! Insights from Inside Google That Will Transform How You Live and Lead*. New York: Grand Central, 2015.

4

직원경험 조직 구축하기

— Building the experiential organization —

CHAPTER 14

시스템1 경험
vs 시스템2 경험

System 1 versus System 2 Experiences

　　대니얼 카너먼(Daniel Kahneman)은 세계에서 가장 유명한 심리학자 중 한 명이자 노벨 경제학상 수상자이며, 베스트셀러《생각에 관한 생각(Thinking, Fast and Slow)》의 저자다. 이 책에서 그는 '시스템1'과 '시스템2'라는 두 가지 종류의 사고방식을 설명한다. 시스템1 사고는 아주 빠르고, 본능적이며, 많은 집중이나 주의를 필요로 하지 않는다. 이는 기본적으로 우리 뇌에 있는 자동 조종 시스템이다. 예를 들어 만약 내가 여러분에게 "1+1 =?"이라고 묻는다면, 여러분은 즉각 답을 떠올릴 것이다. 한편 시스템2 사고는 좀 더 의도적이고, 느리며, 신중하다. 이는 우리가 한발 물러서서 생각하는 것과 같다.

　　예를 들어 다음과 같은 수수께끼를 생각해보자. 방망이와 공을 합하면 1.1달러이고, 방망이는 공보다 1달러 더 비싸다. 공은 얼마일까? 대다수 사람이 즉각 내놓는 답은 0.1달러다. 1달러에 0.1달러를 더하면 1.1달러가 되니까. 하지만 한발 물러서서 생각해보면, 만약 공이 0.1달러라면 방망이가 공보다 1달러가 비싸므로 방망이는 1.1달러가 되어야 한다는 걸 알 수 있다. 두 값(방망이 1.1달러, 공 0.1달러)을 더하면 1.2달러가 되므로 0.1달러는 정답이 아니다. 약간의 지적 능력과 의식적 사고를 발휘해야만, 공이 0.05달러여야 정답이라는 걸 알 수 있을 것이다. 이때 방망이는 1.05달러이고, 이 두 값을 더하면, 1.1달러가 된다.

카너만 박사는 그의 책에서 의사결정과 인지적 편향을 탐구했지만, 시스템1과 시스템2를 조직이 직원경험에 접근하고 설계하는 방법에 적용해도 좋을 것 같다. 오늘날, 조직 대부분은 시스템1 경험에 갇혀 있다. 즉, 그들은 직원경험을 그들이 투자할 수 있는 단기적 계획의 체크리스트로 생각한다. 앞서 17가지 변인을 살펴본 많은 사람이 그것을 별 생각이나 노력을 필요로 하지 않는 체크리스트로 바꾸려 할지도 모른다. 그냥 출력한 뒤 차례로 목록을 체크한다. 다양성 프로그램을 만들고, 새로운 교육과 성장 솔루션을 시행한다. 사람들에게 훌륭한 기술 도구와 화려한 일터를 제공하면, 짜잔! 할 일 끝이다. 바로 이것이 불행하게도 그동안 많은 조직이 직원몰입과 관련해서 빠져들었던 함정이다. 체크리스트와 단계별 진행은 가구를 조립하고 케이크를 구울 때는 매우 쓸 만하다. 하지만 훌륭한 직원경험은 단순히 네모 칸에 체크 표시를 한다고 해서 얻어지는 게 아니다.

모든 조직은 모종의 경영 트레이닝 프로그램을 갖추고 있지만, 판도라(Pandora)처럼 트레이닝 프로그램의 일부분으로서 감성 지능과 자기 인식 모듈을 제공하는 조직이 몇이나 되는가?

모든 회사는 다양성 계획을 수립하지만, 소덱소(Sodexo)처럼 다양성을 경영진 보상 시스템의 일부로 만든 회사는 몇이나 되는가?

모든 회사가 목적의식을 창출하고 싶다고 말하지만, 샌디에이고 동물원(San Diego Zoo)처럼 모든 직원이 자신들의 영향력을 진정으로 이해할 수 있도록 돕는 회사가 몇이나 되는가?

모든 회사는 직원들에게 훌륭한 기술 도구를 제공하고 싶다고 말하지만, 페이스북(Facebook)처럼 직원들이 일하는 방식을 이해하고, A/B테스트를 수행하며, 포커스 그룹과 인터뷰하는 데 진정으로 시간을 쏟는 기업이 몇이나 되는가?

바라건대 내가 여기에서 끌어내고자 하는 요점을 이해해주기 바란다. 세 가지 직원경험 환경과 그들을 구성하는 변인들은 물론 중요하다. 이들은 직원들이 가장 관심을 가지는 것들이다. 하지만 이들은 단지 재료일 뿐이다. 여러분은 분명 "문제는 네가 말하는 내용이 아니라 말하는 방식이야."라는 말을 들어본 적 있을 것이다. 여기서도 이를 적용할 수 있다. 문제는 여러분이 무엇을 하는가가 아니라 어떻게 하는가이다. 누구든지 이 책에 나온 개념들을 구현할 수 있겠지만, 그 일을 훌륭하게 해낼 수 있는 건 소수뿐이다. 이 책의 첫머리에서 언급했던 핵심이자 통합적 직원경험 조직의 가장 큰 차별점 중 하나는 바로 그들이 자신의 직원들을 다른 어떤 조직보다도 더 잘 알고 있으며, 진정으로 그들에게 관심을 기울인다는 점이다. 이것이 그들이 체크리스트를 뛰어넘어 다양한 변인을 훌륭하게 실행할 수 있도록 해주는 것이다.

조직들은 데이터와 설계, 직원 기여에 기반한 세심하고 의도적인 노력인 시스템2 경험으로 전환해야만 한다. 나는 지금까지 만들어진 멀티플레이어 게임 중 가장 널리 플레이되는 〈리그 오브 레전드(League of Legend)〉를 제작한 라이엇 게임즈(Riot Games)의 공동

CEO이자 공동 창업자인 마크 메릴(Marc Merrill)과 이야기를 나눌 기회가 있었다. 2010년에 이 회사는 60명 규모의 회사였지만, 지금은 전 세계에 2천 명 이상의 직원을 두고 있다. 라이엇 게임즈는 통합적 직원경험 조직 중 하나이며, 뛰어난 문화와 업무 공간으로 많은 상을 받았다. 내가 마크에게 라이엇 게임즈가 어떻게 직원경험에 접근하는지, 이렇게 인간 중심적인 조직을 구축할 수 있었던 이유가 무엇인지 물었을 때, 그의 대답은 매우 간단했다. "만약 조직이 정말로 사람을 중심에 두고 사람을을 우선순위에 두고 싶다면, 진짜로 우선순위에 두면 됩니다." 이러한 정신이 통합적 직원경험 조직을 다른 조직과 구분 짓는다. 어떤 것을 우선순위에 둔다고 말하는 것과 그것을 실제로 우선순위에 두는 것은 분명 차이가 있다. 조직이 진정으로 무언가를 우선순위에 둔다면, 그 변화는 물리적으로 볼 수 있고, 느낄 수 있다. 이는 건강해지고 싶다고 말하는 것과 실제로 식사를 조절하며 헬스장에 가는 것이 다른 것과 마찬가지다. 이러한 기준으로 보자면, 확실히 라이엇 게임즈는 지구상에서 가장 건강한 회사 중 하나임이 틀림없다!

내가 이 책에서 분석한 252개의 조직 가운데 사실상 거의 모든 조직이 위에 언급한 17가지 변인을 어떤 방식으로든 수행하고 있다. 오늘날 새로운 업무 공간 설계나 전통적 경영 이론에 대한 도전, 다양성 프로그램 시행, 공정한 직원 대우에 관하여 전혀 고민하지 않는 회사를 찾자면 애를 먹을 것이다. 모든 조직이 악당인 것도 아니고, 세 가지 환경과 17가지 변인이 무슨 슈퍼히어로만의 비밀도 아니다. 통합적 직원경험 조직이 다른 조직들과 차별화되는 지점은 무엇을 하느냐가 아니라 어떻게 하느냐에 있다.

CHAPTER 15

직원경험
설계 루프

The Employee Experience Design Loop

우리에겐 직원경험을 창출하는 존재의 이유와 세 가지 환경 그리고 17가지 변인이 있다. 그러나 그 모든 것이 실제로 무엇을 의미하며, 어떻게 결합해야 하는지 파악하는 일은 여전히 조금 어렵다. 세상은 빠르게 변하며, 따라서 우리 조직 또한 빠르게 변해야 한다. 직원경험은 움직이는 목표이며, 이는 이 책의 모든 것이 우리가 그냥 살펴볼 수 있는 체크리스트가 아님을 의미한다. 이 책에 있는 것들이 전달되는 방식은 시간이 지남에 따라 극적으로 바뀔 것이다. 결과적으로 나는 직원경험을 직원들과 조직 사이의 지속적인, 끊임없이 오고 가는 상호작용으로 생각하면 도움이 된다는 걸 발견했다. 다시 말하면, 그것은 마치 두 명의 파트너 모두가 적절한 스텝을 밟아야 하는 춤과 같다. 이 춤에선 음악도 멈추지 않고, 춤도 멈추지 않는다는 것만 빼면 말이다! 이것은 실제로 조직이 직원들을 진정으로 알 수 있는 가장 효과적인 방법 중 하나다. 이 춤이 실제로 어떻게 생겼는지 개념화하는 것부터 시작해보자(그림 15.1 참조).

이 무한 루프는 직원과 조직 사이의 지속적인 관계 혹은 연속체를 보여준다. 끊임이 없이 마치 물처럼 부드럽게 루프를 따라 흐르도록 설계되어 있다. 또한 조직에서 이렇게 설계된 루프 여러 개가 동시에 진행될 거라는 점에도 주목할 필요가 있다. 아래서 좀 더 자세히 살펴볼 것이다. 어떤 조직은 이와 유사한 모델을 의도적으로 적용하는 반면, 어떤 조직은 자신도 모르는 사이에 유사한 프로세스를 진행할 수 있다. 다시 말해 그들은 직원경험 설계 프로세스가 어떠한지를 시각화하거나 깊이 생각하기 위해서 한발 물러나지 않은 것이다. 그러나 내가 이를 보여준 모든 경영진은 이 모델에 공감했다. 전체 루프에는 정확히 다섯 섹션이 있으며, 하나씩 설명하고자 한다. 어디서든 시작할 수 있지만 접근이 쉽도록 나는 좌측 상단부터 시작할 것이다.

직원들   조직

그림 15.1 직원경험 설계 루프

응답

직원경험 루프의 응답(respond) 단계에서 직원들은 조직에게 피드백을 제공한다. 오늘날 대부분 회사에서 직원들은 이미 그곳에서 일하는 게 어떠한지를 많이 이야기하지만, 대개는 아무도 듣지 않는다. 직원들은 직장 유연성 프로그램부터 카페테리아의 메뉴, 경영 교육과 개발, 사무실 설계에 이르기까지 모든 것에 대한 아이디어와 피드백을 제공한다. 이는 성과 관리에 대해서까지도 확장될 수 있다(확장되어야 한다). 소셜 미디어와 다소 비슷하다. 오늘날 많은 브랜드가 페이스북이나 트위터 같은 소셜 채널에서 고객들과 활발히 소통하며, 제품 문제와 물량 부족, 칭찬, 성난 고객의 피드백에 이르기까지 온갖 종류의 의견에 대응하고 있다. 우리 대부분이 개인 생활에서 사용하는 이 소셜 도구는 (이메일이나 전화 지원 같은 더 전통적인 채널과 함께) 소비자와 조직 사이의 전달 메커니즘이자 통신 수단이다. 요점은 고객으로서 우리는 브랜드와 소통하는 직접적인 통로를 갖고 있고, 소셜 기술을 사용한다면 보통 더 빠른 반응을 얻는다는 것이다.

우리는 직원 피드백을 같은 방식으로 생각할 필요가 있다. 직원은 앱, 소셜 네트워크, 설문조사, 포커스 그룹, 일대일 인터뷰, 그 외 조직이 허용하고 제공하는 기타 메커니즘을 통해서 피드백을 제공할 수 있다(제공할 수 있어야 한다). 특히 실시간 피드백 메커니즘을 갖추는 것이 절대적으로 중요하다.

잊지 말아야 할 것은 이 과정이 지속적으로 이뤄져야 한다는 점이다. 직원 피드백을 수집하려고 연간 설문조사를 기다리는 건 너무나도 길고 오래 걸린다. 우리 모두의 삶과 일의 변화 속도에 따라서 커뮤니케이션과 협업, 피드백도 실시간으로 이뤄져야 한다. 한 번의 대규모 설문조사가 아니라 여러 피드백을 동시에, 지속적으로 활용하는 것이 더 현명하다. 여기에는 주간 관리자 체크(check-in), 월간 펄스 서베이, 분기별 공개 토론, 반기별 문화 스냅샷, 연간 직원경험 보고, 직원들이 언제든 원할 때 사용할 수 있는 개방형 플랫폼 등이 포함될 수 있다. 물론 이들은 예시에 불과하지만, 조직들이 단순히 한 가지 형태의 채널에만 의존할 수 없음을 보여주는 것이기도 하다. 여러 가지를 활용해야 하고, 가능한 자주 사용해야 한다. 보통은 조직들이 직원들에게 피드백을 요청하지만, 그냥 직원들이 원하면 언제든지 정보를 공유할 수 있도록 하면 어떨까?

촉진 요인

· 실시간으로 소통하고 대화할 수 있게 해주는 기술이 있어야 한다.
· 관리자가 피드백을 요청하고 받는 것을 편하게 여겨야 한다.
· 투명성이 기본적인 문화 양식이어야 한다.
· 조직은 피드백에 대한 조치를 취할 준비가 되어 있어야 한다.

분석

다음 단계는 분석(analysis)으로, 그다음 단계인 설계(design)에서 결정을 내리는 데 필요한 통찰을 직원들의 피드백으로부터 가능한 한 많이 추출하는 단계이다. 이는 상대적으로 다소 골치 아프고 까다로울 수 있다. 이때 피플 애널리틱스가 중요한 역할을 한다. 피플 애널리틱스 없이는 직원경험도 없다. 그것은 구조화된 데이터 형태(직원 만족도, 성과 등)를 다룰 수도 있고, 구조화되지 않은 데이터(직원 관찰, 인터뷰 진행)를 다룰 수도 있다. 여기서 조직이 당면하는 과제는 수집한 데이터를 어떻게 이해할 것이며, 그로부터 어떤 통찰을 끌어낼 것인가이다. 시의적절하게 조치를 취하려면 이를 가능한 한 빠르게 수행해야 한다. 여러분도 분석과 분류에만 6개월이 걸리는 곳에 직원들이 피드백을 주길 원하진 않을 것이다. 궁극적으로 직원경험 루프의 이 단계에서 조직이 대답해야 할 중요한 질문은 이것이다. "우리는 직원들로부터 받은 피드백에서 무엇을 배웠는가?"

여기 여러분이 얻을 수도 있는 분석과 통찰의 몇 가지 예가 있다.

시나리오1 분석 결과

우리 회사에서 최고의 성과를 내는 팀의 관리자들은 직원들의 경력 개발에 있어서 더 적극적이다. 직원들은 관리자들의 배려와 노력에 진심으로 감사하며, 그들이 직원의 성공에 진정으로 관심을 기울이고 투자한다고 느낀다.

시나리오1 조직을 위한 통찰

후속 논의를 포함하여 리더들이 직원들과 함께 경력 개발에 관하여 더 많이 논의할 수 있도록 장려하는 구체적인 교육 프로그램 방안 마련을 모색할 것. 경력 개발에 관한 논의를 얼마나 자주 해야 하며, 어떤 종류의 대화가 이루어져야 하는지, 직원들이 어떤 유형의 경력 개발을 찾고 있는지를 테스트해볼 것.

시나리오2 분석 결과

직원들은 각자에게 배정된 지정 좌석 공간을 사용하지 않는다. 대신 사무실을 돌아다니며 다양한 장소에서 일한다. 직원들은 그들의 물리적인 공간에 관하여 더 많은 자유를 원하고, 몰입과 생산성을 유지하기 위해 낮 동안 주변 경관에 변화가 있길 원한다. 또한 새로운 사람들과 마주치는 것을 좋아한다.

시나리오2 조직을 위한 통찰

직원 각자가 배정된 책상을 사용하는 대신 모든 공간을 임시로 점유할 수 있는 물리적 환경 조성 방안을 검토할 것. 직원들이 계속 이리저리 움직이는 이유를 살펴보고 이에 따라 공간을 설계할 것. 여러 팀이 같은 공간에 배치되거나 서로 섞일 수 있는 커뮤니티나 장소를 만들어볼 것.

시나리오3 분석 결과

연간 직원 평가는 직원과 관리자 모두에게 효율적이지 않은 것으로 보인다. 직원들은 그들이 받는 피드백이 너무나 일반적이고, 느리며, 실행할 수 있는 것도 아니라고 믿는다. 관리자들은 직원에게 순위를 매기는 것을 좋아하지 않으며, 실제와 상관없이 누군가는 항상 평균 이하로 평가해야 한다는 것에 답답함을 느낀다.

시나리오3 조직을 위한 통찰

피드백이 실시간으로 이뤄지며, 관리자와 직원 사이에 오가는 정보가 더 목표 지향적이고 분명한 목적을 갖는 새로운 성과 관리 시스팀을 개발할 것. 기술을 활용해서 이들이 언제 어디서나 가능할 수 있도록 할 것.

분석 촉인 요인

바라건대 내가 여기서 하려는 이야기를 알아차렸다면 좋겠다. 이상적으로는 여러분이 만드는 변화의 효과와 개선점을 측정할 수 있도록 이에 대한 몇몇 구체적인 수치를 확보해야 할 것이다. 여러분은 직원의 80%가 다양성 및 포용 프로그램에 대한 투자가 늘어나기를 바라며, 이로 인해 직원 유지력은 10% 증가한다는 것을 알게 될수 있다. 가능하면 언제든 피플 애널리틱스를 통해 수치를 파악하고, 다시금 분석에 박차를 가하라.

촉진 요인(Enablers)
· 데이터를 분석하고 통찰을 모으는 일을 전담하는 피플 애널리틱스 팀
· 일관된 방식으로 데이터를 수집하고 집계할 수 있는 기술
· 포커스 그룹이나 일대일 토론과 같은 비-기술(nontechnology) 기반의 데이터 수집 방법

설계

직원들은 피드백을 제공했고, 조직은 몇 가지 통찰을 얻기 위해 피드백을 분석했다. 다음은 그 피드백과 통찰을 토대로 무언가를 실제로 만들어내는 것이다. 여러분의 조직은 그들로부터 배운 것을 토

대로 무엇을 하려고 하는가? 직원들이 커뮤니케이션과 협업 수준에 대해 불만족스러워한다는 걸 알게 되었다면, 해결책은 무엇인가? 직원들이 직장 유연성을 원한다면, 어떻게 이를 만들어낼 것인가? 연간 직원 평가를 두려워하고 싫어한다는 걸 알게 되었다면, 여러분은 이를 폐지하겠는가? 그렇다면 무엇으로 이를 대체하겠는가? 이 지점에서 조직은 해결책을 만들어낸다. 설계 과정이 너무 오래 걸리면 전체 메커니즘의 효율성을 갉아먹으므로 주의하는 것이 좋다. 대신 조직은 이 과정을 일련의 단거리 전력질주의 반복으로 여기면서, 신속하게 무언가를 만들어내고, 피드백을 받고, 다시 개선해나가는 것이 좋다. 속도가 완벽함보다 더 중요하다.

촉진요인
· 솔루션을 설계하고 만들기 위한 다기능 팀(Cross functional Team)
· 신속한 개발을 위한 프로세스(예를 들면 린 스타트업(Lean Startup) 방법론)

개시

개시(launch) 단계에서 조직은 무엇이든 **어떤 것**을 실제로 공개한다. 이 프레임워크의 시작에서 언급했듯이, 그것은 문화와 기술, 물리적 업무 공간에서 직원경험에 영향을 주는 어떤 것이라도 될 수 있다. 조직이 공식적으로 계획을 개시하는 방법은 파일럿 프로그램, 조직 전체에 대한 공개 선언, 창의적인 마케팅 캠페인 등 모든 방법을 통해 이루어질 수 있다. 직원들에게 무언가를 어떻게 공개할 것인지는 전적으로 여러분에게 달려있다.

참여

여러분이 무언가를 개시한 후에는 자연스럽게 참여(participate)가 뒤따른다. 조직이 새로운 경영 트레이닝 프로그램, 유연 근무 계획, 업무 공간 레이아웃 등을 발표하고 시행하면 이제 직원들은 그것을 사용한다. 이는 직원들에게 있어서 새로운 현실, 새로운 근무 방식이 된다.

이상은 직원경험에 관해 생각하고 설계하는 가장 효과적이며 간단한 방법이다. 직원들이 피드백 루프의 절반을 차지하고, 조직은 나머지 절반을 차지한다는 점을 주목해야 한다. 이는 전통적인 모델의 대부분, 즉 직원들은 아무런 목소리를 내지 못하고 조직이 직원경험의 100%를 소유하던 모델과 사뭇 다르다. 다행히도 우리는 그런 종류의 모델로 다시는 돌아가지 않을 것이다. 많은 조직이 자신도 모르는 사이에 이러한 접근법을 취한다. 하지만 이러한 프로세스에 대해서 일단 개념화하고 나면, 경험이 설계되는 방법을 구조화하기가 훨씬 더 쉬워진다. 이 프로세스를 더 빠르게, 더 자주 반복할수록 좋다. 이런 유형의 경험 설계 루프 여러 개가 정기적으로 발생하는 것이 이상적이다. 여러분은 새로운 관리자 트레이닝 프로그램을 검토하면서 다양성 계획에 투자하고, 새로운 기술 플랫폼을 출시하며, 물리적 환경을 재설계하게 될 것이다. 이 직원경험 설계 루프는 간단히 말해 조직에 무언가를 도입하는 새로운 방식이며, 거의 모든 것에 적용될 수 있다. 이 전체 프로세스의 실사례 두 가지를 살펴보자.

사례: 제너럴일렉트릭

직원설계 루프는 조직 전체의 변혁을 이끌어낸다. 제너럴일렉트릭(GE)은 전 세계에 30만 명이 넘는 직원을 둔 다국적 기업이다. 이 변화에 대하여 더 자세히 알아보기 위해 나는 GE의 최고 인사 담당 책임자인 수잔 피터스(Susan Peters), 직원경험 리더인 폴 데이비스(Paul Davies)와 함께 이야기를 나누었다.

응답

GE의 직원들은 정기적인 직원 설문조사와 관리자와의 토론에 참여한다. 처음에 설문조사는 18개월에서 24개월마다 이뤄졌고, 관리자와의 토론도 필요한 만큼 자주 일어나지 않았다. 이는 자연스레 내부 사정을 파악하기 어렵게 만들었으며, 회사가 성장함에 따라 문제는 더욱 심각해졌다. 너무나 많은 견제와 균형(checks and balances), 관료주의가 회사로 스며들었다. 실제로《포춘》과의 인터뷰에서 CEO 인 제프 이멜트(Jeff Immelt)는 그가 가장 후회하는 것으로 "우리는 너무 느렸었다."라고 말했다.[1] 전체 직원경험을 향상시키기 위해 그가 하고자 했던 것 중 하나는 일을 더 간단하게 만드는 것이었다. 간소화 는 내부는 물론 외부 회의와 토론에서도 이멜트의 주요 화두 중 하나 가 되었다. 직원들은 관리자와 경영진에게 일 처리가 너무 느리다고, 특히 성과와 인재 관리 및 피드백 처리에 관해서 그렇다고 지속적으 로 피드백을 제공하고 있었다.

분석

GE의 직원 설문조사 결과를 봤을 때, 전 세계 직원들은 관료주 의를 줄이고 일의 속도를 높여야 한다고 느끼는 것이 분명했다. 과거 직원 설문조사는 18개월에서 24개월마다 이뤄졌으며, 결과를 취합하 여 직원들에게 다시 전달하기까지 보통은 수개월이 걸렸다. 그때쯤이 면 직원들에게 제공된 정보와 지침은 이미 구식이라서 아무런 의미 가 없었다. 오늘날 GE는 여전히 적정 규모의 직원 설문조사를 실시 하지만, 그 결과를 실시간으로 볼 수 있다. 새로운 통찰이 훨씬 더 자 주 요청되는 것이다. 리더들은 그러한 피드백을 토대로 이전보다 더 빠르게 변화를 줄 수 있다. 기간은 몇 개월에서 며칠로 줄었다. GE가 받았던 피드백을 보면, 프로세스와 문화, 기술의 변화가 필요하다는 것이 명백했다.

설계

GE의 팀은 '패스트웍스(FastWorks)'라는 것을 만들기 위해 노력했다. 처음 그것은 제품 출시와 관련된 사고 방법론으로 만들어졌다. 패스트웍스가 진화함에 따라 이 방법론은 제품만이 아니라 프로세스도 포함하는 수많은 종류의 프로젝트로 이어졌다. 프로젝트를 위한 패스트웍스든 '패스트웍스 에브리데이(FastWorks Everyday)' 프로세스든, 핵심은 고객 성과와 테스트 그리고 반복에 있었다. 패스트웍스의 이러한 진화는 GE가 직원을 평가하는 완전히 새로운 모델인 '성과 개발 시스템(Performance Development)'을 만드는 데 도움을 주었다. 이는 1976년 구축되었던 직원 관리 시스템(EMS; Employee Management System)을 대체하는 것이었다. 여기에는 피드백을 위한 새로운 언어, 새로운 시간 지향(실시간 vs 연 1회), 새로운 어조, 평가 등급의 삭제, 직원과 관리자 간 실시간 피드백을 가능하게 하는 'PD@GE'라는 새로운 툴 사용까지 포함되어 있었다.

패스트웍스의 방법론은 다음과 같다.

1 문제 이해
   - 고객이 당면한 과제 또는 기회를 파악하고 명확하게 하도록 노력하라.
2 가설 설정
   - 가정을 검증하라―고객의 의견을 일찍 얻어라.
3 최소 기능 제품(MVPs: Minimum Viable Products)
   - 피드백을 얻는 가장 빠른 방법
4 새로운 측정지표 학습

－고객으로부터 피드백을 받아 목표를 향한 진전이 있는지 파악
　　　하라.
5　전략 수정 또는 유지
　　－고객 피드백과 학습 내용을 바탕으로 목표를 계속 유지하거나
　　　프로세스를 다시 진행하라.

　이 프로세스를 통해서 GE는 2014년 내내 '컴포넌트 MVP'
라 부르는 일련의 가설을 테스트했다. 2014년 4분기에는 성과 개
발 시스템에서 얻은 교훈을 바탕으로 설계된 좀 더 대규모의, '통합
MVP(integrated MVP)'를 개시했다. 다수의 비즈니스가 이 MVP 테
스트 부분으로 채택되었다. GE는 이 MVP에서 6천 명에 가까운 직원
을 대상으로 소규모 및 대규모 실험을 통해 가설을 확인하고 테스트
했다. 이는 EMS를 사용하던 전 세계의 17만 명 이상의 직원들과 비
교하면 적은 수였지만, 패스트웍스는 그들에게 만약 6천 명의 사람들
에게 효과가 없다면 17만 명의 사람들에게도 분명 효과가 없을 것이
란 점을 가르쳐주었다.
　요약하자면, 패스트웍스는 새로운 제품을 쉽게 출시하고, 고객
을 위해 최대한의 가치를 창출하기 위한 실험과 테스트를 진행하는
종합적인 방법론이다. 성과 개발 시스템은 이러한 패스트웍스 접근
법의 산물로서, 직원의 평가와 개발에 대한 전면적인 개편이다. PD@
GE는 직원들이 서로에게 피드백을 제공하고, 진행 중인 우선 사항을
추적하거나, 중요한 대화나 접점(touchpoint)을 캡처하기 위해 사용
하는 앱이다.

GE는 PD@GE와 패스트웍스를 다음과 같이 단계적으로 도입했다.

2012년 말~2013년: 주요 프로젝트에 대한 패스트웍스 도입과 테스트

2013~2014년: 비즈니스 및 프로젝트 팀 전체에 걸친 패스트웍스 확장

2014년: 성장위원회, 엄격한 관리 메커니즘, 자본과 자원 할당 및 고객 검증에 질문 기반의 접근법 도입. 회사가 생각하고 행동하는 방식을 정의하는 GE의 신념 소개. GE는 또한 3만 명의 직원을 대상으로 성과 개발 시스템을 시범 개시하고 2016년 글로벌 발표 전까지 계속 학습하며 규모를 늘려갔다.

2015~2016년: 더 빠르고, 민첩하고, 간소하며, 고객 중심적인 조직이 되기 위하여 패스트웍스를 조직 문화의 일부로서 모든 GE 직원에게 확장. 직원들이 일하는 방식을 간소화하기 위해 패스트웍스 원칙을 변환하고, 고객과 함께 더 일찍, 더 자주 테스트와 학습을 진행하는 데 집중

PD@GE는 회사 전체로 확대되면서 많은 기업인에게 소개되었다. 디지털 간판(digital signage), 포스터 등을 포함하는 마케팅 자료도 배포되었다. 최고 인사 담당 책임자인 수잔 피터스는 2016년 성과 개발 시스템을 직원 개발에 관한 단독 접근법으로 처음 발표할 당시 PD@GE 앱의 푸시 알림 기능을 이용했다.

비전 선언문을 밝히고 HR 팀이 고객 부문(관리자, 직원, 조직을 대표하는 고위 경영진)의 눈으로 문제를 파악하기 시작한 (대략 2014 년) 이래로, 패스트웍스는 GE의 성과 개발 시스템을 이끌어 왔다. 성공 여부는 해당 고객인 관리자, 직원, 조직에 미치는 영향의 관점에서 측정되었다.

참여

직원들은 관리자와의 접점 대화를 캡처하고 동료에게 새로운 통찰을 전달하며, 그들의 우선 사항을 계속해서 추적하거나 수정하면서 PD@GE(앱과 데스크톱 도구) 사용에 참여한다. 여기 직원들이 PD@GE 앱을 사용하는 두 가지 시나리오가 있다.

옵션 1(성과 개발 시스템의 우선순위 설정을 경험한 직원): GE의 한 직원은 진행중인 프로젝트의 우선순위를 논의하기 위해 관리자와 이를 살펴보고자 한다. 회의 중 관리자는 "고객에게 제공하는 솔루션은 무엇이죠?", "최종 사용자는 누구인가요?", "이게 추가적인 가치를 부여하나요?", "그걸 어떻게 아나요?" 등의 질문을 던졌다. 이들은 모두 수행 과제와 활동 전략 대비 가치와 영향이 어떠한지에 관한 것이었다. 회의를 마친 직원과 관리자는 곧 있을 다음 회의가 열리기 전 10분 동안 PD@GE 앱을 켜고 대화한 내용을 바탕으로 우선순위를 조정했다. 핵심적으로 짚고 넘어가야 할 점은 직원들이 변경한 우선순위를 관리자가 신뢰한다는 것이다. 또한 그들은 대화에서 알게 된 통찰을 관리자에게도 전달한다.

옵션 2(목표 공유 '가상' 시나리오): 옵션 1과 비슷하게, 관리자 사무실에서 일어난 상황이다. 여러분은 스스로 설정한 목표 리스트를 가지고 있다. 전술적 요소를 설정했고, 진행할 준비도 되었다. 관리자에게 보고만 하면 남은 건 진행하는 것뿐이라고 생각했다. 그런데 관리자가 목표 리스트를 검토하더니 옵션 1에서와 같은 전략적 질문을 던진다. 여러분은 우선순위 중 하나에 대한 피드백이 누락되었음을 알아차렸다. 관리자는 당신의 목표가 충분히 잠재력 있다고 생각하지만, 고객 테스트를 거쳐 고객의 요구에 맞춰 수정한 후 가져오라고 요청했다.

회의가 끝나고 여러분은 다음 회에 가려고 복도를 걷고 있었다. 주머니에 있는 휴대폰에서 진동음이 울린다. "피드백을 받았습니다." 라는 푸시 알림이었다. 앱을 열었더니 관리자가 보낸 피드백 메시지가 있었다.

"회의에서 당신의 목표를 제시해줘 고맙습니다. 세심히 잘 계획된 목표였고, 우리의 전반적인 전략에도 부합합니다. 누락되었던 우선순위에 대한 고객 테스트 결과를 알려주길 기대하고 있겠습니다. 그 사항을 조정하거나 변경할 정도의 세부 사항이 있다고 여겨진다면 다른 회의를 잡아봅시다."

여러분은 GE에서 성과 개발 시스템과 함께 살아 숨 쉰다. 여러분은 고객을 위한 가치를 실현하기 위해 관리자와 협력한다. 여러분이 배우고 성장할 수 있도록 돕는 피드백을 실시간으로 받는다. 여러분은 새로운 것을 시도하고, 테스트하고, 배우고 조정할 수 있는 권한도 가지고 있다.

이 프로젝트의 범위는 다소 거창했지만, GE와 같은 대기업이 어떻게 직원경험 피드백 루프를 활용하여 직원의 피드백과 통찰을 토대로 변화를 주도하고 아이디어를 테스트하는지 보여준다.

사례: 에어비앤비

에어비앤비(Airbnb)는 사람들이 전 세계 거의 모든 나라의 지역 숙소를 대여할 수 있게 해주는 온라인 마켓이다. 오늘날 이 회사는 전 세계 2천 명 이상의 직원과 함께하며, 직원경험 설계 루프를 다소 색다르게 적용하는 방법의 좋은 예를 보여준다. 음식…에 말이다. 에어비앤비의 글로벌 식품 담당(이 얼마나 멋진가?) 임원인 데이비드 매킨타이어(David McIntyre)는 회사의 접근 방식이 직원경험 설계 루프의 맥락에서 어떻게 작동하는지를 설명했다. 우선 에어비앤비에서 음식은 특전이나 편의 사항이 아니란 점을 밝혀둔다. 그것은 회사가 의도적으로 설계한 전략적 투자다. 음식에 대한 에어비앤비의 접근법은 **소브레메사**(Sobremesa)라는 한 단어로 요약할 수 있는데, 이는 스페인어로 '식사를 마친 후 식탁에서 보내는 시간'을 의미한다. 에어비앤비에서 음식이란 직원들이 대화하고, 참여하고, 공유하고, 협업하며 커뮤니티를 구축하는 방법이다.

응답

에어비앤비는 모든 직원에게 하루에 세 끼 식사를 제공한다. 메뉴는 식사 전 이메일을 통해 발송되며, 이 이메일 하단에는 직원들이 클릭할 수 있는 피드백 링크가 있다. 직원들이 원하면 언제든 이용할 수 있는 식품 서비스팀의 전용 이메일 주소도 있다. 마지막으로 에어비앤비 팀은 1년에 한 번 음식과 음료 만족도 조사를 실시한다. (대면 대화와 함께) 이러한 메커니즘을 사용하여 직원들은 식품 서비스팀에게 갖가지 피드백을 제공한다. 일반적인 칭찬부터 글루텐-프리* 메뉴 등의 구체적인 요청까지 다양하다.

분석

식품 서비스팀은 모든 피드백 메커니즘을 검토하여 몇 가지 사항을 파악하기 위해 수집한 자료를 분석한다. 첫째는 직원들이 음식과 음료에 만족하는지 여부를 확인하는 전반적인 식음료 제공 만족도이다. 둘째는 음식 메뉴 옵션의 균형이다. 이때 에어비앤비는 건강에 좋은 음식, 탐닉적인(Indulgent) 음식, 익숙한 음식, 색다른 음식 사이에서 균형을 맞추려 한다. 네 개의 범주가 각각 25%를 차지하면 이상적인 것으로 볼 수 있다. 셋째는 직원들이 사무실에서 어떤 음식을 먹고 얼마나 많이 먹는지에 대한 이용 패턴이다. 넷째로 데이비드와 그의 팀은 직원들에게 동료들과 가장 자주 접촉하는 장소가 어디인지를 물어봄으로써 음식이 회사 문화에 어떤 영향을 미치는지를 살펴본다. 마지막으로 에어비앤비는 생산성과 직원 채용, 직원 유지력 등을 살펴봄으로써 음식이 비즈니스의 전반적인 결과에 어떤 영향을 미치는지를 파악하고자 한다. 자료에 따르면 직원의 90% 이상은 음식과 음료 프로그램이 그들을 더 생산적으로 만들어준다고 말했으며, 절반 이상은 에어비앤비에서 일하고 머무르기로 한 결정에 영향을 미친다는 점을 인정했다. 에어비앤비는 정량화할 수 있는 데이터 외에도 관찰이나 의견에 기반한 결정을 내리기도 한다. 예를 들어 채식주의 메뉴를 요청하는 이메일을 많이 받게 된다면 그것이 우

---

* 보리, 밀 등의 곡류에 존재하는 불용성 단백질을 포함하지 않는 식단

선 사항이 되는 것이다.

설계

데이비드와 식품 서비스팀은 에어비앤비의 직원들이 음식과 음료에 대해 원하는 바를 명확하게 이해하고 있다. 음식 대부분은 농부들로부터 직접 오기 때문에 무엇이 들어올지, 무엇이 제철인지도 알고 있다. 메뉴는 사계절을 기준으로 분기별로 고안하며, 주방장부터 설거지 담당자에 이르기까지 모든 사람이 메뉴 선택에 대한 피드백을 제공한다. 할랄 음식*이나 채식주의, 글루텐-프리, 팔레오 다이어트**까지 모든 것을 고려하며, 일부 직원이 가졌을지 모를 음식 알레르기에 대해서는 말할 것도 없다. 물론, 식품 서비스팀은 비용과 함께 무엇이 실용적이고 실현 가능한지도 살펴보아야 한다.

음식과 음료 만족도 조사의 결과는 항상 모든 직원에게 공유하며, 어떤 결정을 하거나 옵션을 선택한 이유를 투명하게 밝힌다. 각 에어비앤비 사무소는 (가능한 한) 자체 주방장을 두어 운영하며, 이는 각 주방이 현지의 선호도에 따라 자신의 요리를 책임진다는 것을 의미한다. 전체 회사의 수석 주방장은 없다. 이것이 훨씬 더 큰 개인화를 가능하게 한다.

---

* 식물성 음식과 해산물, 육류를 이슬람 율법에 따라 가공해 무슬림이 먹을 수 있도록 한 음식

** 원시 시대 식단이나 식습관을 따르는 방식의 다이어트. 주로 단백질과 식이 섬유 등이 풍부하며, 가공하지 않은 신선한 식품을 섭취한다

새로운 음식 메뉴를 개시하는 것은 요리사들이 직원들이 먹을 음식을 준비하고, 요리하고, 내놓는 일이다. 여기에 얼마나 많은 노고가 들어가는지 보면 정말 놀랍다. 나는 샌프란시스코에 있는 에어비앤비 본사를 여섯 번 방문했는데, 음식의 다양함과 우수함에 항상 압도당했다. 온종일 카트를 끌고 돌아다니며 작은 간식을 끝없이 만들어주는 파티시에도 있다. 실제로 음식을 개시하는 데 쓰이는 주요 메커니즘은 '옵트 인 메일(opt-in e-mails)'로, 음식에 사용한 모든 재료를 보여주면서 오늘의 메뉴를 선보인다. 함께 동봉하는 각 메뉴와 관련된 숙소 목록의 사진은 직원들이 "어디서든 우리 집처럼"이란 에어비앤비의 미션을 상기하는 데 도움을 준다. 만약 오늘의 메뉴가 필리핀 음식에서 영감을 받았다면, 직원들은 필리핀의 숙소 목록을 볼 수 있는 것이다.

에어비앤비는 사무실 곳곳에서 쿠킹 클래스와 작은 팝업 매장도 연다. 예를 들면 "오늘 오후 2시부터 3시까지 위층 주방에서 녹차 라테를 제공합니다. 오셔서 한 잔씩 들고 동료들과 인사하세요!"라는 내용의 이메일을 받는 게 일상이다. 한 번 만들고 출시하는 데 시간이 오래 걸리는 전통적인 제품이나 서비스와 달리, 음식은 전 세계 모든 직원이 하루에도 여러 번 소비하는 것이다.

참여

제일 신나는 부분이다! 직원들은 데이비드와 그의 팀이 열심히 준비하고 만든 놀라운 음식들을 모두 먹는다. 그 뒤 팀에 피드백을 제공하며 사이클을 반복한다! 직원경험 설계 루프는 직원과 조직이 무언가를 창조하거나, 문제를 해결하거나, 기회를 발견하기 위해 협력하고 소통하는 모든 상황에 적용될 수 있다. 흔히 조직들은 직원들을 **위한** 설계에만 매달리는데, 이러한 접근 방식은 직원들과 **함께하는** 설계로 관점을 전환하게 만든다. 이는 많은 통합적 직원경험 조직이 정기적으로 실행하는 것으로서, **공동 창조**(cocreation)라고도 불린다. 이것은 구글이나 에어비앤비, 페이스북과 같은 기업이 왜 항상 일하기 좋은 장소로 평가받는지를 (그리고 왜 직원경험 지수에서 그렇게 높은 점수를 얻었는지를) 설명해준다. 직원들은 말 그대로 자신의 경험을 설계하고 형성하는 데 있어서 상당 부분 참여하며, 조직들은 직원들의 피드백을 받는 일에 심취해있다. 물론 이 모든 것은 비할 바 없는 수준의 투명성이 있어야만 가능하다.

참고

1 http://fortune.com/2015/06/03/ge-immelt-chat-transcript/.

CHAPTER 16

스타벅스의
투명성 모델

The Starbucks Model of Transparency

직원경험에 대해서 생각할 때, 우리는 조직이 커질수록 더 많은 아이디어, 더 많은 피드백, 더 많은 경험을 만들어내야만 한다는 것을 알게 된다. 여러분 조직에 5천 명의 직원이 있고 그중 절반이 정기적으로 아이디어나 피드백을 제공한다면, 그것만으로 연간 수천 개의 아이디어가 모일 것이다. 직원이 1만 명, 10만 명, 또는 30만 명인 조직에서는 어떨까? 갑자기 일이 통제 불능이 될 수 있고, 직원경험 설계 루프 모델이 붕괴할 수도 있다. 그러면 해결책은 무엇일까? 어떻게 수천 명의 아이디어를 전부 듣고 정기적으로 그 아이디어를 실행할 수 있을까? 답은 그럴 수 없다는 것이다. 적어도 아직은 말이다. 미래 직장에 더 많은 인공지능(AI)이 나타나기 시작한다면, 조직들은 엄청난 양의 맞춤형 경험을 전달할 수 있을 것이다. 소프트웨어는 모든 직원과 그들 각각의 관심, 가치, 바람, 필요를 '알게' 될 것이다. 직원 각자에게 이 정도로 세밀한 관점은 아직까지는 불가능하거나, 실용적이지 않다. 여러분은 온갖 종류의 스마트 기기에 대해서, 예컨대 네스트사의 온도조절기(Nest Thermostat)에 대해 들어봤을 것이다. 이 기계는 여러분이 언제 집에 있는지, 어떤 온도를 좋아하는지, 언제, 몇 시에 잠드는지, 집에 있을 때 선호하는 전반적인 온도 조건이 무엇인지를 안다. 그 개념을 가져와서 우리가 일하는 데 적용한다면 어떨까? 우리가 일하는 방식을 우리보다 더 잘 알고 있는 인공지능 말이다!

수년 동안 스타벅스(Starbucks)는 '마이 스타벅스 아이디어(My Starbucks Idea)'라는 것을 개시함으로써 고객몰입과 혁신의 대표적인 사례가 되어왔다. 온라인으로 검색해보면 내가 무슨 말을 하는지 알 것이다. 스타벅스는 이 사이트를 통해 전 세계의 모든 고객에게 스타벅스가 하길 바라거나 투자하길 바라는 아이디어를 보낼 수 있게 했다. 비록 지금은 스타벅스가 마이 스타벅스 아이디어에 대한 관심을 조금 줄인 것처럼 보이지만, 그동안 고객들은 수십만 개의 아이디어를 보냈다. 이들은 스타벅스 매장 분위기에서부터 사회적 책임, 음식과 음료에 이르기까지 다양한 범주에 속했다. 스타벅스는 이 모든 아이디어를 하나의 마법 같은 개념, 즉 투명성을 통해서 관리했다. 이 사이트에서 고객들은 어떤 아이디어가 구현되길 원하는지 투표하고, 스타벅스는 커뮤니티에 어떤 아이디어가 평가 중이고 어떤 아이디어가 구현 중인지, 어떤 아이디어가 개시되었는지, 심지어 어떤 아이디어가 잘 먹혀들지 않았는지까지도 알려준다.

이러한 투명성으로 인해 고객들은 모든 아이디어와 피드백이 구현되는 건 아니라는 사실에 개의치 않는다. 왜 그런지에 대한 이유를 알기 때문이다. 나는 이걸 '그래, 괜찮아' 순간이라고 부르고 싶다.

우리는 어떤 일에 좀 흥분하더라도 그게 그런 식으로 흘러간 합당한 이유를 이해하고 나면 긴장을 풀면서 말한다. "그래, 괜찮아."

스타벅스 고객들은 회사가 무엇을 하며, 무엇을 생각하고, 무엇을 실행하는지 알고 있다. 조직들은 항상 투명성에 대해 이야기하지만, 그 개념을 직원들에게 초점을 맞춰 조직 내부에 구현한다고 생각해보자. 만약 직원들이 문화, 기술, 물리적 업무 환경에 대한 피드백과 아이디어를 제공하고 난 뒤 어느 것이 가장 인기 있는지 볼 수 있다면 어떨까? 조직이 어느 아이디어를 구현하려 하는지, 어느 아이디어가 효과가 없었으며 그 이유는 무엇인지를 알 수 있다면 어떨까? 나는 이런 수준에 도달한 조직을 아직 보지 못했다. 이는 토론이나 대화를 통해 좀 더 비공식적으로 진행될 수도 있지만, 그것을 (기술에 힘입어) 구현하는 것이 몇 가지 흥미로운 결과를 가져올 것이라고 나는 믿는다. 투명성은 직원의 자유와 조직의 통제 사이에서 균형을 유지하는 가장 좋은 방법이다. 그것은 시소의 중앙에 있는 균형점이다. 모든 조직이 이 정도의 투명성을 허용할 준비가 되어 있는 것은 아니며, 이는

직원의 자유　　　　　　　　　　조직의 통제

투명성

© Jacob Morgan (thefutureorganization.com)

그림 16.1 자유와 통제의 균형

충분히 이해할 만하다. 그럼 조직은 투명성을 어느 정도까지 허용해야 할까? 최대한으로! 앞의 이미지는 투명성이 어떻게 직원의 자유와 조직의 통제 사이에서 균형을 유지하는지 보여준다.

구글의 전 인사 담당 수석 부사장인 라즐로 복은 《구글의 아침은 자유가 시작된다(Work Rules!)》에서 이렇게 썼다. "만약 당신이 사람들이 선하다고 믿는다면, 그들과 정보를 공유하는 것을 두려워하지 말아야 합니다." 구글에서는 가능한 한 '기본적으로 열려 있어야' 하며, 이는 '최대한 많은 정보를 공개하고 접근할 수 있게 하는' 것을 의미한다. 구글에 새로 입사한 소프트웨어 엔지니어는 첫날부터 구글 검색과 유튜브, 구글 애드워즈(AdWords), 애드센스(AdSense)를 포함한 거의 모든 구글 코드 베이스에 접근할 수 있다. 직원 분기별 목표와 회사의 모든 로드맵, 향후 계획이 담긴 인트라넷 포털도 모든 직원에게 공개되어 있다. 또한 구글은 매주 수천 명의 직원과 전체 회의를 진행하며, 직원들은 회사의 가장 고위 경영진에게 말 그대로 그들이 원하는 어떤 질문이라도 할 수 있다. 어느 것도 제한되지 않는다. 훌륭하게도 구글은 자신들이 무엇을 하는지만이 아니라 그것을 하는 이유도 전달한다. 라즐로 복은 이를 다음과 같이 멋지게 요약한다.

> 기본적으로, 만약 여러분 조직이 (대부분이 그렇듯) "직원들은 우리의 가장 큰 자산입니다."라고 말하는 조직이거나 그렇게 되길 바라는 조직이라면, 기본적으로 열려 있어야 합니다. 그렇지 않으면 여러분은 자기 자신과 직원들에게 거짓말을 하는 겁니다. 사람들이 중요하다고 말하면서도, 실제로는 그렇지 않은 것으로 대하고 있는 것입니다. 개방성(openness)은 여러분이 직원들을 신뢰하며, 좋은 판

단력을 갖고 있다고 믿는다는 것을 증명합니다. 그리고 직원들에게 지금 무슨 일어나고 있는지(또한 어떻게, 왜 일어나고 있는지)에 관한 더 많은 배경지식과 맥락을 제공하는 것은, 그들이 자기 일을 더 효과적으로 할 수 있게 하며, 하향식(top-down) 관리자가 예상할 수 없는 방식으로 기여할 수 있게 해줄 것입니다.[1]

참고

1 Bock, Laszlo. *Work Rules! Insights from Inside Google That Will Transform How You Live and Lead.* New York: Grand Central, 2015.

CHAPTER 17

직원
라이프사이클

The Employee Life Cycle

직원경험을 설계하려면 먼저 우리는 직원들, 그리고 직원들이 조직과 함께할 여정에 관하여 다르게 생각해야 한다.

전형적인 직원의 라이프사이클은 그림 17.1과 비슷한 과정을 따른다.

누구도 조직에서 자신의 여정을 이런 식으로 생각하지 않는다. 이는 실제 직원의 라이프사이클이 아니며, 조직이 원하는 모습의 직원 라이프사이클일 뿐이다. 이 여정은 너무나도 일방적이며, 솔직히 말하면 부정확하다. 이는 여러분의 조직이 설계하려는 것이 어떤 종류의 경험이든 간에 현실을 반영하지 않으리라는 것을 의미한다. 조직으로서 여러분은 원하는 대로 작고 깔끔한 버킷(bucket)과 프로세스를 만들 수 있지만, 그것은 순전히 여러분이 원하는 것을 반영한 것이지, 현실을 반영한 것은 아니라는 점을 기억해야 한다. 이는 마치 조직도를 살펴보는 것과 같다. 여러분의 회사가 그 작고 멋진 피라미드처럼 작동하길 원하더라도, 조직에서 일해본 사람이라면 누구나 그것이 절대로 (정말이지 절대로!) 업무 수행과 팀 구성 방식을 반영하지 않는다는 것을 안다.

그림 17.1 전형적인 직원 라이프사이클

링크드인(LinkedIn) 같은 일부 조직은 직원들의 관점에서 상황을 보고자 여기에 현대적인 감각을 약간 더했다. 니나 맥퀸(Nina McQueen)은 링크드인의 글로벌 특전과 이동성 및 직원경험 부사장이다. 그녀와 (HR 담당 최고 책임자인) 패트 워더스 및 그들의 멋진 팀들은 '4-박스 모델(4-box model)'이라는 고유한 모델을 가지고 있다. 그들이 이 개념을 만들어낸 것은 아니지만, 나름대로 응용을 가했다. 이름이 아주 멋있진 않지만, 그래도 뭐, 효과는 있다. 기본적으로 이 모델은 링크드인에서 일하는 동안 직원들이 거치는 네 가지 단계를 고려한다. 각각은 다음과 같다.

> **열정적인 비버**—당신은 방금 일을 시작했다. 무척이나 흥분되고, 무엇이든 할 수 있을 것 같은 기분이다.
>
> **빌어먹을(혹은, 이럴수가)!**—보통 6개월 정도 지나서(더 빠를 수도 있다), 당신은 벽에 부딪힌다. 여긴 당신이 생각한 직장이 아니라는 생각이 들고, 일이 너무 방대해서 어쩔 줄 모르겠다고 느낀다. 스스로가 이 일에 적합한 사람이 아니라고 생각한다.
>
> **좋아, 이제 좀 알겠어**—당신은 문제를 해결하고, 과제와 큰 프로젝트를 완수하고, 자신의 목소리를 되찾는다. 이제 당신은 진정으로 소속감을 느낀다.
>
> **마스터**—당신은 일을 너무 잘한다. 그 결과 하고 있는 일이 다소 지루해지고, 활기가 사라진다. 심지어는 회사 밖에 있는 다른 기회를 찾아보기 시작할 수도 있다.

링크드인은 이러한 4개 영역, 특히 **빌어먹을!** 박스를 통과하는 직원들을 도와줄 수 있도록 관리자들을 믿고 많은 신뢰를 보낸다. 이상적으로 여러분은 동시에 4개의 박스 모두에 있어야 한다. 만약 4개의 영역 중 하나, 예컨대 **마스터** 박스에 갇혀 있는 자신을 발견하면, 직원들은 관리자와 이야기하거나 다시 **열정적인 비버** 박스로 갈 수 있도록 해주는 일에 지원해야 한다(회사는 그렇게 하도록 권장한다).

링크드인은 어떻게 하면 전통적인 직원 라이프사이클을 재정립할 수 있을지를 고민하는 조직 가운데 하나다. 그런 전통적인 모델은 조직이 인재에 관하여 생각하도록 돕는 방법으로서 여전히 존재하지만, 좀 더 부차적인 프레임워크가 되고 있다. 여러분의 접근 방식은 링크드인이 가진 것과 다를 수 있지만, 한 가지는 확실히 보장할 수 있다. 그것은 위에 묘사한 수십 년 전의 모델과도 다를 것이다.

이런 라이프사이클은 모두가 똑같은 과정을 거쳐 똑같은 일을 했던 과거에는, 조직을 멋지게 기름칠한 기계처럼 운영하던 시기에는 훌륭한 것이었다. 현실은 더 이상 그렇지 않다. 라이프사이클은 좀 더 구체적인 순간들(moments)에 의해 대체되거나 보강되고 있다.

CHAPTER 18

중요한 순간들
혹은 영향력 있는 순간들

Moments That Matter or Moments of Impact

전통적인 직원 라이프사이클에 대해 생각하는 대신, 우리 삶의 중요한 순간들, 큰 영향력을 미치는 순간들을 생각하는 것이 더 가치 있고 효과적이다. 우리의 개인 생활과 직장 생활의 경계가 흐릿해진다는 것은 그러한 순간들 또한 이 경계를 초월하여 나타난다는 것을 의미한다. 여기에는 출근한 첫날, 아이가 태어난 순간, 승진하는 순간, 집을 장만하는 순간, 퇴사하는 순간 등이 포함될 수 있다. 이러한 순간들에 초점을 맞춤으로써 조직은 직원들을 단순히 일을 완수하기 위해 거기 있는 사람이 아니라, 독특한 경험을 갖춘 온전한 개인으로 바라볼 수 있다. 이를 통해 조직은 직장의 개인화를 진전시킬 수 있다. 모든 조직이 똑같은 중요한 순간들을 갖는 것은 아니지만, 어떤 조직이건 모든 조직은 기술과 문화, 물리적 업무 환경에 무언가 조치를 취함으로써 그런 중요한 순간들에 응답할 수 있다.

그림 18.1에서 볼 수 있듯이, 중요한 순간들에는 세 가지 유형

그림 18.1 중요한 순간들의 종류

이 있다.

특정한 순간들

먼저 직원의 삶에서 명확한 의미를 지닌 특정한 중요한 순간들 (specific moments that matters)이다. 직장에서의 첫날, 첫 번째 집을 사는 순간, 아이를 갖게 된 순간, 승진하는 순간 등이 여기 포함된다. 이들은 회사의 모든 직원에게 공유될 가능성이 가장 높다. 특정한 순간들은 항상 일어나는 것이 아니므로 특별하다. 물론 회사 입장에서는 직원들 중 그런 일이 일어난 사람이 언제든 있을 수 있지만, 직원 개인의 입장에서는 그렇지 않다.

지속되는 순간들

여러분들이 동료나 상사와 맺는 지속적인 관계는 지속되는 중요한 순간들(ongoing moments that matter)로 간주할 수 있을 것이다. 다른 말로 하자면 이런 순간들은 명확하게 정의할 수가 없다. 만약 어느 날 여러분의 상사가 출근해서 전체 회의를 소집하더니 여러분이 완성한 프로젝트에 대해 감사를 전한다면, 이는 계획된 것이 아니지만, 여러분의 경험에 엄청난 영향을 줄 수 있다. 마찬가지로 만약 어느 날 상사가 여러분을 질책하거나 공적을 가로챈다면, 이 역시 직장에서 여러분의 경험에 영원한, 이번에는 부정적인 영향을 미칠 것이다. 이 두 상황의 순간들은 특정하게 계획되거나 설계된 것이 아니다. 그들은 그냥 일어난 것이다. 이런 지속되는 순간들은 조직이 제공하는 기술과 물리적 공간이 직원들과 어떻게 상호작용하는지도 포함하고 있다.

만들어진 순간들

회사 전체 파티, 팀 빌딩 이벤트, 혁신 과제, 회사 해커톤은 모두 만들어진 중요한 순간들(created moments that matter)에 속한다. 이들은 조직이 만들어낸 것이다. 그런 순간들을 조직과 직원들이 중요하다고 느끼며, 흔히 특정한 비즈니스 요구나 도전에 초점을 맞추고 있기 때문이다.

시스코의 중요한 순간들

중요한 순간들 개념을 선도하는 회사 중 하나가 시스코(Cisco) 다. 나는 시스코의 접근 방식을 더 배우기 위해, 최고 피플 담당자인 프란신 카츠오다스(Francine Katsoudas)와 이야기를 나누었다. 모든 것은 수년 전 한 직원이 만든 '우리의 피플 딜(Our People Deal)'에서 시작되었다. 이는 시스코가 표방하는 것, 직원들에게 기대하는 것, 직원들이 회사로부터 기대할 수 있는 것의 개요를 서술한 것이다. 직원들의 말을 들으면서, 시스코는 직원들이 각자의 경험을 형성하는 데 있어서 관심을 기울이는 여러 개의 이정표가 있음을 깨달았다. 총 11개의 중요한 순간들이 있었고, 각각의 순간은 다양한 요소를 내포하고 있었다. 흥미로운 점은 이런 순간들이 포커스 그룹, 토론, 설문조사에 참여한 직원들로부터 직접 나왔고, 이 과정에서 그들은 자신의 경력 여정 가운데 어떤 순간들을 가장 아끼는지 솔직하게 공유했다는 점이다. 여기엔 직원의 첫 입사 인터뷰부터 시스코에서의 마지막 날, 휴가와 생일 축하를 받은 것, 자원봉사를 위해 (휴가 외) 5일간의 유급 휴가를 가진 것까지 모든 것이 포함되었다. 어떤 의미에서 그 순간들은 새로운 직원 라이프사이클, 즉 시스코가 직원들에게 바라는 라이프사이클이 아닌 그곳에서 실제로 일하는 직원들의 관점에서 본 라이프사이클을 이루고 있었다.

비록 프란신과 그녀의 팀이 이런 경험들을 설계하는 데 도움을 주긴 했어도, 시스코가 직원경험을 가능한 한 최고로 만들기 위해 의지한 사람들은 관리자들이었다. 하나의 특별한 순간은 한 명의 사람이나 하나의 팀이 아니라 여러 팀이 함께 공유한다. 각각의 순간마다 경영진 스폰서, 전문가 팀, 이러한 경험을 설계하고 지속적으로 개선시키기 위해 노력하는 개인 그룹이 함께한다. 하지만 시스코라고 해서 그들만의 과제가 없는 것은 아니다. 전 세계에 7만 명 이상의 직원을 둔 조직으로서, 지역과 문화를 가로질러 중요한 순간들을 확대하는 건 결코 쉽지 않은 일이다. 경영 트레이닝에 많은 투자를 하고, 관련 팀들이 글로벌한 대표성을 갖도록 하는 것 모두 중요한 일이다.

중요한 순간들에 집중함으로써 시스코는 민첩하고 적응력이 뛰어난 모델을 만들어냈다. 새로운 순간들은 직원들의 피드백에 따라 언제든 새로 추가되거나 제거될 수 있고, 각각에는 기술과 인간미를 연결하는 강력한 로드맵이 있다. 25장의 후반부에서 시스코의 이러한 순간들이 무엇인지 정확히 볼 수 있을 것이다.

CHAPTER 19

중요한 순간들과
직원경험

Moments That Matter and Employee Experience

COOL 물리적 공간(5장), ACE 기술(6장), CELEBRATED 문화(7장)로 구성되는 직원경험을 살펴보면서 자연스레 이런 의문이 들것이다. 17가지 변인과 존재의 이유는 중요한 순간들과 어떻게 어우러지는가? 이들은 별개의 것인가 아니면 함께하는 것인가? 이들은 서로 구별되지만, 또한 서로 함께한다.

내가 파악한 바로는, 직원경험 환경들(그리고 변인들)은 직원들이 가장 관심을 갖는 것이다. 중요한 순간들은 직원들에게 가장 의미 있고, 가장 많은 영향을 주는 특정 시기다. 이 두 가지는 서로 함께 강력한 조합을 만들어낸다.

직원경험과 관련해서 여러분 조직이 하려는 모든 것은 문화나 기술, 물리적 환경에 속할 것이다. 가장 최근 내가 수집한 데이터에 따르면, 17가지 변인은 직원들이 이 세 가지 환경에서 가장 관심 있는, 가장 가치 있다고 여기는 것을 측정할 수 있는 최선의 방법이다. 이는 시간이 지남에 따라 당연히 변할 수 있다. 수년 전만 하더라도 다양성과 포용은 리스트 상위권 근처에도 가지 못했으며, 직장 유연성이나 코치와 멘토 역할을 하는 관리자, 그 외 살펴봤던 다른 변인 6개도 마찬가지였다.

이러한 변인들에 기반하는 중요한 순간들은 조직별로 다르며, 직원들에게 개인화된다. 조직의 접근 방식이 어떠하든, 여러분은 모든 직원이 내가 정의한 것과 똑같이 17개 변인에 우선순위를 부여하는 것은 아니라는 점을 알게 될 것이다. 앞서 말했듯이, 중요한 순간들의 예로는 처음 출근한 날, 집을 사는 순간, 처음 승진한 순간 등이 있을 수 있다. 직원경험 변인의 예는 목적의식을 갖는 것, 유연하고 자율적인 근무 환경을 갖는 것 등이다. 그러면 이 두 가지는 어떻게 서로 어우러질 수 있을까?

중요한 순간들은 조직이 이 책에서 논의한 변인들을 결합하고 싶어 하는 순간들이다. 내일 처음 출근하는 직원이 있다고 가정해 보자. 그 중요한 순간에 여러분은 직원에게 목적의식과 의미를 전달하기 위해서 무엇을 할 수 있을까? 조직이 영향을 준 고객 한 명을 만나게 해줄 수도 있고, 경영진을 만나 회사의 비전과 스토리를 공유하고 그 직원이 앞으로 어떤 의미 있는 역할을 하게 될 것인지 이야기를 나누게 해줄 수도 있다. 유연성과 자율성은 어떨까? 직원이 삶을 즐기고 가족과 함께 여러 의미 있는 순간을 보내려면, 예를 들어 처음 집을 사고, 첫 아이를 갖고, 등굣길과 하굣길을 함께하며 축구 경기를 관람하려면, 직장 유연성과 자율성이 중요하다. 그동안 고정된 스케줄과 지휘–통제 경영 스타일로 인해 가족을 돌보지 못하고 소홀히 할 수밖에 없었던 사람을 내가 얼마나 많이 봐왔는지 모른다.

조직은 이러한 순간들을 파악해야 하고, 그 순간들에 이 책에서 설명하는 17가지 직원경험 변인이 스며들도록 해야 한다. 이것이 바로 시스코, 링크드인, 어도비(Adobe), 엑센츄어(Accenture)와 같은 최고의 통합적 직원경험 조직이 해오고 있는 것이다. 나는 여러분 조직 내에서 이러한 중요한 순간들이 언제인지를 이야기해줄 수 없지만, 고맙게도 우리는 모두 누가 그걸 이야기해줄 수 있는지 알고 있다. 바로 여러분의 직원들이다.

복잡하고 난해한 과정은 필요 없다. 데이트하는 것과 비슷하다. 대부분 사람은 처음에 데이트를 시작할 때 어떤 말을 해야 할지 고민하다가 얼어붙고 만다. 주변에서 하는 흔한 조언은 대화를 시작하고 싶다면 그냥 상대방에 관해서 물어보라는 것이다. 직원들에 대해서 알고자 한다면 같은 방법을 사용하자. "우리 조직에 있는 동안 당신의 경험에 가장 큰 영향을 준 특별한 순간이나 사건이 무엇이었나요?"와 같은 간단한 질문을 던지는 데서 시작해보자.

CHAPTER 20

직원경험
피라미드

The Employee Experience Pyramid

나는 직원경험을 다양한 층을 하나씩 쌓아 올린 피라미드 구조로 생각하는 것을 선호한다(그림 20.1 참조).

피라미드의 맨 아래 부분에는 직원경험에 대한 조직의 생각과 접근 방식의 토대가 되는 존재의 이유가 있다. 존재의 이유는 궁극적으로 조직과 사람을 연결해주는 것이다. 예를 들어, "인간의 정신에 영감을 불어넣고 더욱 풍요롭게 한다—한 분의 고객, 한 잔의 음료, 우리의 이웃에게 정성을 다한다."라는 스타벅스(예비 직원경험 조직)의 미션을 살펴보자. 조직이 이와 같은 미션을 선언할 때, 여러분은 조직이 사람들에게 관심을 기울이는 태도를 보일 거라고 기대할 수 있고, 기대해야 한다. 물론, 예외도 얼마든지 있다. 애플은 통합적 직원경험 범주에 속하지만, 존재의 이유는 전혀 없다. "애플은 세계 최고의 개인용 컴퓨터인 맥(Mac)과 함께 OS X, iWORK 및 전문가용 소프트웨어를 디자인한다. 애플은 iPods과 iTunes 온라인 스토어를 통해 디지털 음악의 혁명을 주도한다." 이것이 애플의 현재 미션 선언문이다.

이를 1980년대 이 회사에 처음 심어진 '스티브 잡스(존재)의 이유', 즉 "인류의 진보를 가져오는 사람들을 위한 도구를 만들어 세상에 기여한다."와 비교해보자.

이들은 똑같은 조직에 대한 극단적인 두 가지 선언문과 약속이다. 오늘날 많은 사람이 애플이 길을 잃었다고, 새롭고 혁신적인 제품을 만드는 데 어려움을 겪고 있다고 생각하는 것은 그리 놀랄 일이 아니다.

강력한 존재의 이유는 조직이 훌륭한 직원경험(그리고 대부분 훌륭한 고객경험)을 제공하도록 노력하게 만든다. 그것은 조직을 책임감 있게 만들며, 특히 우리가 사는 이 투명한 세계에서는 더욱더 그렇다.

존재의 이유 위에는 세 가지 직원경험 환경, 즉 문화, 기술, 물리적 환경이 있다. 직원경험과 관련하여 조직이 하려는 모든 것은 이 세 가지 환경에 포함될 것이다. 여기에는 보상과 혜택 향상, 유연 근무 프로그램, 경영 교육 프로그램, 직원들이 업무에 사용하는 기술 도구, 그 밖의 모든 것이 속한다. 직원경험을 이러한 세 가지 환경의 조합으로 생각하면 문제를 단순화하는 데 많은 도움이 될 것이다.

이 환경들 위에 17개의 변인, 즉 COOL 공간(5장), ACE 기술(6장), CELEBRATED 문화(7장)가 있다. 내가 분석한 바에 따르면 이들은 직원들이 조직에서 가장 관심을 갖고, 가치 있다고 느끼는 17가지 사항이다. 각 조직은 피플 애널리틱스에 투자함으로써 시간에 따른 17개 변인의 변화를 파악할 수 있을 것이다. 세계는 계속해서 발전하며, 이에 따라 직원경험을 제공하기 위한 접근법과 전략도 달라져야 한다는 점을 기억해야 한다.

피라미드의 꼭대기에는 중요한 순간들이 있다. 이를 통해 조직은 직원경험을 최대한 개인화할 수 있다. 그러기 위해 조직은 직원들의 삶에서 중요한 순간들을 파악하고, 17개 변인을 이 순간들에 최대한 스며들게 해야 한다. 다양한 피드백 메커니즘을 활용하면 조직은 그런 순간들을 더 효과적이고 정확하게 파악할 수 있을 것이다. 중요한 순간들은 조직마다 다르고 계속해서 변하는 것이기에, 직원들에게 묻고 또 묻는 것이 중요하다.

직원경험 피라미드는 어떻게 이 다양한 요소가 마치 직소 퍼즐처럼 함께 어우러지고 상호작용하는지를 한눈에 살펴보도록 도와준다. 최고의 회사들은 이 모든 것을 실행한다.

그림 20.1 직원경험 피라미드

CHAPTER 21

실제 업무는
어떤 영향을 주는가?

What about the Actual Work?

직원경험에 관한 지금까지의 논의에서 한 가지 빠진 것이 있다. 직원들이 해야 하는 실제 업무다. 더 직접적으로 말하자면, 사람들은 자주 나에게 "실제 업무는 직원경험에 어떤 영향을 주게 됩니까?"라고 묻는다. 매우 타당한 질문이며, 분명 업무는 직업경험에 영향을 준다. 그러나 결정적인 한 가지 이유 때문에 이 책에서는 이를 다루지 않았다. 거의 모든 경우, 조직은 우리가 하는 일을 통제하는 것이 아니라 일하는 환경을 통제한다. 보통, 일은 우리 자신이 결정한다.

만약 여러분이 어떤 일에 지원한다면, 여러분은 어떤 역할을 하게 되는지, 무엇을 하게 되는지, 기대되는 역할은 무엇인지에 대해서 어느 정도 잘 알고 있어야 한다. 다시 말하면 여러분은 직업을 고르는 중이고, 예상 밖의 일이 많아서는 안 된다. 만약 여러분이 영업 부서에 채용된다면, 서버 문제를 해결해달라는 요청을 받진 않을 것이다. 고객 서비스 부서에 채용된다면, 영업 성과에 대해 프레젠테이션을 하지 않아도 될 것이다. 물론 나는 우리가 모두 한가롭게 직업과 직장을 고르는 사치를 누린다고 생각할 정도로 순진하진 않다. 전 세계의 많은 사람은 집세를 내기 위해서 어떤 일이라도 기꺼이 하려 한다. 그러나 이런 상황에서도 일하는 환경은 우리에게 영향을 주며, 이런 상황에서도 직원은 자신이 어떤 환경에 처하게 될지를 알고 있다. 이는 직원들이 자신의 경력과 일하고 싶은 조직, 맡고 싶은 역할을 결정하는 과정에서 일정 수준의 자기인식(self-awareness)이 필요하다는 것을 의미한다. 물론 이는 처음 직장에 들어갈 때 우리 대부분이 가장 힘들어하는 부분이지만, 시간이 지나며 점차 나아져야 한다.

생각해보면, 조직은 우리가 하는 일을 바꿀 수는 없다. 만약 엔지니어로 채용된다면, 우리는 코딩을 해야 한다. 영업 전문가로 채용된다면, 거래를 성사시켜야 한다. 고객 서비스 담당자로 채용된다면, 고객을 도와야 한다. 이때 변수는 업무 자체가 아니라 업무가 이뤄지는 방식이다. 나는 같은 역할과 기능을 맡고 있지만 서로 다른 조직에서 일하는 직원들과 이야기할 때마다 이 점을 항상 확인하게 된다. 그들의 업무와 과제는 사실상 동일하지만, 그것을 수행하는 환경은 다르다. 물론 놀라운 일은 아니다. 사실 우리 대부분은 경력 과정에서 이런 경험을 한 적이 있다. 나 역시 그랬다. 여러분이 어떤 조직의 마케팅 팀에 속한다고 생각해보자. 일 년 정도 그곳에서 일했는데, 업무가 싫증 나기 시작했다. 여러분은 인정받는다고 느끼지 못하며, 관리자가 여러분을 신경 쓰지 않는다고, 여러분이 조직에 많은 영향을 주지 못한다고 느낀다. 그 결과 여러분은 직장을 바꾸었고, 비슷한 조직에서 거의 같은 업무를 하게 되었다. 일 년이 지났고, 이제 여러분은 훨씬 더 행복하다. 관리자는 여러분이 어떻게 지내는지를 살피기 위해 항상 여러분을 체크하고, 팀원들 간의 사교 관계는 더 강한 유대감을 만들어내며, 여러분은 자신이 정말로 어떤 변화를 가져오고 있다고 느낀다. 일 자체는 바뀌지 않았지만, 그 일을 하는 환경은 바뀌었다. 그것이 영향을 미친 것이다.

수집한 데이터를 훑어보면서, 나는 같은 업종에 속하며 사실상 거의 같은 일을 하는 조직들이 직원경험 지수에서는 상당히 다른 점수를 받는 사례를 많이 발견했다. 도대체 왜? 어떤 조직들은 항상 적임자만을 선발하는 능력이 있어서, 직원의 필요와 요구, 기대가 조직이 실제로 제공하는 것과 항상 일치할 가능성도 없진 않겠다. 그러나 나는 아직 그런 조직을 보지 못했고, 아마도 그런 조직은 빅풋이나 네스호의 괴물처럼 가상에 불과할 것이다. 내가 조사하고 확인한 모든 것은 점수 변동의 원인이 업무가 이뤄지는 환경임을 암시했다.

최하위 범주인 취약한 직원경험 조직에 속하는 메르세데스-벤츠(Mercedes-Benz)를 몰입형 직업경험 조직에 속하는 토요타(Toyota)와 비교해보자. 두 회사는 기본적으로 같은 일을 한다. 이들은 자동차를 제작하고, 시장에 내놓고, 판매한다. 차이점은 도요타가 직원들이 업무를 수행하는 방식과 업무 수행에 대한 느낌에 영향을 주는 일을 훨씬 더 잘한다는 것이다. 데이터를 비교하면 도요타는 대부분 변인에서 메르세데스-벤츠보다 조금 높은 점수를 받았을 뿐이지만, 두 가지 변인에서는 그 차이가 컸다. 도요타의 직원들은 메르세데스-벤츠 직원들보다 회사가 자신을 소중히 여긴다는 느낌을 더 많이 받았고, 공정하게 대우받는다는 느낌도 더 많이 받았다. 두 조직의 직원들이 같은 업무를 할진 몰라도, 그들의 경험은 상당히 달랐다.

또 다른 좋은 예는 펩시코(PepsiCo)와 코카콜라(Coca-Cola)다.

마찬가지로 이들도 거의 같은 일을 한다. 식품과 음료를 제조하고, 시장에 내놓고, 판매한다. 펩시코는 (펩시 애호가들에겐 안타깝게도) 가장 낮은 범주인 취약한 직원경험 조직에 속하고, 코카콜라는 몰입형 직원경험 조직에 속한다. 왜 그럴까? 코카콜라는 학습과 개발, 조직의 가치를 반영하는 물리적 공간, 친구나 방문객을 직장에 자랑스레 초대하기 영역에서 더 높은 점수를 받았다. 역시 업무는 상수이고 환경이 변수임을 알 수 있다.

이러한 경향은 내가 데이터를 수집한 252개 조직 대부분에서 나타났다. 업무와 과제는 상수로서, 비록 그것이 직원경험에 영향을 미칠지라도 이는 우리의 선택에서 비롯된 것이다. 그렇기에 우리는 모두 자신이 누구인지, 잘하는 것은 무엇인지, 하고 싶은 것은 무엇인지를 잘 알아야만 한다. 경력이나 업무를 바꾸는 것은 개인이다. 조직이 형성하는 것은 일이 무엇인가가 아니라 일이 어떻게 이뤄지는가 하는 것뿐이다.

CHAPTER 22

누가 직원경험을
책임지는가?

Who Owns the Employee Experience?

직원경험은 모든 사람의 책임이라고 말하는 것은 쉽지만, 그동안 내가 관찰한 바에 의하면 모두의 책임이라고 말하는 것은 사실 누구도의 책임도 아닌 것이 되어버린다. 나는 직원경험을 조직의 최고 리더로부터 시작하여 서열이나 역할과 무관하게 모든 직원으로 확대되는 파급 효과로 보고자 한다. 그림 22.1에서 이것이 어떤 모습인지 확인할 수 있다.

CEO와 경영진의 시작

조직의 모든 직원경험은 존재의 이유와 조직이 지향하는 가치에서 시작된다. 이는 CEO와 모든 경영진을 포함한 조직의 최상위에서 출발한다. 말하자면 직원경험이라는 집을 짓는 토대라고 생각할 수 있다. CEO와 경영진은 그러한 존재의 이유를 공적이건 사적이건 늘 표현할 필요가 있다. 또한 그것을 직원을 비롯하여 고객 및 일반 대중과 함께 일하고, 커뮤니케이션하고 상호작용하는 방법의 일부로 만들어야 한다. 기본적으로 CEO와 경영진은 조직의 핵심 가치를 전파하는 가장 뛰어난 전도사가 되어야 하는 것이다.

내가 가장 좋아하는 사례 중 하나는 존 레저(John Legere)다. 카리스마 넘치며 자홍색과 배트맨을 사랑하는 그는 5만 4천 명 이상의 직원이 있는 무선 사업자 T-모바일의 CEO다. 존은 여러면에서 독특하다. 경쟁사의 실적 보고 회의에 대한 술 마시기 게임을 만드는가 하면, 소셜 미디어에서 그의 이메일 주소로 고객에게 직접 응답한다. 페이스북 라이브에서 일요일마다 요리쇼를 진행하고, 모든 옷에 T-모바일 상표가 붙어 있는 데다가, 자홍색 컨버스 신발도 가지고 있다. 또한 존은 소셜 미디어에서 정기적으로 소통하는 수백만 명의 팔로워도 가지고 있다. 이를 봤을 때 그가 직원경험에 대하여 (그리고 그 밖의 많은 것에 대해서도!) 상당히 분명한 견해를 가지고 있다는 건 놀랍지 않다.

CEO에 취임한 이래로 존은 직원들과 소통하며 영감을 불어넣고, 나아가 그들의 고통을 최대한 없앰으로써 직원경험을 향상시키는 임무를 수행해왔다. T-모바일의 HR 및 직원 경력 담당 부사장 마티 피시오티가 나와의 대화에서 말하길, 존은 T-모바일에 온 처음 몇 주 동안 지역 직원들을 만나 그들의 어려움을 직접 들었다고 한다. 첫 번째 대규모 영업 직원 미팅에서는 직원들이 하고픈 어떠한 질문도 그에게 할 수 있도록 오픈 마이크 시간을 가졌다. 처음 직원들이 한 질문들은 누구라도 할 수 있을 뻔하고 평범한 것이었다. 그러자 존은 자리에서 일어나 마이크 앞으로 걸어가더니 이렇게 말했다. "지금부터

그림 22.1 직원경험 추진과 확산

는 질문자가 해고되는 게 아닐까 걱정이 들 정도의 질문을 듣고 싶습니다." 존에게 직원경험은 너무나도 중요하다. 그렇기에 T-모바일의 모든 경영진과 관리자는 "최전선[고객과 직접 소통하는 직원들]의 말을 들어라. 입 다물고, 그대로 실행하라."라는 말을 주문처럼 외우고 다닌다. 여러분도 전통적인 경영과 직장 관행에 이토록 노골적으로 도전하려는 CEO에 대해선 좀처럼 들어보지 못했을 것이다.

피플 팀(People Team)의 책임

제너럴일렉트릭이나 스트리밍 인터넷 라디오 회사인 판도라와 같은 곳에서 직원경험은 인사 담당(HR) 부서의 역할에 속하며, 직원경험을 이끌어가는 사람들은 HR 최고 책임자에게 보고한다. 직원경험 책임자들이 인사 파트를 병행하여 수행하고, 직원경험 최고 책임자가 직속 상관인 경우도 본 적이 있다. 역할과 기능을 어떻게 구성할지는 온갖 종류의 조합으로 생각해볼 수 있다. 직원경험 관련 상위 기업들조차 서로 비슷한 접근 방식을 취하지 않는다. 에어비앤비는 직원경험 최고 책임자와 더 전통적인 HR의 책임자를 각각 두고 있다. 어도비에는 고객경험과 직원경험을 총괄하는 수석 부사장이 있고, 시스코에는 최고 책임자가 있으며, 액센츄어에는 최고 리더십과 HR 책임자가 있다. 요점은 이러한 모든 모델과 시나리오가 전적으로 가능하며, 모두 잘 작동할 수 있다는(잘 작동한다는) 점이다. 기능과 역할의 관점에서 이 팀들을 외관상 어떻게 구성할지에 대한 통일된 접근법은 없다.

궁극적으로 이 그룹의 사람들은 조직 전체에 걸쳐 직원경험을 안내할 책임이 있다. 그들은 보통 토론을 시작하고, 직원경험을 실행할 방법에 대하여 전략을 세우고, 아이디어를 테스트하고, 피플 애널리틱스에 기반해 지침을 제공하고, 그 밖에 회사 전체가 직원경험을 옹호하고 참여하도록 만들어야 하는 책임을 진다.

이 사람들은 회사가 의지할 수 있는 비밀 조직(secret task force)과 같다. 이는 그들이 모든 결정을 내려야 한다거나, 그들의 의견 없이는 어떤 결정도 내릴 수 없다는 걸 의미하진 않는다. 그들은 배를 안내하고 조종하는 것을 돕지만, 올바른 목적지로 가기 위해선 모든 사람이 참여해야 한다. 피플 팀의 주요 목표는 직원경험을 조직의 가장 중심부에 위치하도록 하는 것이다.

관리자들의 주도

조직의 모든 관리자는 직원경험을 만들고 주도할 책임이 있다. 이는 앞선 17가지 변인이 구현되어 직원들에게 인지되도록 돕는다는 것, 중요한 순간들을 찾아내고, 모든 직원을 알아가며, 직원들이 자신의 경험을 형성하고 나눌 수 있도록 장려한다는 것을 의미한다. 직장의 미래를 바라볼 때, 관리자는 피라미드의 꼭대기에 앉아있는 사람이 아니다. 그들은 피라미드 가장 밑바닥에서 나머지 다른 사람들을 들어 올리는 이들이다. 관리자는 섬기는 자로서, 코치이자 멘토로서 두 가지 목표를 갖는다. 첫째로 관리자는 직원들이 정말로 출근하길 원하도록 만드는 일을 도와주어야 하고, 둘째로 직원들이 그들보다 더 성공할 수 있도록 도와주어야 한다. 내가 이 책에서 분석한 가장 성공적인 조직들이 경영 측면에서 지닌 공통점은, 관리자가 놀라운 직원경험을 만들어내는 과정에 도움을 주고 있다고 확신하며, 그에 대해 엄청난 신뢰를 보낸다는 점이다.

인터넷 라디오 회사인 판도라는 가장 좋은 사례 중 하나다. 음악은 매우 개인적인 것이기에, 당연히 판도라는 개인화된 경험이란 개념을 상당히 진지하게 받아들인다. 그리고 그 과정에서 관리자들에게 크게 의존한다. 판도라 역시 공식적으로 비즈니스를 하는 회사이므로 당연히 보상이나 휴가 등 표준적인 HR 정책과 규칙이 있다. 그러나 이런 전통적인 것들 외에도 관리자들은 2천 3백 명 이상의 직원들을 위해 경험을 형성하고 만들어내야 할 책임이 있다.

모든 직원은 각자가 선호하는 일과 기대하는 바, 업무를 완수하기 위해 필요한 것들을 관리자와 직접 협의한다. 이는 모든 직원이 따라야 하는 포괄적인 정책이나 규칙에 의해 주도되지 않는다. 개인화된 경험을 창조할 수 있도록, 판도라의 모든 관리자는 자기 인식과 감성 지능에 중점을 둔 모듈을 포함한 트레이닝 프로그램을 거친다. 다른 사람을 이끌고자 한다면, 먼저 스스로를 더 많이 알아야 한다는 이유에서다. 이 과정을 거쳐야만 관리자들이 겸손과 공감으로, 혹시 모르는 개인적인 편견을 자각하고 직원들을 이끌 수 있다고 보는 것이다.

예를 들어, 많은 조직의 관리자들은 보통 팀 빌딩과 유대 강화를 위한 활동의 일환으로서 회식을 한다. 하지만 만약 (외향적이고, 야망 있고, 경쟁적이며, 어쩌면 참을성이 없는) A유형 성격의 프로젝트 매니저가 내성적인 소프트웨어 개발자, 매우 외향적인 영업 전문가와 한 팀으로 일한다면 어떻겠는가? 분명 술을 마시러 가는 건 말도 안 되는 이야기일 수 있다. 판도라와 같은 조직에서 관리자들은 구성원들의 눈을 통해 상황을 바라보고, 그에 따라 행동하도록 교육받는다. 이는 관리자들이 사람들을 공정하게 대하고, 목적의식을 조성하며, 직원들이 소중히 여겨진다는 느낌을 받게 하는 등의 일을 할 수 있게 해준다. 판도라의 리더들은 그들의 직원 개개인을 진정으로 이해하고 있으며, 따라서 그들이 무엇을 소중히 여기는지, 무엇에 관심을 기울이며 가치 있다고 여기는지도 알고 있다.

모든 직원의 참여

이 책의 첫 부분에서 언급했듯이, 직원의 필요와 요구, 기대와 그에 대한 조직의 설계 사이의 공통부분에서 직원경험이 만들어진다. 이는 인턴부터 CEO까지 모든 직원이 그들의 업무 경험이 어떤 모습이길 바라는지를 서로 공유하고, 협업하고, 피드백을 제공하는 습관을 들일 필요가 있다는 것을 의미한다.

프레임워크를 정리하며 나는 몇 가지 핵심 사항을 강조하고 싶다. 비록 여러분 조직 내부의 피플 팀에게 다른 모두를 안내할 책임이 있을지라도, 직원경험은 모든 곳에 내재해야 하고 모든 사람에 의해 실행되어야 한다. 직원경험을 태양으로 생각하면, 나머지 회사의 모든 것이 그 주위를 돌고 있는 것이다.

CHAPTER 23

에어비앤비의
교훈

A Lesson from Airbnb

모든 조직은 저마다의 목적과 문화, 직원들, 비즈니스 모델, 우선순위를 가진다. 그렇기에 나는 독자들에게 다른 조직이 하는 것을 모방하지 말고 여러분 조직에 적합한 무언가를 만들어내라고 강조한다. 물론 전자가 더 솔깃한 이야기이긴 하지만, 장기적으로는 결국 독이 될 것이다.

에어비앤비는 직원경험을 개척한 조직 중 하나이다. 마크 레비(Mark Levy)는 3년 전 에어비앤비의 직원경험 글로벌 책임자로 고용되었고, 에어비앤비는 2015년 미국에서 일하기 좋은 회사 1위로 글래스도어 상을 받았다. 에어비앤비에서 직원경험이란 직원이 최상의 본모습을 갖추고 소속감을 느끼며, 회사의 미션과 비즈니스 성과에 기여하도록 만드는 활동과 프로그램, 자원, 접근 방식을 말한다.

3년 전에는 직위에 직원경험이란 단어를 포함한 임원은커녕 경력 사항에 이를 포함하고 있는 직원을 찾는 것조차 무척 힘들었다. 마크는 전 세계에서 정식으로 이 역할을 맡은 첫 번째 경영진 중 한 명이었다. 그가 회사에 합류했을 당시 에이비앤비에는 인재를 담당하는 그룹과 채용을 맡은 그룹이 각각 따로 있었고, 업무 공간 환경과 내부 커뮤니케이션, 직원 행사, 인정과 축하 등을 포함하는 **지상관제**(ground control)라는 업무를 맡은 그룹 역시 따로 있었다. 이들 모두는 각기 다른 사람들에게 보고하였다. 에어비앤비는 이 전부를 궁극적으로 직원을 지원하는 역할을 담당하는 하나의 기능 아래 통합하길 원했다. 에어비앤비는 끝내주는 고객경험 팀을 가지고 있으므로 직원경험 팀을 만드는 것도 타당하다고 판단했다. 원래 마크는 인재(인적 자원) 비즈니스 파트너, 인재 운영, 총 보상, 인재 프로그램, 보상과 혜택, 채용, 다양성과 소속감(포용), 학습과 조직 개발, 업무 공간(시설, 안전과 보안, 식품과 환경), 지상관제 등과 함께 통상 조직 내부에 갖추어진 전통적인 인적 자원(HR) 기능도 책임졌다. 한때는 인재 정보 시스템과 글로벌 시민권도 직원경험의 일부였지만, 이후 범위가 확장되어 지금은 다른 기능에 속한다. 기본적으로 에어비앤비가 예비 직원, 현재 직원, 과거 직원과 접하는 데 관련한 모든 것이 직원경험 프로그램에 속했다. 그 전부가 마크에게 주어졌었다.

다른 조직들은 에어비앤비가 직원경험을 중심으로 어떤 일을 하고 있는지 처음 알게 되자, 이에 무척 매료되었다. 일부 조직은 그것을 모방하려고까지 했다. 하지만 이는 어째서 다른 조직을 모방하지 않아야 하는지를 보여주는 좋은 예다. 이후 에어비앤비가 직원경험을 중심으로 하는 구조를 바꿨다는 사실을 아는 사람은 드물다. 마크는 다음처럼 말한다.

2년 6개월이 지나 회사가 성장하고 다양한 기능으로 직업경험이 확장하며 2015년 말 글래스도어에서 일하기 가장 좋은 곳으로 선정될 수 있도록 우리의 문화를 조성하고 나자, 이러한 모든 기능을 한곳에 끌어모아 직원 여정 전체를 담당하는 것이 더욱 타당하다는 게 명백해졌습니다. 제가 9개쯤 되는 상이한 기능을 모두 책임지면서 어떤 영역을 깊이 살펴보는 것도 사실상 불가능했고 말입니다. 돌이켜 생각하면, 직원경험을 그룹 내에서 보장하도록 전통적인 HR 기능들을 더 많이 통합하는 구조가 이들을 광범위한 직원경험 팀 안에서 분리된 그룹으로서 이끄는 것보다 더 효율적이었을 것 같았습니다.

그 결과 우리는 제가 업무 공간 및 지상관제를 책임지는 모델로 옮겨 가고 있습니다. 우리는 좀 더 전통인 HR 기능, 즉 인재 비즈니스 파트너, 인재 운영, 인재 프로그램, 총 보상, 잠재적 학습, 채용, 다양성 등을 잘 이끌며 통합할 수 있는 사람을 찾고 있습니다. 직원경험에 대한 이런 접근법은 비록 많은 기능과 영역을 포함하고 있기는 하지만 분명 옳은 방법이라고 생각합니다. 이것이 제가 조직 전반을 이끄는 다른 누군가가 있으면 좋겠다고 생각하는 이유입니다. 제가 지난 3년 동안 저희를 독특하고 특별하게 만들어준 것들에 집중할 수 있도록 말이죠.

우리가 에어비앤비의 사례에서 배울 수 있는 것은 말 그대로 조직이 직원들과 접촉하는 데 관련한 모든 것을 한 사람이 책임지는 건 다소 무리일 수 있다는 것이다.

CHAPTER 24

직원의
역할

The Role of Employees

15장에서 논의한 직원경험 설계 루프를 떠올려보자. 여러분은 그중 절반이 직원들에게 할당되었음을 기억할 것이다. 이는 조직과 마찬가지로 직원들 역시 그들의 경험을 만들어낼 책임이 있다는 것을 뜻한다. 조직이 모든 걸 다 해야 한다고 생각하고 싶을 수 있지만, 직원경험 조직을 만든다는 건 직원들이 단순히 요청하고 바라기만 하면 뭐든지 얻을 수 있는 행복의 섬(Pinocchio's island)을 만드는 게 아니다. 그것은 우리가 만들려고 노력해야 하는 종류의 조직이 아니다.

직원들의 역할은 조직에 들어가 일을 시작하기 전 상당한 주의를 기울이는 데서부터 시작한다. 회사가 일하는 환경을 통제하지만, 일을 선택하는 것 자체는 대부분 우리 각자에게 달려 있음을 기억해야 한다. 그렇다고 처음부터 올바른 경력과 올바른 회사를 찾으려고 허둥대며 걱정해야 한다는 의미는 아니다. 어차피 그런 일이 일어날 가능성은 거의 없다. 각자가 자신에게 적합한 길을 탐색하고 과감히 행동하는 것은 아무런 문제가 되지 않는다. 나 역시 내가 헌신할 수 있는 일을 찾기 전까지 검색 엔진 최적화나 마케팅, 전략 컨설팅, 스타트업 운영 등의 일을 기웃거렸으며, 앞으로 어떤 변화가 있을지도 모르는 일이다. 나의 원래 계획은 대학을 졸업하여 몇 년 동안 일한 뒤 MBA를 받고, 어느 조직이건 들어가 경력을 쌓으며 승진하는 것이었다. 나는 스스로 거짓말을 하고 있었고, 그 결과 고용주를 잘못 선택했었다. 여러분이 해야 하는 가장 중요한 일은 자신에게 솔직해지는 것이다. 이를 어떻게 할 수 있느냐 하는 것은 이 책의 범위를 벗어난다. 그래도 내가 어떻게 했었는지 정도는 말할 수 있겠다. 지금 하는 일을 찾아낼 때까지, 나는 이것저것 여러 가지를 시도해보았다.

여러분이 하고 싶은 일, 함께하고 싶은 회사를 발견했다면, 다음 단계는 실제로 조직 내부에서 목소리를 내는 것이다. 이는 조직의 프로그램과 계획에 참여하는 것뿐만이 아니라, 그러한 프로그램을 설계하는 데 영향을 미치는 피드백과 아이디어, 제안 역시 제공한다는 것을 의미한다.

만약 직원들이 목소리를 내지 않고 참여하지 않는다면, 그들은 자신들의 경험을 조직이 어떻게 바라보는가에 대해서도 별다른 발언권이 없을 것이다. 나는 직원들이 조직에서 진행하는 베타 테스트에 지원하고, 설문조사에 참여하며, 매니저와 토론하고, 포커스 그룹에 가입하는 등 직장에서 목소리를 내길 권한다. 직원경험은 일방향의 노력이 되어선 안 된다. 그건 그야말로 효과적이지 않다.

어디서부터
시작할 것인가?

Where to Start

많은 사람이 이 책을 읽는 이유는 자신의 조직을 직원경험에 초점을 맞춰 재설계하는 데 도움을 얻고자 하기 때문일 것이다. 나는 그런 변화가 선택이 아닌 필수라고 본다. 직원경험을 중심으로 조직의 운영 방식을 완전히 재설계하는 것에 직장의 미래가 달려 있다. 쉬운 여정은 아니지만 보상은 분명 클 것이다. 내가 아주 분명히 강조하려고 노력한 것처럼, 이 책의 모든 것은 체크리스트로 간주되서는 안 된다. 문제는 조직이 무엇을 하는가가 아니라 어떻게 하는가임을 기억해야 한다. 그렇다면 우리는 어떻게 세 가지 환경과 17가지 변인을 놀라운 방식으로 전달하는 조직을 만들 수 있을까? 어떻게 통합적 직원경험 조직을 만들 수 있을까?

진정한 관심 가지기

이 책이 직원경험을 만들어내고자 하는 조직을 위한 안내서이긴 하지만, 직원들에게 진정으로 관심을 갖는 법을 여러분이나 여러분의 리더에게 가르칠 수는 없다. 사실 나는 이것이 누군가 가르칠 수 있는 성질의 것이라고 믿지 않는다. 만약 여러분이나 여러분의 관리자, 경영진이 여러분과 함께 일하는 직원들이나 팀원들에게 관심을 갖지 않는다면, 이 책 전체가 완전히 쓸모없어진다. 이것이야말로 진정한 통합적 직원경험 조직과 다른 모든 조직을 가르는 핵심적인 차이다. 그들은 비즈니스 가치를 위해 직원경험에 투자하는 것이 아니다. 그들은 직원들에게 관심을 가지기 때문에 투자한다. 비즈니스 가치는 그 결과로서 따라올 뿐이다.

좀 진부한 이야기지만, 여러분은 가족이 만든 레시피를 그대로 따라 해보려고 한 적 있는가? 아무리 해도 똑같은 맛이 안 난다. 레시피를 정확하게 따랐는데도 왜 가족(보통은 할아버지나 할머니)의 요리가 더 맛있냐고 물어보면, 보통 대답은 "사랑과 정성을 다해 만들었으니까."이다. 우리가 무엇을 하거나 무엇을 만드는지만이 중요한 게 아니다. 문제는 그걸 어떻게 하는가이다. 아무리 강조해도 지나치지 않다. 그러면 진정한 관심은 어떻게 드러나는 것일까?

배리-웨밀러(Barry-Wehmiller)는 1만 1천 명 이상의 직원을 둔 세계적인 제조 기술 및 서비스 공급업체다. 2008년 불경기 동안, 다른 회사와 마찬가지로 배리-웨밀러는 조직의 성공을 위해 사람들을 희생(해고)한다는 몹시 어려운 결정을 내릴 수밖에 없었다. 배리-웨밀러의 CEO인 밥 채프먼(Bob Chapman)은 자신이 내릴 고통스러운 결정을 직원들에게 설명해야 했다. 하지만 그는 평범한 CEO가 아니었고, 배리-웨밀러도 평범한 회사가 아니었다. 이 조직은 직원들의 이혼율을 추적하고, 팀원을 머릿수가 아니라 '마음(hearts) 수'로 셀만큼 사람들에게 진심으로 관심을 가진다. 밥은 그의 조직을 가족으로 생각했고, "가족 가운데 누군가가 힘들어하고 있다면 어떻게 할 것인가?"라고 생각했다. 보통은 나머지 가족 구성원이 한데 모여 힘들어하는 가족이 다시 일어설 수 있도록 지원할 것이다. 이런 생각을 바탕으로 밥은 대담한 아이디어를 시도해보기로 했다. 누군가가 회사를 그만두는 대신, 모두가 일을 한 달만 쉬면 어떨까? 모두가 조금씩 급여를 조금 덜 받는 대신 모두가 일자리를 지킬 수 있었다. 모든 팀원이 이 아이디어를 받아들였다. 일부는 재정적으로 좀 더 여유가 있으니 더 많이 쉬겠다며 자원하기도 했다. 조직 전체가 함께 모여 서로를 지원했다.

이것이 조직에서 일하는 사람들에게 진정으로 관심을 갖는다는 것이다. 즉 조직이 사람들의 직장 안팎의 삶에 미치는 영향을 진정으로 이해하고 알아본다는 것이다.

존재의 이유 정의하기

직원경험을 중심에 두는 조직을 만들기 위한 토대는 다음과 같은 존재의 이유를 만들어내는 것이다.

1 세상과 사람들에게 미치는 영향에 초점을 맞춘다
2 경제적 이득에 초점을 맞추지 않는다

나는 존재의 이유를 '예/아니오'로 답하는 이항(binary) 질문으로서 살펴보지 않았다. 대신 5점의 척도를 사용해 평가했다. 이 책에서 분석한 전체 252개 조직의 평균 점수는 2.16점(5점 만점)으로, 약 43% 수준의 상당히 낮은 점수였다. 시스코, 에어비앤비, 페이스북, 구글 등 만점을 받은 조직도 있었고, 펩시, 페덱스, 엑손모빌(Exxon Mobil) 등 0점을 받은 조직도 있었다.

구글의 존재의 이유는 "전 세계의 정보를 체계화하여 모두가 편리하게 이용할 수 있도록 하는"것이다.《구글의 아침은 자유가 시작된다》에서 라즐로 복은 "이런 종류의 미션은 비즈니스 목표라기보다는 도덕의 문제이기 때문에, 개인의 업무에 의미를 부여합니다." 라고 썼다.[1]

조직이 행하고 나타내는 모든 것은 존재의 의미로 거슬러 올라가야 한다. 여기엔 조직이 창출하는 가치, 업무 공간의 설계 방식, 직원의 업무 방식, 직원들이 사용하는 기술 도구, 관리자들이 팀을 이끄는 방법 등이 포함된다. 이는 거대한 글로벌 대기업 못지않게 스타트업 회사에서도 중요하다. 흔히 조직의 존재의 이유가 무엇인지를 결정하는 건 고위 경영진들이다. 나는 이 과정에 직원들을 참여시켜서 위의 네 가지 자질을 존재의 이유에 구현할 방법에 관한 여러 관점과 피드백을 얻을 것을 권장한다. 조직은 발전하고 적응하며 비즈니스 모델 또한 변하기에, 존재의 이유 또한 조정될 수 있다.

피플 애널리틱스 팀 구축하기

피플 애널리틱스의 목표는 조직이 데이터와 연구에 기반하여 더 현명한 결정을 내릴 수 있도록 돕는 것이다. 이는 전 세계 많은 조직 내부에서 매우 흥미롭게 성장하고 있는 영역이다. 일부 조직은 여전히 엑셀 스프레드시트에 모든 직원 정보를 저장하고 있지만 말이다!

각 조직은 팀의 업무, 팀의 규모, 팀의 우선순위, 그 팀의 구조를 포함하여 나름의 피플 애널릭티스에 대한 접근 방법을 갖고 있다. IBM의 케넥사 스마터 워크포스(Kenexa Smater Workforce)에서 피플 애널리틱스 솔루션 글로벌 임원을 맡고 있는 데이비드 그린(David Green)은 자신의 링크드인 페이지에 자신이 공유해온 이야기와 사례들을 엮는 엄청난 일을 했다. 한번 살펴볼 것을 권한다. 이 섹션에 있는 여러 이야기와 사례는 데이비드의 인터뷰와 그가 나를 위해 소개해 준 다양한 피플 애널리틱스 팀으로부터 나온 것이다. 많은 연구와 이야기, 피플 애널리틱스 사례가 있음에도 그들 모두가 특별하다. 하지만 가장 성공적인 피플 애널리틱스 팀들은 몇 가지 공통 요인을 공유한다.

작게 시작하기

IBM, 시스코, 마이크로소프트와 같은 많은 조직은 수년간 피플 애널리틱스 게임에 참여해왔지만, 이들 역시 처음부터 지금과 같았던 것은 아니다. 기본적인 것, 예를 들면 설문조사나 보상, 성과 데이터, 재직기간 등의 직원 데이터를 검토하는 것처럼 간단한 것에서부터 시작해야 한다. 다양한 사업 부문과 공유할 수 있는 통찰이나 조언, 조치 등이 있는지 살펴보자. 이러한 데이터의 요점을 살펴보는 것만으로도 급여와 성과의 관계, 성과와 재직기간의 관계, 어느 팀이 가장 우수한 성과를 내는지 등을 확인할 수 있을지 모른다. 다음과 같은 기본적인 질문들을 해보자.

· 직원들의 평균 재직기간은?
· 어느 팀이 최고의 성과를 발휘하는가?
· 각 팀의 규모는 어느 정도인가?
· 더 많은 급여를 받는 사람들이 더 오래 근무하는가?
· 더 높은 직위를 가진 사람들이 더 오래 근무하는가?

직원경험을 만들어내는 가장 좋은 방법의 하나는 직원들을 아는 것이며, 이는 피플 애널리틱스와 함께 시작된다. 우리가 하는 모든 일과 우리가 살피는 모든 데이터는 직원들을 더 잘 알아가는 데 중점을 두어야 한다. 이 팀은 일반적으로 데이터 과학자, 시각화 전문가, 엔지니어, 그 밖에 데이터 수집, 분석, 시각화, 해석 등의 방법을 이해하는 매우 똑똑한 사람들로 구성된다. 피플 애널리틱스 팀에서 박사학위자를 발견하는 건 흔한 일이다. 이 기능은 또한 다양한 사업 부문과 협력하여 그들의 도전 과제와 잠재적 해결책을 이해할 필요가 있다.

나는 최근 10만 명 정도의 직원이 있는 인텔(Intel)의 인재 정보 및 분석 총괄 관리자 알렉시스 핑크(Alexis Fink)와 이야기를 나누었다. 그녀와 함께 일하는 피플 애널리틱스 팀은 25명의 정말 똑똑한 사람들로 구성되어 있었다. 그녀는 피플 애널리틱스 여정을 시작하고자

하는 조직에게 아주 유용한 몇 가지 조언을 해주었다.

조직들이 가장 먼저 해야 할 일은 '현상 파악 질문(What Question)'에서부터 시작하는 것이다. 이는 예컨대 "팀의 평균적인 규모는?", "우리 직원들의 다양성은?", "평균 재직기간은?"처럼 직원의 구성과 패턴에 관한 기본적인 질문들이다. 이는 조직이 이미 수집해놓은 데이터를 바탕으로 대답할 수 있어야 하는 기본적인 질문들이다. 만약 여러분의 조직이 그 어떤 데이터도 수집하지 않는다면, 음, 여러분은 더 큰 걱정거리가 있는 셈이다!

일단 기초 데이터가 갖춰지면, 다음 단계는 '원인 탐색 질문(Why Question)'을 살펴보는 것이다. 이들은 "왜 이 그룹은 다른 그룹보다 더 성공적일까?", "뛰어난 성과를 내는 관리자는 다른 관리자들과 일하는 게 어떻게 다른 거지?", "왜 이 팀의 직원들은 다른 팀보다 내부 이동이 더 많을까?"와 같은 질문들이다.

다음 단계로 조직이 '예측 질문(predictive question)'을 살펴볼 수 있다면 이상적이다. 예를 들면 "이러한 특징을 지닌 직원들은 퇴사할 가능성이 더 높은데 이를 막기 위해 할 수 있는 일이 무엇일까?" 혹은 "효과적인 팀 성과를 이끌어내는 요인은 무엇이며, 이를 위해 조직이 할 수 있는 일은 무엇일까?"와 같은 것들이다. 이 정도 수준이면 직원의 여정을 예측하고 심지어는 바꾸는 능력을 발휘할 수 있다!

이 세 가지 질문의 층위를 일종의 성숙도 모델로 생각할 수 있다. '현상 파악 질문'에서 시작하여 차근차근 올라가길 바란다.

필요한 기술 역량 확인하기

데이비드 그린의 〈쉘에서의 HR 애널리틱스 여정(The HR Analytics journey at Shell)〉에 의하면, 10만 명 규모의 석유 및 가스 회사 쉘(Shell)은 다음과 같은 여섯 가지 영역에 역량과 기술을 집중했다.

1 데이터 과학 및 통계—데이터 정제, 병합, 모델링
2 HR 실무, 정책 및 절차—최선의 관행과 쉘 고유의 일하는 방법
3 비즈니스 이해—특정 사업 결과에 관한 직원 성과와 직원이 미치는 영향
4 컨설팅—효과적인 커뮤니케이션/스토리텔링과 분석 능력 구축
5 평가/심리측정—행동 평가의 설계, 검증 및 평가
6 직원 설문조사—직원 설문조사의 설계 및 평가[2]

던 클링호퍼(Dawn Klinghoffer)는 마이크로소프트 HR 비즈니스 통찰 팀(외부 조직 중 하나)의 총괄 관리자다. 데이비드 그린의 또 다른 훌륭한 기사인 〈마이크로소프트에서의 HR 애널리틱스 여정 (The HR Analytics Journey at Microsoft)〉에서, 던은 자신의 팀이 피플 애널리틱스 활동을 구조화한 방법을 공유했다. 그의 HRBI(HR 비즈니스 통찰) 조직은 다음과 같이 4개의 팀으로 구성되어 있다.

1 직원 데이터 통찰—이 팀은 우리의 비즈니스를 지원하는 HR 라인 조직에게 분석 및 보고 기능을 제공하는 데 주력한다. 대표적인 기술 역량은 다음을 포함한다: 컨설팅과 비즈니스 분석 기술 MBA
2 직원 데이터 프로그램—이 팀은 우리의 COE(Center of Excellence)와 그들이 운영하는 프로그램에 대한 분석, 측정 및 보고를

수행한다. 기술 역량: MBA와 함께 비즈니 분석 경험이 있는 프로그램 관리자

3 직원 데이터 솔루션—이 팀은 분석과 보고 도구 및 기술을 보유하고 있으며, 좀 더 기술적인 배경을 가진 팀원들로 구성되어 있다. 기술 역량: 기술적 측면에서의 IT 및/또는 프로그램 관리 경험

4 고급 분석 및 연구—이 팀은 고급 분석 및 연구를 전문으로 하며, 산업/조직 심리학, 통계 전문가, 수학자와 같은 인재들로 구성된다.[3]

던 클링호퍼에 따르면, 인력 감축처럼 조직이 정말로 실행할 수 있고 유용한 것에서부터 시작해야 한다. 이는 특정 지역이나 기능, 팀, 연공서열 단위 등의 분석으로 진행될 수 있다. 감축 관련 데이터를 제공하는 데 도움을 얻기 위해 출구 조사를 수행할 수도 있다.

인텔의 알렉시스는 조직이 추구해야 하는 세 가지 핵심 역량을 다음과 같이 정의했다.

1 HR 영역의 지식—채용 과정, 직무 구조, 보상, 리더십 및 경영 역량 성장 접근 방법과 같은 사항의 이해

2 분석 숙달—수치, 분석 및 데이터 집합에 대한 진정한 전문 지식. 이 분야 인력들은 흔히 박사학위 같은 고등 교육 학위를 보유하고 있다. 데이터 시각화도 중요한 역량이지만, 분석에 뛰어난 사람이 데이터 시각화에도 뛰어난 경우가 많다.

3 데이터 관리 전문성—데이터를 의미 있고 사용 가능한 방식으로 접근하고, 분류하고, 정제하고, 병합하고, 관리하며, 구성하는

세 사람이 세 가지 역량을 각각 가지고 있을 때도 많다. 아마도 여러분 조직 내부에도 이미 이런 사람들이 있을 것이다. 즉 그들을 한 곳으로 모으는 문제만 남았을 뿐이다.

피플 애널리틱스의 성공은 완전하고, 정확하고, 일관되고, 표준화된 방식으로 올바른 정보를 수집하는 데 많은 부분이 달려 있다. 여러분 조직이 이런 측면에서 얼마나 잘해왔느냐에 따라 피플 애널리틱스 기능이 의미 있는 통찰을 제공하기까지는 수 주, 혹은 수년이 걸릴 수 있다.

경영진(최고 인사 담당자)의 지원받기

나와 대화했던 모든 피플 애널리틱스 팀은 이를 장기적인 성공의 핵심 요소로 언급했다. 대부분 조직의 피플 애널리틱스 기능은 이미 HR(이름이 무엇이건 조직에서 사람들에 관한 일을 하는 곳) 안에 있다. 이상적으로는 피플 애널리틱스의 가치를 아는 다른 사업 부문의 다수 경영진이 이를 지원할 것이다. 결국 이 기능이 HR 안에 있더라도, 그들의 데이터와 통찰은 조직 전체에 적용될 수 있다. 경영진의 지원은 자원을 할당하고, 기대치를 관리하며, 결정 사항을 추진하는 것을 보장하는 데 도움이 된다.

알렉시스는 지원을 얻기 위해 고려해야 하는 몇 가지 다른 측면도 지적했다. 많은 조직의 HR이 주로 사용했었던 것은 관계 관리나 직관, 지침 등 많은 이가 '소프트 스킬(soft skill)'로 간주하는 것이었음을 기억할 필요가 있다. 어떤 사람들은 분석이 이러한 소프트 스킬의 필요성을 없애버리므로, 분석으로의 방향 전환이 자신들의 일자리를 위협한다고 생각할지도 모른다. 이런 상황을 관리하고, 팀원들이 소프트 스킬과 데이터가 모두 중요하며 양자가 반드시 함께해야 한다는 점을 이해하도록 도와야 한다. 마지막으로 피플 애널리틱스 팀은 법률 팀과 밀접한 관계를 구축해야 한다. 노동법과 고용법은 상당히 엄격하며, 피플 애널리틱스 팀이 할 수 있는 것 가운데는 합법적이지 않은 것도 있기 때문이다. 그 경계가 어디에 그어져 있는지를 이해하는 것이 중요하다.

조직 트레이닝하기

피플 애널리틱스는 여전히 새로운 업무 영역이다. 즉 조직 내부의 직원 대부분은 이 팀이 어떤 일을 하는지, 그 기술을 어떻게 활용해야 하는지, 심지어 어떤 질문부터 해야 하는지도 모를 수 있다. 헨리 포드는 "만약 제가 사람들에게 원하는 게 무엇인지 물었다면, 그들은 더 빠른 말이라고 대답했을 겁니다."라는 유명한 말을 남겼다. 피플 애널리틱스 팀의 목적이 무엇이며, 다른 부서와 기능들이 이 팀을 어떻게 활용할 수 있는지에 대한 지침을 제공하는 것이 도움이 된다. 이는 그들이 적절한 질문을 하는 방법을 이해할 수 있도록 도울 것이다.

이야기 전달하기

데이터 및 분석 팀은 대부분 박사학위를 가진 아주 똑똑한 사람들로 구성되어 있다. 그들은 굉장히 매력적이고 가치 있는 일을 하지만, 만약 적절한 사람들이 의미 있는 방식으로 그 통찰을 이해할 수 없다면 아무 쓸모가 없을 것이다. 피플 애널리틱스 팀이 특정 마케팅 팀에 관하여 알게 된 것을 그 부서 리더에게 프레젠테이션한다고 상상해보자. 만약 그들이 자신들이 사용한 계산과 모델, 분석 결과만을 내세운다면, 마케팅 팀 리더는 별다른 조치를 취하지 않을 것이다. 하지만 만약 그들이 데이터가 의미하는 바를 중심으로 이야기를 만들어낼 수 있다면, 마케팅 팀이 조치를 취할 가능성은 훨씬 높아질 것이다.

직원경험 팀(Experience Team) 구축하기 혹은 개선하기

솔직히 말해보자. HR은 지루하고 구식이었다. 듣고 싶지 않겠지만 이것이 사실이다.

이는 HR 기능이 고용, 해고, 보상, 인재 영입과 관리 같은 일을 담당했기 때문이다. 이들은 지금까지 중요했고 앞으로도 중요하긴 하겠지만, 그 수행 방식은 혁신적이지, 특히 직원경험에 초점을 맞추고 있지 않았었다. 그러나 오늘날 우리는 사실상 처음 접해보는 새로운 HR을 마주하기 시작했다. 사실 HR이라는 이름과 직함 자체가 사라지기 시작하고 있으며, 좀 더 인간 중심적인 역할과 직함, 예컨대 사람이나 인재, 직원경험 등이 그 자리를 대신하고 있다. 이러한 사람 중심적 측면은 조직이 일을 수행하는 방법의 핵심 요소가 되고 있으며, 그 모든 것의 중심에 직원경험이 놓여있다. 물론, 이는 HR 리더들이 직함만 바꾸는 것을 의미하지 않는다. 그들이 다르게 생각하고, 다르게 행동하게 된다는 것이다.

HR의 많은 전통적인 요소가 여전히 존재하지만, HR 전문가 그룹은 이제 직장의 미래가 어떻게 바뀔지를 탐구하는 일의 최전선에 서 있다. HR은 사람들이 출근하길 원하는 조직을 만드는 방법을 알아내야 할 책임이 있다. 이것은 매우 흥미롭고 특별한 도전이자 기회다. 내가 이 책에서 탐구한 모든 것을 안내하는 것은 전 세계의 HR 팀들의 임무겠지만, 그것을 실제로 이행하는 임무는 조직 전체의 것이다. 이제 HR의 역할은 직원들이 업무에 사용하는 기술, 그들이 일하는 공간, 직원들을 둘러싼 문화를 다루는 조직 디자인과 혁신으로 바뀌었다.

BMC 소프트웨어(BMC Software)는 전 세계에 6천 명 이상의 직원을 두고 있으며, 최고 직원경험 책임자를 보유한 몇 안 되는 조직 중 하나이다. 모니카 팔부쉬(Monika Fahlbusch)가 여기 책임자다. 나는 모니카의 역할과 HR 기능이 직원경험에 초점을 맞추도록 어떻게 진화했는지를 이해하고자, 그녀와 오랜 시간 대화를 나누었다. BMC 소프트웨어에는 최고 HR 책임자가 있었지만, 많은 미래 지향적 조직이 깨달은 것처럼, 이 팀과 팀의 명칭은 구성원들로부터 그리 환영받지 못했다. 모니카와 그녀의 팀은 새로운 역할과 기능을 더 잘 반영하는, 즉 직원경험을 더 잘 반영하는 무언가를 새로 만들고 싶었다. 다른 많은 조직처럼 BMC 소프트웨어도 고객경험 팀을 가지고 있었지만, 직원을 위해 내부적으로 동일한 접근법이나 사고방식을 적용한 경우는 거의 드물었다.

모니카에 따르면, HR은 전통적인 HR 정책을 뛰어넘는 혁신적 자세를 갖춰야 한다. 즉 HR 전문가들은 변화의 중개자, 창의적 사고의 리더, 그들이 지원하는 직원들의 대변인이 되어야 한다. BMC 소프트웨어의 많은 이가 근본적인 변화를 고려하게 된 것도 바로 이런 생각에서였다.

모니카는 HR, 시설 및 부동산, 직원 커뮤니케이션, 커뮤니티(외부 기부), 심지어는 IT까지 총괄한다! 이 전부가 이 책에서 살펴본 세 가지 직원경험 환경에 아주 잘 들어맞는다. 또한 내가 조사하고 논의한 모든 조직 가운데, IT가 HR에게 보고하는 사례는 이들이 유일했다. 모니카에 따르면, 우리가 보게 될 이러한 새로운 조직은 데이터와 스토리를 통해 설계될 것이다. 그러한 정보를 묻고, 듣고, 행동하는 것이 (그 이름을 뭐라고 부르건 간에) HR의 몫이 될 것이다.

구글의 인력 운영 팀은 전통적인 HR 실무자 3분의 1, 최상위 전략 컨설팅 기관의 컨설턴트 3분의 1, 조직 심리학, 수학, 물리학과 같은 분야에서 적어도 석사학위를 가진 분석적 마인드의 전문가 3분의 1로 구성되어 있다. 이러한 접근 방법이 여러분 조직에서 효과가 있을 수도 있고 없을 수도 있지만, 구글에는 확실히 효과가 있었다.

그림 25.1은 전통적인 HR의 역할이 어떻게 진화하는지를 보여준다.

조직에서 직원경험을 구성하기 위해 어떤 결정을 하든, 핵심은 이상과 같이 최근 새로이 생겨난 역할의 목적이 문화와 기술, 물리적 업무 공간에 초점을 맞춤으로써 사람들이 진정으로 출근하길 원하는 장소를 만드는 데 있다는 점이다. 이것은 단순히 HR 기능의 명칭을 직원경험으로 바꾸는 문제가 아니다. 이 책에서 논의된 모든 요소와 변인은 반드시 여러분 팀의 일부로서 여러분이 지닌 무기 중 하나가 되어야 한다.

PAST	FUTURE
현업부서처럼 생각하려고 노력하기	현업부서와 같은 사고
고용과 해고	권한과 자율성, 몰입, 훌륭한 경험 창조
조직의 '경찰'	조직의 코치, 멘토, 사고 리더
현상 유지	현상 타파
첨단 기술과 무관	빅데이터, 데이터 분석 등의 기술에 크게 의존
전략 정의와 리딩 없음	전략 형성과 리딩
의사결정권 없음	의사결정 주도
임금, 보상, 혜택	직원경험
비용 부서	이윤 창출 부서
완벽하게 규정된 인력	역동적이고 변화하는 인력
직원에게 들어가는 시간, 비용 등 인풋(input)에 집중	직원이 만들어내는 성과 등 아웃풋(output)에 집중
직원을 '자원'으로 여김	직원을 (삶에 필수 불가결한) 물과 공기로 여김
성과 평가	직원이 체크할 수 있는 실시간 인정과 피드백
공석을 채움	직원의 잠재력 해방
조직 전체에 단일한 모델	조직 전체에 개별화된 접근법
비즈니스 일선과 분리	비즈니스 요구의 이해
장기간의 프로젝트 설계와 배치	빠른 설계, 시행과 반복
인적 자원 관리	사람, 인재, 경험 관리

JACOB MORGAN

© thefutureorganization.com

그림 25.1 HR의 진화

피드백 도구/메커니즘 사용하기

이 책에 나열된 모든 통합적 직원경험 조직은 직원의 목소리와 조직이 내리는 결정을 연결하는 빈틈없는 피드백 메커니즘을 가지고 있다. 이 연결고리가 없다면, 직원경험도 없다. 이들의 목표는 직원경험 설계 루프를 만들어내는 것이며, 앞서 제너럴일렉트릭과 에어비앤비가 이러한 과정을 어떻게 구현하고 있는지 살펴보았다. 조직에서의 피드백은 두 가지 방식으로만 일어날 수 있다. 하나는 개인에게 직접 피드백을 받는 것이고, 다른 하나는 기술을 통해 피드백을 받는 것이다.

직접적인 피드백

아마도 조직에서 피드백 메커니즘이 가장 큰 영향을 미치고 있는 영역은 연간 성과 평가일 것이다. 어도비, T-모바일, 시스코 등의 조직들은 기존의 프레임워크로부터 벗어나 더 자주 실시간으로 대화를 나누는 데 집중하는 극적인 변화를 만들어냈다. 이렇듯 빈번한 비공식적 대화에서 리더들은 해당 직원들의 전문성을 알게 될 뿐만 아니라 그들의 포부, 목표, 꿈에 관하여 물어볼 수도 있다. 그러한 개방적이고 솔직한 대화를 통해 관리자와 경영진은 직원에게 영향을 미치는 의사결정을 더 잘할 수 있다.

기술을 활용한 피드백

앞서 제너럴일렉트릭의 사례에서 보았듯이, 기술은 실시간 커뮤니케이션과 협업, 피드백 시스템을 위한 강력한 메커니즘이다. 지난 수년간 전 세계 조직은 직원들을 서로 연결하고, 언제 어디서나 어떤 기기에서나 정보를 얻을 수 있도록 하기 위해 내부 소셜 네트워크와 주문 제작 애플리케이션, 화상회의 솔루션을 비롯한 다른 기술에 많은 투자를 했다. 이러한 유형의 연결된 조직을 만든다는 것은 누구나 실시간으로 피드백을 제공할 수 있다는 것을 의미한다.

BMC 소프트웨어는 (직원 피드백에 기초하여) 몇 가지 기술을 구축하는 데 있어서 뛰어난 성과를 거두었다. 여기엔 원점에서부터 재구축된 새로운 직원 인트라넷, 기존의 통합 커뮤니케이션 솔루션을 대체하는 보다 모바일 친화적이고 현대적인 업무 방식으로의 전환이 포함된다. 다른 기술의 향상과 함께 BMC 소프트웨어의 직원들은 진정한 모바일 업무 방식을 만들어냄으로써 언제 어디서나 어떤 기기에서나 서로에게 피드백을 제공할 수 있게 되었다.

2015년 8월 《뉴욕타임스》는 아마존(Amazon)에 대한 조디 캔터(Jodi Kantor)와 데이비드 스트라잇펠드(David Streitfeld)의 〈아마존의 내부: 가혹한 직장에서 큰 아이디어와 씨름하기(Inside Amazon: Wrestling Big Ideas in a Bruising Workplace)〉라는 다소 신랄한 제목의 기사를 실었다. 이에 따르면 아마존은 세상에서 가장 일하기 나쁜 곳 중 하나처럼 보인다. 기사는 몇몇 직원의 증언을 출처로 활용하고 있었다. 나는 이 기사를 상당히 흥미롭게 보았는데, 아마존은 조직의 핵심 가치를 반영하는 물리적 공간, 다양성과 포용, 목적의식을 가짐 등과 같은 영역에서 매우 높은 점수를 얻은 통합적 직원경험 조직 중 하나였기 때문이다. 그러나 아마존은 코치와 멘토 역할을 하는 관리자, 직원의 웰빙에 투자하는 것과 같은 영역에서는 (통합적 직원경험 조직치고는) 저조한 점수를 기록했다. 이 두 가지 모두 《뉴욕타임스》

기사에서 엄청난 논쟁거리가 되었다.

기사가 발표된 후 아마존은 몇몇 변화를 일으켰다. 아마도 가장 큰 영향을 미친 것은 직원 피드백을 수집하기 위해 사용되는 내부 시스템인 '아마존 커넥션즈(Amazon Connections)'를 광범위하게 도입한 것이다. 원래 이것은 현장직 근로자들만 사용하던 것이었지만, 이제 사무직 근로자들도 사용하게 되었다. 스펜서 소퍼(Spencer Soper)의 블룸버그 기사인 〈아마존은 직원들이 하루하루를 어떻게 느끼는지 알고 싶어 한다(Amazon Wants to Know How Its Employees Feel Every Day)〉에 따르면, "아마존 커넥션즈라는 별명의 이 내부 시스템은 날마다 직원들에게 직업 만족도, 리더십, 트레이닝 기회 등의 주제에 관해 질문을 던지고 응답을 수집한다." 그러면 각 팀은 피드백을 수집하고 분석하여 일일 보고서로 만들어 아마존에 공유한다.[4] 이는 훌륭한 직원경험을 만들어내는 데 확실히 집중하고자 하는 아마존의 고귀한 노력이다. 블룸버그 기사에서 언급된 요소들이 모두 이 책에서 논의한 17가지 직원경험 변인에 속한다는 건 우연이 아니다.

COOL 공간, ACE 기술, CELEBRATED 문화 구현하기

피플 애널리틱스와 직원 피드백 메커니즘을 통해서, 여러분의 조직은 직원들이 무엇에, 왜 관심을 가지는지 아주 명확히 인식해야 한다. 이를 토대로 여러분은 위의 17개 변인을 체크리스트로 활용하는 데서 벗어나 훌륭한 직원경험을 창출하는 프레임워크로 활용할 수 있게 된다. 여러분이 얼마나 적극적인가에 따라 원하는 만큼 변인들을 함께 다룰 수 있다. 사실 이들 중 몇 가지는 상당히 밀접하게 연관되어 있다.

사용자 맞춤형 기술: 현대적이고, 아름답고, 유용한 기술을 배치하라. 구형 시스템에서 벗어나라.

모든 직원의 사용 가능성: 모두가 언제 어디서든 모든 기술(하드웨어와 소프트웨어)에 접근할 수 있도록 하라.

직원 요구에 맞춤: 조직에서 필요하다고 생각되는 도구를 제공하기 전에, 직원들이 일하는 방법과 이유를 이해하라. 그들과 대화하고, 인터뷰하고, 관찰하라.

물리적 환경

업무 공간 옵션: 개방형 혹은 폐쇄형 공간에 대해선 잊어버려라. 직원들의 업무 방식에 기초한 다양한 업무 공간을 창출하고, 선택권을 줘라.

핵심 가치를 반영하는 업무 공간: 핵심 가치를 립 서비스로 보이지 않도록 하라. 직장에서 핵심 가치가 물리적으로 드러나도록 만들어라.

친구나 손님의 방문이 자랑스러움: 친구, 방문객, 낯선 사람이 업무 공간을 둘러볼 수 있도록 허용하라. 만약 그럴 준비가 되어 있지 않다면, 업무 공간을 개조하라! 업무 공간은 직원경험 센터이다.

직장 유연성과 자율성: 인풋(input)보다는 아웃풋(output)에 집중하라. 유연 근무 프로그램을 시행하고 직원들을 성인으로서 대하라. 그들에게 자율성과 유연성을 부여하고, 이에 책임감을 갖도록 하라. '일과 삶의 균형'은 '일과 삶의 통합'이 되었다.

문화적 환경

목적의식: 직원들이 고객과 지역사회, 세상에 미치는 영향을 보여주어라. 이야기를 전하고 공유함으로써 그러한 영향력과 업무 사이에 연관성을 만들어라.

공정한 대우: 직원들에게 편견을 이해하고 피할 수 있는 방법을 교육하라. 비판이나 처벌 없이 걱정거리와 문제를 공유할 수 있도록 열린 의사소통 채널을 제공하라. 공정한 대우를 보장할 수 있도록 직원 위원회를 만들어라.

소중히 여겨진다는 느낌: 직원들의 의견을 경청하고 인정하며, 그들의 피드백을 바탕으로 조직을 변화시켜라. 적절한 보상과 혜택을 제공하라. 관련된 특별 프로그램을 만들어 직원들의 노고를 인정하라.

코치와 멘토 역할을 하는 관리자: 관리자들의 진부하고 오래된 마음가짐을 없애고, 대신 직원들의 성공에 초점을 맞추도록 훈련하라. 직원들이 업무와 삶에 대한 지속적이고 열린 대화를 하게 만들어라.

팀의 일원이란 느낌: 성과를 개인이 아닌 팀의 것으로 인정하라. 열정적이고 흥미로운 커뮤니티를 만들어라. 직원들이 자신의 이야기와 경험을 팀과 세상에 공유할 수 있도록 하라.

새로운 것을 배우고, 성장하며, 이를 위한 자원을 제공받음: 자체적이든 제삼자를 통해서든 직원들이 여러 학습 자원을 이용할 수 있도록 하라. 성장에 있어서 직원들이 무엇을 필요로 하고 무엇을 요구하는지 이해하라.

다른 사람에게 추천함: 전 세계 조직의 대부분은 추천 프로그램을 가지고 있지만, 단순히 직원들에게 돈을 준다고 더 많은 지원자를 얻을 수는 없다. 직원경험에 초점을 맞추어라. 직원이 다른 이를 추천하는 이유는 돈 때문이 아니라 스스로 그렇게 하길 원해서이다.

다양성과 포용: 다양성과 포용에 중점을 둔 제삼자 기관과 제휴하고, 이를 경영진 보상과 연계한 계획을 수립하라. 다양성과 포용을 위한 여러 노력과 관련된 내부 그룹과 위원회를 만들어라. 필요하다면 채용 방식을 조정하라.

건강과 웰빙: 직원의 신체적 혹은 정신적 측면이 아니라 직원 자체에 투자하라. 이는 헬스장과 건강한 음식을 제공하는 것 이상을 의미한다. 최선을 다해 직원들을 돌보라.

브랜드 평판: 조직이 직원과 커뮤니티에 미치는 영향에 관한 스토리를 공유하라. 뛰어난 조직에 순위를 매기고 부각시키는 다양한 시상과 리스트에 참여하라. 접촉하는 모든 사람에게 긍정적인 영향을 주는 윤리적 조직이 되도록 노력하라.

사례: 어도비

어도비는 내가 이 책을 위해 연구한 통합적 직원경험 조직 중 하나이며, 17가지 변인 각각을 위해 다음과 같은 일을 하고 있다. 일

부는 어도비 홈페이지에서 직접 인용했다.[5]*

소비자 맞춤형 기술

· 직원들은 다양한 노트북, 태블릿, 모니터, 어도비 소프트웨어 등을 제공받고, 자신과 직무에 가장 잘 맞는 기술을 선택할 수 있다.
· 소비자 맞춤형 등급의 어도비 소프트웨어에 접속할 수 있다.

모든 직원의 사용 가능성

· 1만 5천 명 이상의 어도비 직원 모두가 '어도비 크리에이티브 소프트웨어(Adobe Creative Software)'와 함께, 언제 어디서나 전문 기술을 배울 수 있는 24/7 디지털 학습 환경에 접속할 수 있다.

직원 요구에 맞춤

· 직원들은 원하는 대로 사용할 수 있는 최신 소프트웨어, 하드웨어, 기기 장치 외에도 최첨단 화상회의, 전자 칠판(interactive whiteboard), 실시간으로 회사 정보와 개발 자원, 도구에 접근할 수 있는 강력한 인트라넷 플랫폼을 사용할 수 있다.
· 이 모든 것은 직원들이 성공적으로 일하기 위해 필요로 하는 것과 원하는 것에 바탕을 두고 있다.

---

* 본문에서는 큰 따옴표로 표시

업무 공간 옵션

· 어도비의 공간은 현대적이고 활기차며, 대부분 개방형 레이아웃이다. 열린 카페, 전화 부스, 야외 테라스, 회의실, 기타 커뮤니티 공간 등 수많은 대체 업무 공간과 커뮤니티 공간을 가지고 있다.

핵심 가치를 반영하는 물리적 공간

· 어도비의 핵심 가치는 "진정성, 탁월함, 혁신, 사회 참여"이다.

· 어도비는 베이 지역에 있는 14만 3천 평방피트의 본사를 현대적이고 혁신적인 분위기로 완전히 새롭게 재설계했다. 게임 공간, 헬스장, 명상 공간, 심지어 명품 샌드위치 가게까지 있다.

· 어도비에는 '킥박스(Kickbox)'라는 사내 프로그램이 있다. 직원이라면 누구나 1천 달러의 선불 신용카드를 받으면서 새로운 아이디어 또는 컨셉을 발굴하기 위한 혁신 워크숍에 참여할 수 있다.

· 개방된 사무실 레이아웃, 화려하고 새로운 디자인, 킥박스 프로그램, 향상된 업무 관련 기술의 구현, 지역사회와 다양성에 대한 투자 모두 어도비의 핵심 가치 실현을 돕는다.

친구나 손님의 방문이 자랑스러움

· 산호세, 샌프란시스코, 시애틀, 레히에 위치한 어도비 현장에서는 직원들이 가족과 함께 여러 가지 재밌는 활동에 참여

할 수 있도록 일 년에 한 번 '어도비 견학 여행(Adobe Field Trip)'을 개최한다.

· 어도비는 정기적으로 학생들을 위한 투어를 주최하며, 직원들도 원할 때면 거의 언제든 친구를 데려올 수 있다.

직장 유연성과 자율성

· 업무 관계는 직원과 담당 관리자가 규정하고 책임진다. 그들은 함께 유연성과 자율성을 결정한다. 모든 사람이 반드시 따라야 하는 회사 전체의 공식적인 정책은 없다.

· 어도비는 또한 장기 휴가(예를 들어 출산 휴가)에서 돌아오는 직원들이 쉽게 업무에 복귀할 수 있도록 하는 유연성 계획을 시범 운영하고 있다.

문화적 환경

목적의식

· 어도비는 (자신들이 정의한) 목적을 측정한다. 실제로 직원의 91%는 어도비와 해당 제품이 사회에 긍정적으로 영향을 준다고 믿는다.

· 어도비는 다음 세 가지 방법으로 직원들의 목적의식 조성을 위해 노력한다.

    - 풍부한 자원봉사 기회 제공하기

    - 직원과 고객경험을 직접적으로 연결하기

    - 기업으로서 어도비에 대한 자부심 창출하기

· 어도비는 세상을 바꾸고 지역사회에 긍정적인 영향을 미치는

데 진정 관심이 있는 사람을 고용하려고 한다.

· 모든 직원은 리더십 역량 트레이닝에 참여할 수 있으며, 이는 직원들이 성장하고 경력을 발전시킬 수 있도록 돕는다.

공정한 대우

· 어도비는 "포용적인 업무 환경 조성을 위한" 다양한 네트워크를 가지고 있다. 이는 어세스어도비(AccessAdobe), 어도비 프라우드(AdobeProud)(LGBTQ)*, 어도비와 여성, 아시아 직원 네트워크, 아프리카 직원 네트워크, 히스패닉&라틴계 직원 네트워크 및 참전용사 직원 네트워크 등을 포함한다.

· 어도비는 휴먼라이츠 캠페인(Human Right Campaign)의 기업평등지수(Corporate Equality Index)에서 만점을 받으며 LGBTQ 평등을 위한 최고의 직장 리스트에 선정되었다.

· 어도비는 "젠더 연구뿐만 아니라 각종 연구와 자료, 이벤트, 다양성과 포용의 리더 커뮤니티에 접근하기 위해 스탠퍼드 대학의 클레이만 연구소(Clayman Institute) 및 카탈리스트(Catalyst)와 제휴"를 맺었다.

소중히 여겨진다는 느낌

· 직원들의 경력을 위해서 어도비는 학습 환경을 개발했다. 디지털 학습 플랫폼을 통해 모든 직원을 위한 리더십 개발 프로

---

* 레즈비언(Lesbian), 게이(Gay), 양성애자(Bisexual), 성전환자(Transgender), 성 소수자(Queer)의 앞 글자를 딴 것

그램과 실시간 역량 개발을 포함하는 학습 문화를 조성할 수 있도록 하였다. 또한 어도비는 추가적인 교육을 원하는 직원들을 위해 연간 1만 달러의 교육 보상 프로그램을 제공한다.

· 직원들은 창립자 상(Founder's Award), 팀 상(Team award)과 같은 다양한 상을 통해 자신과 고객, 서로를 향한 헌신을 인정받는다.

· 어도비는 직원과 그들이 사랑하는 사람들을 위해 엄청난 복지와 재정적 혜택을 제공한다.

· 직원들을 위해 일 년 내내 다양한 커뮤니티 축하 행사를 연다.

· 어도비는 전 직원의 체크-인(check-in) 설문조사를 수행한다. (어도비는 연간 직원 만족도 조사를 폐기한 최초의 대기업 중 하나다.) 각 직원은 1년에 한 번 설문에 응하지만, 모든 사람이 동시에 설문조사에 참여하는 건 아니다. 매년 4번의 조사 기간이 있으며, 각 기간에 무작위로 대상 직원을 선발한다. 피드백을 얻으면 필요한 것은 무엇이든 수정한다.

코치와 멘토 역할을 하는 관리자

· 어도비는 멘토십과 코칭을 장려하기 위해 여러 가지 프로그램을 제공한다.

· 여성 직원들의 개발 프로그램에는 "여성 직원들의 개발을 위하여 여성 경영자 동반 프로그램, 전 세계 현장 운영 리더십 서클, 보이스&인플루언스(Voice & Influence) 서클, 우먼 언리미티드(WOMEN Unlimited)를 포함한 프로그램들을 운영"하며, 매년 여성 대표 회의도 개최한다.

- 대학 졸업 후 바로 입사한 사람들은 1년 동안 '어도비 라이프 캠퍼스(Campus to Adobe Life)' 개발 프로그램을 이용할 수 있다. 어도비에 입사한 첫해에 자동으로 등록된다. 이 프로그램은 직원들의 종합적인 적응(on-boarding)과 관리자들의 직원 개발 계획을 보완하기 위해 고안되었다. 이는 전문 교육을 받은 코-액티브(Co-Active) 코치와의 정기적인 일대일 세션, 조직화와 네트워킹, 비즈니스 역량 개발을 위한 이벤트를 포함한다.
- 어도비 관리자들은 직원의 성공에 진심으로 관심을 갖고, 직원에게 개별적인 코칭과 멘토링을 제공한다.

팀의 일원이라는 느낌

- '어도비 라이프(Adobe Life)'는 회사에서 일하는 것의 이면을 낱낱이 보여준다. 이 프로그램은 직원들의 트윗, (우수 직원들과 지역사회 참여 노력 등 모든 것을 조명하는) 매거진, 사진 등을 담고 있다.
- 이 모든 커뮤니티를 만들고 콘텐츠를 공유함으로써 직원들은 자신이 팀의 일원임을 강하게 느끼게 된다.

새로운 것을 배우고, 성장하며, 이를 위한 자원을 제공받음

- 모든 직원들은 모든 것을 배우도록 권장받는다.
- 어도비는 기술 확장을 위한 학습 기회를 큐레이션하고 학습 자원을 제공하는 전용 페이지를 인트라넷에 갖추고 있다. 이를 위해 리딩@어도비(Leading@Adobe) 프로그램을 비롯하여

린다닷컴(Lynda.com), 하버드 매니지멘토(Harvard Manage Mentor), 사파리(Safari), 겟앱스트랙트(getAbstract) 등의 외부 자원과 자신들의 골드마인 연구 포털(Goldmine Research Portal)을 활용한다.

· 직원들에게는 카탈리스트(직장 포용성을 통해 여성의 발전을 앞당기는 사명을 가진 가장 선도적인 비영리 단체)와 아페리안 글로벌(Aperian Global)(개인 및 팀이 전 세계에서 효과적으로 수행할 수 있는 학습 자원)의 멤버십이 제공된다.

· 또한 직원들은 제너럴 어셈블리(General Assembly), 유데미(Udemy), 유다시티(Udacity)에서 학습하고자 한다면 할인을 받을 수 있다.

· 어도비는 역량 발전을 위한 타 사업부로의 직무 이동이나 상위 직책으로의 승진을 제공한다.

· 2016 회계연도 어도비에서 충원된 직책의 22%가 내부 이동이었다. 올해 현재까지 어도비 직원의 약 15%가 승진했다.

다른 사람을 추천함

· 어도비는 미국에서 2천 달러의 추천 보너스를 제공한다. 이 금액은 국가별로 다르다. 특히 어도비의 산업 리더십을 향상시킬 수 있는 우수한 사람과 "진정성, 탁월함, 혁신, 사회 참여"라는 회사의 핵심 가치를 강화할 수 있는 사람을 찾고 있다.

· 직원들은 고용 관리자와 채용 담당자에게 직접 추천하고 싶은 이력서와 함께 그들의 추천이 어도비에게 큰 보탬이 될 수 있는 이유를 설명하는 노트를 제출할 수 있다.

· 직원 추천율은 25~30% 사이다.

다양성과 포용

· 어도비는 2016년 7월 미국 노동자에 대한 동일 임금 데이터를 발표했고, 2015년에는 미국, 인도, 호주 등지에서 직원들에 대한 가족 휴가 정책을 강화했다.

· 어도비는 "청년 코딩 이니셔티브(Youth Coding Initiative), 젠 '허'레이션(GenHERation) 스폰서십, GEM[소수민족을 위한 응용과학 및 공학 분야 국가 컨소시엄] 협력 프로그램 및 기타 전략적 투자"를 통해 기술 산업을 다각화하기 위해 노력하고 있다. 또한 "글로벌 영향력을 더욱 강화"하기 위해 걸 후 코드(Girls Who Code), 블랙 걸 코드(Black Girls Code), 코드나우(CodeNow), 어반 아츠 파트너십(Urban Arts Partnership), 테크노베이션(Technovation), 칙테크(ChickTech), 시티이어(City Year), 제2언어로서의 코드(Code as a Second Language)와 같은 조직들과도 제휴하고 있다.

건강과 웰빙

· 어도비는 직원들이 매일 최선을 다할 수 있도록 지원하는 여러 프로그램에 투자하고 있다. 의료, 치과, 시력, 401(k) 연금, 주식 환전 포트폴리오와 같은 혜택이 포함된다.

· 어도비 정규직 직원들은 휴가 일수나 유급 휴가가 따로 정해져 있지 않으며, 5년마다 안식년을 얻는다.

· 어도비는 급성장한 지역에는 사내 헬스장을 제공하며, 헬스

장 멤버십, 자전거 공유 멤버십, 피트니스 클래스, 마사지, 영
양 상담, 재정 상담 등 직원들과 그 가족들이 원만하고 건강
한 생활 방식을 유지할 수 있도록 매년 최대 360달러를 제공
한다.
· 또한 일부 지역에서는 현지 조달 식품을 제공한다.

브랜드 평판

· 인터브랜드(Interbrand)는 최근 어도비를 가장 떠오르고 가장
성장하는 브랜드 가운데 하나로 선정했다 어도비는 100개 기
업 중 63위에 올랐으며, 이는 2015년보다 다섯 계단 상승한
것이었다. 어도비는 2009년에 95위로 데뷔했다.[*]
· 어도비는 전 세계가 선정한 고용주로 알려져 있다─《포춘》이
선정한 일하기 가장 좋은 100대 기업, 인도/독일/호주/영국
에서 근무하기 가장 좋은 곳, 가장 일하기 좋은 다국적 기업,
링크드인의 가장 수요가 많은 고용주, 글래스도어 선정 가장
일하기 좋은 곳, 커리어블리스가 선정한 가장 행복한 회사,
《포브스》가 선정한 가장 혁신적인 회사 등 여러 리스트에 올
랐다.
· 통합적 직원경험 조직으로 선정되었다.

이 목록은 어도비가 직원경험에 쏟아부은 엄청난 노력의 극히
일부에 불과하다. 하지만 이것이 여러분에게 그러한 투자가 무엇이었

---

[*] 2019년 기준, 어도비의 인터브랜드 브랜드 순위는 39위다

으며, 어떤 투자를 계속하고 있는지에 대한 힌트가 되었길 바란다. 이 책에 소개한 다른 통합적 직원경험 조직들처럼, 어도비는 진정으로 사람들에게 관심을 기울이며, 그러한 관심을 실제로 보여주고 있다.

중요한 순간들을 찾아내고 만들어내기

직원들의 삶에서 중요한 순간들은 언제인가? 이것이 조직들이 답해야 할 첫 번째 질문이다. 시스코는 이를 위해 사용하는 훌륭한 프레임워크를 가지고 있다.

그림 25.2에서 11개의 순간들을 확인할 수 있다. 이러한 중요한 순간들이 실제로 무엇을 의미하는지 살펴보자.

첫인상: 시스코는 직원들에게 첫인상을 남길 기회가 오직 한 번 뿐이라는 것을 잘 알고 있다. 그렇기 때문에 이들은 입사 인터뷰와 입사 제안, 첫 출근날의 경험을 인간적 감성과 디지털이 교차하도록 향상시키고 있다.

역량 개발: 시스코는 직원들이 계속해서 배우고 전문적으로 성장할 수 있도록 개발 도구와 강의 내용을 업그레이드하고 체계화하여 전달하고 있다.

리더: 훌륭한 팀에는 훌륭한 리더가 필요하다. 시스코는 리더들이 자신만의 장점을 이해하고 끌어낼 수 있는 도구와 프로세스를 개발하고 있다. 시스코는 어떻게 하면 훌륭한 팀 리더가 될 수 있을지 탐색하도록 격려한다.

개인적인 경험: 아이를 낳거나, 대학을 준비하거나, 노부모를 돌

Our People Deal: 시스코가 제공하는 것들

첫인상
입사 인터뷰 / 입사 제안 / 출근 첫날

역량 개발
온라인 인재 마켓 / 온전한 팀 학습

리더
리더 개발 / 뛰어난 리더의 선발 /
우수성을 위한 코칭

개인적인 경험
삶이 변하는 순간들 / 숙제 도전하는
순간들 / 삶의 이정표가 되는 순간들

혁신
이노베이트 에브리웨어 챌린지 /
혁신 허브 / 도구, 교육, 혁신 공간

보상
연결된 인정 / 급여와 혜택

영향력 발휘
당신의 대의 / 당신의 팀과 커뮤니티 /
세상에 미치는 영향

팀
최고의 팀들 / 팀 공간

마지막 인상
동문 커뮤니티 / 경청, 감사, 존중

업무 공간
업무 환경 / 업무 편의 시설 / 업무 기술

기술 활용
새 PC / 나의 시스코(My Cisco) /
내부 도구들

그림 25.2 시스코의 'Our People Deal'

보거나, 가족의 위기에 대처하는 등 지역적, 문화적 욕구에 적응하며 삶의 중요한 이벤트를 경험하는 직원들을 위해 시스코에서는 적절한 지원을 제공하는 프로그램을 개발하고 있다.

혁신: 모든 직원이 혁신과 의미 있는 변화를 이룰 수 있도록 한다. 시스코는 지금 두 번째 '이노베이션 에브리웨어 챌린지(Innovation Everywhere Challenge)'와 혁신을 위한 중앙 집중식 허브를 구축하는 데 집중하고 있다.

보상: 생산성을 높이고 인재를 영입하고 유지하기 위해 개개인에게 맞는(개인화된) 의미 있는 보상 경험—특권, 혜택, 급여 및 인정—을 만들어 내기 위해 노력한다.

기술 활용: 직원들이 매일매일 생산성을 높일 수 있도록 시스코의 기술 솔루션—리프레쉬(Refresh), e스토어(eStore), CEC[시스코 직원 연결망(Cisco Employee Connection), 시스코의 내부 웹사이트]—을 단순화하고 집중화하며 개인화한다.

업무 공간: 시스코는 직원들이 팀과 고객을 위해 협업하고 혁신하며 놀라운 결과를 제공할 수 있도록 지원하는 연결된 업무 공간을 만들어낸다.

마지막 인상: 긍정적이고 정중한 환송 분위기를 조성하며, 회사와 함께한 직원에게 감사를 표한다. 동문 네트워크를 통해 평생의 관계를 위한 환경을 조성하는 진취적인 정신을 보여준다.

팀: 성과는 팀 단위로 유지되며, 시스코는 최고의 팀을 특징짓는 것이 무엇인지 파악하고 조직의 전반적인 성과 향상을 위해 그것을 공유한다

영향력 발휘: 시스코는 직원들이 관심을 가지는 대의와 지역 사

회를 지원하고, 사회 변화를 앞당기고 더 나은 미래에 투자할 수 있도록 돕는 데 전념하고 있다. 시스코는 현재 자원봉사와 기부, 기업의 사회적 책임 계획을 강화하는 데 주력하고 있다.

여기 제시된 시스코의 프레임워크는 모든 조직에게 훌륭한 출발점이 될 수 있다. 여러분은 시스코가 세 가지 종류의 중요한 순간들, 즉 특정한 순간들, 지속되는 순간들, 만들어진 순간들을 모두 사용한다는 것을 볼 수 있다. 예를 들어서 '첫인상'은 입사 인터뷰, 직원의 첫 출근날과 같은 특정한 순간들로 이루어져 있다. '리더'는 직원이 자신의 팀과 갖게 되는 지속적인 관계를 다룬다. '혁신'에서 시스코는 혁신 잼(innovation jams)과 같은 중요한 순간을 만들어낼 수 있다.

여러분의 조직은 이들 가운데 두세 가지 순간에서 시작한 뒤 점차 그것을 확장해나갈 수 있을 것이다. 이러한 순간들을 파악하는 것이 꼭 복잡하거나 지루한 작업이 될 필요는 없다. 리더들이 직원들과 일대일 대화를 나누도록 하고, 다양한 경력 단계에서 포커스 그룹을 보유하고, 몇 가지 설문조사를 실시하고, 직원들이 마음을 터놓을 수 있는 모든 기술적인 솔루션을 활용하자. 사람들과 대화를 나누고 그들이 무엇에 관심이 있는지, 왜 그런지를 물어보자. 피플 애널리틱스 팀을 활용하면 이러한 순간들의 실체를 규명하는 데 도움을 받을 수 있고, 앞서 내가 이야기한 세 가지 범주 중 하나로 그들을 쉽게 분류할 수 있을 것이다.

조직을 공장이 아닌 실험실로 생각하기

아마 여러분은 리처드 아크라이트 경(Sir. Richard Arkwright)에 대해 들어본 적이 별로 없을 테지만, 그는 사실 꽤 유명한 발명가이자 기업가였다. 아크라이트는 현대 공장의 창시자로 인정받고 있다(방적 공장을 만들었다). 이는 현대 비즈니스에서 처음으로 사람이 단순히 규모에 따라 대체 가능한 물자로 전락한 것이었다. 공장들은 더 많고 더 좋은 자원들로, 더 많이 더 싸게 제품을 생산할 수 있게 되었고, 이를 상당히 잘 해냈다. 이 공장 모델은 헨리 포드가 조립 라인을 통한 대량 생산체제로 대변혁을 일으키기 전까지 전 세계가 모방하였다. 공장의 일은 길고, 힘들고, 단조롭고, 반복적이었다. 공장처럼 운영되는 조직의 직원들은 복장 규정을 준수하며, 비슷한 공간에서 일하고, 질문이나 아이디어를 공유하지 않으며, 매일매일 같은 시간에 출근하고 같은 시간에 퇴근했다. 틀에 박히고, 반복적이며, 현상 유지에 초점을 맞춘 환경에서 일했다. 그림 25.3에서 볼 수 있듯이, 실험실처럼 운영되는 조직은 이와 다르다.

통합적 직원경험 조직에서 가장 매력적인 점 가운데 하나는 그들이 자신을 공장보다는 실험실처럼 여긴다는 것이다. 이러한 조직들은 직원경험에 대한 (또는 그와 관련된 직장의 미래에 대한) 모든 대답이나 최선의 해결책을 가지고 있다고 주장하지 않는다. 통합적 직원경험 조직들은 실패를 수용하며, 데이터에 따라 의사결정을 내리고, 새로운 아이디어를 테스트한다. 직원 피드백을 수용하며, 직원들을 격려하고 지원한다. 이는 단순히 옳은 일일뿐만 아니라 특별한 비즈니스 장점으로 작용한다. 위험을 완화하거나 기회를 탐색하는 가

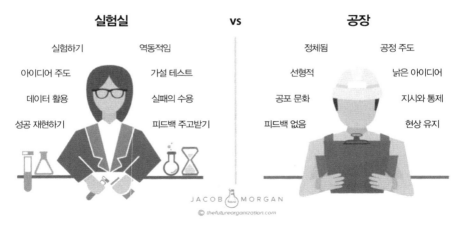

실험실		vs	공장	
실험하기	역동적임		정체됨	공정 주도
아이디어 주도	가설 테스트		선형적	낮은 아이디어
데이터 활용	실패의 수용		공포 문화	지시와 통제
성공 재현하기	피드백 주고받기		피드백 없음	현상 유지

JACOB MORGAN
© thefutureorganization.com

그림 25.3 실험실과 공장의 주요 차이점. 실험실은 성공할 것이고, 공장은 그렇지 못할 것이다

장 좋은 방법은 아이디어를 실험하거나 테스트하는 것이기 때문이다. 에어비앤비는 물리적 공간을 소프트웨어로 간주하고, 어떤 물리적 공간이 가장 효과적인지 알아내고자 새로운 업무 공간 설계를 계속해서 테스트하며 구현하고 있다. 구글은 직원들이 직장에서 더 건강한 식품을 섭취하도록 수많은 방법을 테스트했고, 결국 건강한 식품을 투명 용기에 넣어 눈높이에 두고 해로운 음식은 반투명 용기에 넣어 눈높이 아래 두는 것이 최선의 방법임을 알아냈다. 시스코는 프리랜서 온라인 마켓을 모방한, 인재에 대한 새로운 접근 방법을 조직 내부에서 테스트하고 있다. 링크드인은 직원들이 직장에서 얻은 새로운 기술에 대한 배지를 제공하는 아이디어를 테스트하고 있다. 나열하자면 끝이 없다. 조직이 공장이라기보다는 실험실과 같다고 생각해보자.

참고

1 Bock, Laszlo. *Work Rules! Insights from Inside Google That Will Transform How You Live and Lead*. New York: Grand Central, 2015.

2 https://www.linkedin.com/pulse/hr-analytics-journey-shell-david-green.

3 https://www.linkedin.com/pulse/people-analytics-interviews-3-dawn-klinghoffer microsoft-green.

4 https://www.bloomberg.com/news/articles/2015-10-09/amazon-asks-corporate employees-for-feedback-on-work.

5 http://www.adobe.com/diversity.html.

6 Courtesy of Cisco.

자신만의 독창성에
집중하라

Focus on What Makes Your Company Unique

만약 여러분이 이 책에 소개된 통합적 직원경험 조직의 직원경험 책임자와 인터뷰를 한다면, 그들은 모두 똑같은 말을 해줄 것이다. 그들은 다른 조직이 하는 일에는 그리 관심을 두지 않았으며, 자신들을 특별하게 만들어줄 수 있는 것에 관심을 기울였다고 말이다. 다른 조직이 하고 있는 일에 대해 아는 것은 좋지만, 그들을 모방하는 것은 아무런 도움이 되지 않는다. 구글, 아마존, 시스코, 기타 이 책에 소개된 다른 통합적 직원경험 조직 중 하나를 모방하고 싶을 수 있다. 하지만 그렇게 하는 것은 실수다.

F5 네트웍스(F5 Networks)란 회사를 여러분은 들어본 적 없을 것이다. 이들은 약 5천 명의 직원을 보유한 애플리케이션 전송 네트워크 서비스 회사다. 기본적으로 여러분이 인터넷을 사용한다면, F5와 상호작용하는 것이다. 2015년 글래스도어는 이 회사를 가장 일하기 좋은 곳 가운데 하나로 선정했으며, 자연스레 나는 이 회사의 리

더들과 대화를 나누고 싶어졌다. 나는 직원 채용 임원인 리치 제임스(Rich James)와 동남아시아 지역 인적 자원 비즈니스 파트너이자 아시아 태평양 지역 일본 인재 및 조직 개발 비즈니스 파트너인 웨이링 푼(Wei-Ling Poon)과 대화했다. F5 네트웍스의 직원들은 전통적인 칸막이 사무실에서 일하며, 대부분 사무실에 9시에 출근하고 5시에 퇴근한다. 게다가 아직도 연간 평가를 시행하며, 무제한의 고급 식사를 제공하지도 않는다. 나는 정신이 아찔했다! 아니 도대체 어떻게 이럴 수가 있지? F5 네트웍스에 대해 읽은 사람의 대부분은 이곳이 시대에 뒤처진 회사라고 말할 것이다. 그러나 절대로 그렇지 않다. 이들은 다른 회사가 하는 일에 집중하는 것이 아니라, 자신의 회사 직원들이 관심을 갖는 부분에 투자하는 데 집중한 것이다. 예를 들어, F5는 직원들에게 도전적인 일을 제공하고, 소셜 이벤트를 가지며, 강력한 다양성 및 포용 프로그램을 운영한다. 지역사회에 많은 투자를 하며, 일과 삶의 균형을 우선시한다. (오후 5시쯤이면 보통 사무실은 비어 있다.) 사람들은 그런 문화를 사랑하고, 직원들은 일하면서 가장 최신의, 가장 훌륭한 기술들을 이용할 수 있다. 이들이 F5의 직원들이 관심을 갖는 부분이자 회사가 투자하는 부분이다. F5 네트웍스와 같은 조직들은 드물긴 하지만 실제로 존재한다. 우리가 그들로부터 배울 수 있는 것은 직원들이 중요하게 여기는 부분에 집중하는 게 중요하다는 것이다.

페이스북도 종래의 유행을 따르지 않는 조직의 좋은 사례다. 많은 통합적 직원경험 조직(과 그 외 조직들)은 보다 실시간적인 것을 선호하며 전통적인 연간 성과 점검과 평가를 없애고 있다. 사실 이는 HR 세계에서 가장 큰 트렌드 중 하나다. 페이스북의 대표인 로리 골러(Lori Goler)와 페이스북의 HR 비즈니스 파트너인 자넬 게일(Janelle Gale), 와튼 스쿨 교수이자 《오리지널스(Originals)》의 저자인 애덤 그랜트는 최근 《하버드 비즈니스 리뷰》에 〈아직은 성과 평가를 버리지 말아야 할 때(Let's Not Kill Performance Evaluations Yet)〉라는 훌륭한 기사를 발표했다. 기사에 따르면, 페이스북의 직원들 거의 90%는 실제로 연간 성과 평가를 유지하기를 원했다! 페이스북 팀은 연간 성과 평가를 버리는 대신 더 좋게 만드는 방법을 찾았다. 그들은 동료의 서면 평가를 도입하고, 평가의 편향 여부를 검토하는 분석가 팀을 만들었다.[1] 페이스북은 연간 성과 평가에 대한 자체 조사를 실시했고, '연간 평가 폐지'와 같은 유행을 따르는 대신 회사의 사정에 맞는 일을 하며 직원들의 말에 귀를 기울였다.

아마존의 사례에서 보았듯이, 통합적 직원경험 조직도 완벽하지 않다. 어떤 조직도 결코 완벽하진 않을 것이다. 모든 사람을 위해 완벽한 직원경험을 만들려고 아무리 노력해도, 그곳에서 일하는 것에 만족하지 못하는 사람들은 항상 존재한다. 하지만 괜찮다. 에어비앤비는 직원들이 새로운 것을 배우거나 성장할 수 있는지와 관련한 항목에서 그리 좋은 점수를 받지 못했다. 어도비는 코치와 멘토 역할을 하는 관리자를 보유하는 항목에서 그리 우월하지 않았고, 시스코, 구글, 라이엇 게임도 마찬가지였다. 세일즈포스닷컴은 직장 유연성과 자율성 면에서 그렇게 좋은 점수를 얻지 못했다. 요점은 모든 분야에서 완벽하게 좋은 점수를 받은 회사는 없다는 것이다. 모든 조직은, 아무리 좋은 조직이라도, 더 나아질 수 있다.

아마존의 CEO 제프 베조스(Jeff Bezos)는 주주들에게 보내는 편지에서 이를 훌륭하게 요약했다. "우리가 결코 우리의 접근법만이 옳다고 주장하는 건 아닙니다. 대신 지난 20년 동안 우리는 같은 생각을 지닌 많은 사람, 즉 우리의 접근법을 찾는 활기차고 의미 있는 사람들을 모았습니다." 심지어 넷플릭스(Netflix)와 같은 예비 직원경험 조직조차도 자신들의 회사가 모든 사람을 위한 것은 아니라고 솔직하게 말한다. 구글의 고문인 라즐로 복도《구글의 아침은 자유가 시작된다》에서 이에 공감한다. "우리가 모든 해답을 가지고 있다고 말하는 것이 아닙니다. 그렇지 않습니다. 사실 우리는 해답보다 질문을 더 많이 가지고 있습니다. 그러나 우리는 구글 직원들이 어떻게 업무를 경험하는지에 대하여 더 많은 통찰과 혁신, 예측을 할 수 있길 열망합니다."[2]

참고

1 https://hbr.org/2016/11/lets-not-kill-performance-evaluations-yet.
2 Bock, Laszlo. *Work Rules! Insights from Inside Google That Will Transform How You Live and Lead.* New York: Grand Central, 2015.

CHAPTER 27

규모, 업종, 위치는
문제가 되지 않는다

Size, Industry, and Location Don't Matter

여러분이 상상할 수 있듯이, 문화와 신기술, 물리적 공간에 적극적으로 투자해야 하는 성장 기업이라면 직원경험에 집중하기가 훨씬 더 쉽다. 새로운 회사들에겐 그보다 오래되고 거대한 전 세계 많은 조직을 성가시게 하는, 시대에 뒤처진 업무 관행과 접근 방식 같은 부담이 없다. 직원경험의 개념은 규모와 업종, 위치와 관계없이 모든 조직에 적용된다. 더 작고 덜 자리 잡은 조직들은 기존의 접근 방식을 제거할 필요 없이 보다 빠르게 변할 수 있다는 이점이 있는 반면, 다른 한편으로는 이런 일을 하기 위한 자원이 부족하다는 난점도 있다.

솔직히 말하면, 더 큰 규모의 조직들이 더 힘든 시기를 보낼 것이다. 이 조직들에는 더 많은 사람, 즉 더 많은 관료주의가 존재하며, 보통은 오랫동안 해온 일들을 바꿔야만 하기 때문이다. 비록 이 책에서 언급한 몇몇 통합적 직원경험 조직은 에어비앤비나 페이스북처럼 젊은 혁신가들이긴 하지만, 상당한 투자와 변화가 필요했던 더 크고 더 자리 잡은 선수들도 있었다. 1975년에 설립되어 11만 5천여 명의 직원이 있는 마이크로소프트나 1976년 설립되어 11만 5천여 명의 직원이 있는 애플을 생각해보자.

조직의 규모나 업종, 위치는 직원경험에 투자하지 못하는 변명이 될 수 없다. 그저 우선순위와 헌신의 문제일 뿐이다. 그렇지만 모든 통합적 직원경험 조직이 기술 기업(technology company)으로 간주될 수 있음은 나도 알고 있다. 이것이 우연의 일치인지 아니면 업종의 특수성인지를 말하기는 어렵다. HP나 인그램 마이크로(Ingram Micro)처럼 다소 낮은 점수를 받은 기술 기업들도 있기 때문이다. 모든 기업이 기술 기업으로 거듭나면서 조직을 업종별로 구분하는 것도 점점 더 어려워지고 있다. 그러나 전통적인 업종 구분을 고수하려는 데 대해서는, 많은 비기술 기업(nontechnology company)도 통합적 직원경험 조직에 매우 근접해있다는 점을 언급할 수 있겠다. 스타벅스, 나이키(Nike), 휴매나(Humana), 캐피탈 원(Captical One), 다우 케미칼(Dow Chemical), 세인트주드 어린이연구병원(St. Jude Children's Research Hospital), 베스트 바이(Best Buy), 월풀 코퍼레이션(Whirlpool) 및 다른 수십 개의 회사가 통합적 직원경험 조직 다음으로 높이 평가되는 예비 직원경험 조직에 속했다. 시간이 지남에 따라 더 많은 조직이 내가 통합적 직원경험 조직에 이르는 길이라고 부르는 것을 따라가게 될 것이라고 확신한다.

앞서 말했듯이, 조직은 앞으로 나아갈 수 있는 만큼 쉽게 뒤로 후퇴할 수 있다. 그림 27.1에서 이를 볼 수 있다. 어떤 조직이든 이 책에서 설명한 접근법을 따를 수 있다. 하지만 통합적 직원경험 조직을 나머지 모든 조직과 진정으로 차별화해주는 몇 가지 특성이 있다.

항상 개선하기

이 책에서 줄곧 다뤘듯이, 통합적 직원경험 조직조차도 각자 결함이 있다. 하지만 그것은 끊임없이 개선하려는 조직들의 노력을 막지 못한다. 이들 조직은 자신의 부족한 부분을 알고 있고, 끊임없이 나아질 방법을 찾고 있다. 자신이 완벽하지 않음을 인정하더라도, 항상 더 높은 곳을 향하려는 노력을 멈춰서는 안 된다.

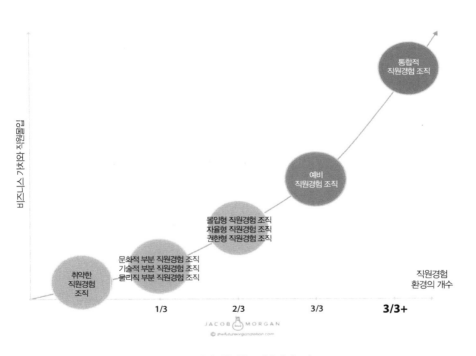

그림 27.1 통합적 직원경험 조직에 이르는 길

실험실처럼 생각하기

새로운 접근법이 도입되고 우리가 일하는 직장의 미래에 대한 논의가 계속 진화하면서, 통합적 직원경험 조직도 진화한다. 이 회사들은 그들 스스로를 진화를 위해 끊임없이 테스트하고, 실험하고, 데이터를 사용하는 실험실로 생각한다. 기존의 것을 파괴하고 이를 더 좋게, 더 빠르게, 더 강력하게 재건하도록 노력하라. 링크드인이나 T-모바일과 같은 조직에서 주최하는 다양한 해커톤에 대해 생각해보라.

체크리스트를 넘어서기

나는 이 말을 수없이 되풀이했다. 어떤 조직이든 이 책에 설명된 접근법을 따를 수 있지만, 단순히 17개 변인을 중심으로 한 프로그램을 구현하는 것만으로는 아무것도 보장되지 않는다. 이 책에서 설명한 변인들과 환경들은 직원들이 가장 관심을 갖는 항목일 뿐이다. 나는 최선을 다해 여러분이 그들을 어떻게 디자인하고 구현할 수 있는지에 관한 프레임워크와 모델, 아이디어를 공유하려 애썼다. 하지만 여러분 자신만의 것을 직접 만들어볼 것을 권한다. 직원경험은 여러분이 무엇을 하는가의 문제만이 아니라 어떻게 하느냐의 문제이기도 하다는 점을 기억해야 한다.

사람을 중심에 두며, 알아가기

만약 진정으로 통합적 직원경험 조직이 되기를 원한다면, 사람을 중심에 놓아야 한다. 직원들에게 얼마나 마음을 쓰는지를 그저 말로만 떠들지 마라. 직원경험에 관한 무언가를 실제로 실행하라. 직원경험이 우선 사항이라면, 여러분은 이에 상당한 투자를 해야 한다. 직원을 중심에 놓고, 조직을 다시 설계하라.

통합적 직원경험 조직들은 단순히 피플 애널리틱스 관점에서만이 아니라 개별적인 관리자와 직원의 관점에서 자신의 직원들을 진정으로 알고 있다. 직원들을 열정과 두려움, 관심, 포부를 가진 온전한 한 사람으로 간주한다.

함께 설계하기

직원들을 위해(for) 무언가를 만들고 싶을 수 있지만, 올바른 접근법은 직원들과 함께(with) 무언가를 만드는 것이다. 최대한 투명성을 유지하고, 기술과 직접 토론을 통해 피드백을 자주 요청하라. 직원경험 설계 루프를 만들고, 직원들이 언제 어디서든 직원경험 설계 프로세스에 참여하도록 하라.

관심 갖기

이는 가르칠 수 없으며, 어떻게든 그런 마음이 들도록 만들어줄 수도 없다. 결국 조직을 운영하는 경영진과 팀을 이끄는 관리자들에게 달려 있다. 만약 리더들이 사람들에게 관심을 갖지 않는다면, 직원경험에 대한 어떠한 노력이나 투자도 성과를 거두지 못할 것이다.

자신만의 독창성에 집중하기

여러분은 이 책에 나오는 수십 개 조직에 관하여 읽어왔다. 여러분과 관련된 사례도 있고, 그렇지 않은 사례도 있을 것이다. 다른 누군가를 모방하지 마라. 이 책의 사례와 이야기를 이용해서, 여러분 조직만의 독창성에 집중하고, 여러분이 할 수 있는 최대한의 것을 만들도록 하라. 여러분 조직의 직원들은 여러분이 구글이나 페이스북을 모방하기 때문에 일하는 것이 아니다. 바로 여러분이기 때문에 일하는 것이다.

CHAPTER 28

미래학자의
시각

A Futurist's Perspective

나는 매년 수십 개의 콘퍼런스에서 라이브 강연을 한다. 세계에서 가장 미래 지향적인 조직들의 자문에 응하고, 새로운 리더십 사고 방식(thought leadership)을 제공하고, 팟캐스트와 비디오, 기사를 포함하여 누구나 이용할 수 있는 콘텐츠를 만드는 일도 하고 있다. 미래학자로서 내가 하는 일은 미래를 예측하는 것이 아니라, 사람과 조직이 다가오는 미래에 충격을 받지 않도록 만들어주는 것이다. 나는 직장의 미래를 탐구할 뿐만 아니라 금융에서 제약에 이르는 특정 산업들에 대해서도 연구한다. 전 세계의 모든 조직은 사람들에 의해 움직이며, AI와 기술의 유입은 마침내 우리로 하여금 사람 중심적인 조직이 실제로 어떻게 구현될 수 있을지를 생각하게 만들었다.

이 책을 쓰고 있던 어느 날 저녁, TV를 보고 있는데 어떤 의약품 광고가 나왔다. 광고는 마지막 부분에 약품의 부작용을 나열했다. 체중 증가, 메스꺼움, 불안, 호흡 곤란, 불면증, 탈모, 안구 충혈, 피부

변색, 심지어 사망 가능성도 있었다. 나는 거의 소파에서 떨어질 뻔했다! 누가 맨정신에 그런 약을 먹을까? 그러다 잠시 생각해보니 우리 대부분은 정확히 똑같은 부작용을 지닌 조직에서 일한다는 것을 깨달았다. 왜 우리는 무서운 부작용을 지닌 약은 먹으려 하지 않으면서, 같은 부작용을 지닌 조직에서는 셀 수 없이 많은 시간을 일하는 걸까? 시간도 아낄 겸 그냥 집에 앉아서 약이나 먹으면 될 텐데.

이제 여러분의 조직에 대해 생각해보고, 그곳에서 일하면 어떤 부작용이 있을지 스스로에게 물어보자. 불안, 배우자와의 말다툼, 체중 문제, 안구 충혈 등이 있는가? 아니 어쩌면 여러분은 영감과 성취감, 호기심, 도전 의식과 든든함을 느낄지도 모르겠다. 경영진과 허심탄회하게 이야기를 나누면서 내가 "제가 만약 여러분 조직에서 일한다는 게 어떤 경험인지를 담아 알약으로 만들어드리면, 그 약을 드실 건가요?"라고 물으면, 신기하게도 돌아오는 대답은 거의 항상 "아니요."였다. 리더들도 먹지 않을 약을 어떻게 직원들이 먹길 바랄 수 있겠는가? 이제는 바꿀 때가 되었다.

AI와 자동화, 대체 업무, 조직 설계, 행동 변화 등 직장의 미래에 영향을 미치는 다양한 트렌드를 살펴볼 때 한 가지만은 확실하다. 오늘날 조직이 중대한 선택의 갈림길에 서 있다는 것이다. 직원을 중심으로 자신을 재설계할 것인가? 아니면 늘 해왔던 방식을 유지할 것인가? 단기적인 임시 처방으로는 더 이상 충분하지 않다. 우리에겐 새로운 엔진이 필요하다.

내가 수집한 모든 자료와 조사한 모든 회사의 데이터에 따르면, 직원경험의 비즈니스 효과는 거대하긴 하지만 오직 모든 것을 총동원할 때만 효과가 있다.

나는 이 과제가 어마어마하다는 것, 결정이 쉽지 않다는 것을 이해한다. 우리는 정말로 이 직원경험이란 걸 위해서 수십 년을 이어온 오랜 업무 스타일과 접근 방식을 버려야 하는가? 그렇다. 우리는 그렇게 해야 한다. 향후 다가올 미래를 내다보면서 직원경험에 집중하지 않고 조직이 번창하는 시나리오를 상상하기란 매우 어렵다. 더 높은 봉우리에 오르기 위해 조직들은 먼저 자신들이 올랐던 산을 내려가야 한다. 나의 소망은 여러분에게 이 책이 그 여정을 시작하거나 계속 이어가는 데 필요한 영감과 지침, 도구를 제공했으면 하는 것이다.

인생은 짧다. 우리는 모두 진정으로 직원들을 알기 위해 (재)설계된 조직, 필요에 의해서가 아니라 일하길 원해서 출근하는 곳을 만드는 기예와 과학에 정통한 조직에서 일할 자격이 있으며, 실제로 그렇게 되어야 한다고 요구해야 한다. 우리는 모두 통합적 직원경험 조직의 일원이 될 자격이 있으며, 그렇게 되어야 한다고 요구해야 한다. 우리는 분기별 이익에만 집중하는 '단기 성과주의(short-termism)'의 세계에 살고 있다. 즉 결과를 얻기까지 몇 년이 걸릴지 모르는 일에는 투자하고 싶어 하지 않는다. 지금 우리에게 필요한 것은 변화에 전념하는 경영진, 변화를 이끌려는 의지를 가진 관리자, 당당하게 변화를 요구하며 목소리를 낼 용기를 지닌 직원들이다. 여러분 자신은 그런 경영진, 그런 관리자, 혹은 그런 직원인가?

직원경험 진단 항목

1 우리 조직은 직원들에게 다양한 업무 공간 옵션(예를 들면 개방형 공간, 회의실, 조용한 구역, 협업 공간, 카페 스타일의 환경 등)을 제공한다.

2 우리 조직의 물리적 공간은 조직의 핵심 가치를 반영한다(예를 들어 만약 핵심 가치가 협력, 개방성, 투명성, 재미라면, 칸막이밖에 없는 지루한 환경을 제공하지 않는다!).

3 우리 사무실에 친구/손님을 데려오는 것이 자랑스럽다.

4 우리 조직은 (원하는 곳에서 원하는 시간에 일할 수 있도록 하는 등) 유연 근무 옵션을 제공하고 자율성을 장려한다.

5 나는 우리 조직에서 일하며 목적의식을 느낀다.

6 나는 우리 조직에서 공정하게 대우받는다고 느낀다.

7 나는 우리 조직에서 소중히 여겨진다고 느낀다.

8 나는 우리 조직의 관리자를 코치 혹은 멘토와 같다고 느낀다.

9 나는 내가 팀의 일부라고 느낀다.

10 만약 내가 우리 조직에서 새로운 것을 배우고 성장하고 싶다면, 우리 조직은 이를 위한 기회와 자원을 나에게 제공한다.

11 나는 다른 사람들에게 우리 조직에서 일해볼 것을 추천한다.

12 나는 우리 조직이 다양하고 포용성 있다고 느낀다.

13 우리 조직은 직원의 웰빙(신체적, 정신적 건강)에 투자한다.

14 우리 조직은 강력하고 긍정적인 브랜드 평판을 갖고 있다.

15 전반적으로, 우리 조직에서 내가 사용하는 기술은 소비자 맞춤형 기술이다(아주 잘 설계되고, 유용하며, 개인 생활에서도 그와 비슷한 것이 있다면 사용해볼 만한 가치가 있는 기술이다).

16 우리 조직은 원하는 사람이라면 누구나 기술을 사용할 수 있도록 허용한다.

17 우리 조직에서 내가 사용하는 기술은 조직의 기술 요건과 사양에 따른 것이 아니라 직원들의 요구에 초점을 맞춘 것이다.

이들은 252개 조직을 평가하는 데 사용한 17개의 문항이다. 각 문항은 1~5점 척도로 점수가 매겨졌고, 1은 '매우 동의하지 않음', 5는 '매우 동의함'이었다. 처음 4개의 질문은 물리적 환경을, 다음 10개 질문은 문화적 환경을, 마지막 3개 질문은 기술적 환경에 관한 것이다. 17개의 문항에 모두 답하고 나면 아래와 같은 방법을 이용해 점수를 확인할 수 있다.

먼저 처음 4개 질문에 대한 점수를 합산하고(예: 18), 0.3을 곱한 다음(예: 0.3×18=5.4), 두 수치를 더한다(18+5.4=23.4). 이때 최대 점수는 26점이다. 다음 10개 질문에 대한 점수를 합산한 뒤, 총점에 0.4를 곱하고, 마찬가지로 두 수치를 더한다. 최대 점수는 70점이다. 마지막 3개 질문에 대한 점수를 합산한 뒤, 0.3을 곱하고, 두 수치를 더한다. 최대 점수는 19.5점이다. 마지막으로, 세 가지 부분의 합계를 모두 더하면 최대 점수가 115.5점인 직원경험 점수를 얻을 수 있다. 여러분은 조직의 문화적, 기술적, 물리적 환경에 대한 점수만이 아니라 총 점수도 함께 확인할 수 있다. 각 환경에 다양한 공식과 가중치가 적용되므로 TheFutureOrganization.com을 방문하면 여러분 조직의 총 점수와 환경별 점수의 상세 분석, 여러분 조직이 속한 범주, 무료 안내와 실행할 수 있는 다음 단계, 추가적인 자료를 얻을 수 있다.

대략적으로 봤을 때, 만약 여러분 조직이 세 환경 모두에서 최대 점수의 80% 이상을 획득했다면 통합적 직원경험 조직일 가능성이 높다. 평균적으로 70~80%대라면 여러분 조직은 (어떤 환경 영역에서 더 높은 점수를 받았는지에 따라서) 몰입형, 자율형, 권한형 직원경험 조직일 수 있다. 60~70%대라면 (역시 어떤 환경 영역에서 더 높은 점수를 받았는지에 따라서) 부분적 직원경험 조직일 수 있다. 만약 최대 점수의 60% 미만을 받았다면, 여러분 조직은 취약한 직원경험 조직일 수 있다. 다시 한번 이야기하지만, 더 정확한 분석과 점수를 확인하려면 TheFutureOrganization.com을 방문하길 바란다.